乡贤文化丛书

乡贤文化丛书

浮生梦影桑梓情

——从理学家到实业家的王锡彤

卫绍生　廉朴　主编

郑永福　吕美颐　著

中原出版传媒集团
中原传媒股份公司

大象出版社
·郑州·

图书在版编目(CIP)数据

浮生梦影桑梓情 : 从理学家到实业家的王锡彤 / 卫绍生, 廉朴主编; 郑永福, 吕美颐著. — 郑州 : 大象出版社, 2022. 10

(乡贤文化丛书. 第二辑)

ISBN 978-7-5711-0843-4

Ⅰ. ①浮… Ⅱ. ①卫… ②廉… ③郑… ④吕… Ⅲ. ①王锡彤 (1866-1938)-生平事迹 Ⅳ. ①K825. 38

中国版本图书馆 CIP 数据核字(2020)第 240459 号

乡贤文化丛书

卫绍生　廉朴　主编

FUSHENG MENGYING SANGZIQING

浮生梦影桑梓情

——从理学家到实业家的王锡彤

郑永福　吕美颐　著

出 版 人　汪林中
总 策 划　郑强胜
责任编辑　连　冠　李亚楠
责任校对　张绍纳
装帧设计　王莉娟

出版发行　大象出版社(郑州市郑东新区祥盛街 27 号　邮政编码 450016)
发行科　0371-63863551　总编室　0371-65597936
网　　址　www.daxiang.cn
印　　刷　河南瑞之光印刷股份有限公司
经　　销　各地新华书店经销
开　　本　720 mm×1020 mm　1/16
印　　张　16. 25
字　　数　201 千字
版　　次　2022 年 11 月第 1 版　2022 年 11 月第 1 次印刷
定　　价　45. 00 元

印厂地址　武陟县产业集聚区东区(詹店镇)泰安路与昌平路交叉口
邮政编码　454950　电话　0371-63956290

总序

“乡贤”，这一古老的称呼已经淡出人们的视野很久了。

党的十八大以来，乡贤重新进入人们的视野，成为人们热议的话题。中共中央、国务院2015年颁布的《关于加大改革创新力度加快农业现代化建设的若干意见》中明确指出，要“创新乡贤文化，弘扬善行义举，以乡情乡愁为纽带吸引和凝聚各方人士支持家乡建设，传承乡村文明”。在中共中央、国务院的文件里提到乡贤和乡贤文化，这应该是首次，它表明作为中国优秀传统文化重要组成部分的乡贤文化，既是传承乡村文明的重要内容，也是新时期农村文化建设的重要内容。但是，由于乡贤和乡贤文化淡出人们视线已久，在这一概念重新被提出来的时候，许多人并不明白什么是乡贤，什么是乡贤文化，更不知道如何传承和弘扬乡贤文化。鉴于此，有必要对乡贤称谓、乡贤之说的起源、乡贤对中国乡村的作用与意义、乡贤文化包含哪些内容等，作简要回答。

何谓乡贤？按照通常的解释，乡贤是指那些道德品行高尚同时又对乡村建设有过贡献的人。这里包含两个层面的意思：一是道德品行高尚，二是对家乡建设作出过贡献。但如果仅仅是道德品行高尚，满足于个人修身齐家、独善己身、洁身自好，很少关心乡里乡亲，很少对乡梓作出过贡献，那么，这样的人只能称为乡隐，而不能称为乡贤。乡贤既应是道德为人敬仰、行为堪称模范的人，更应是为家乡作出过一定贡献的人。不论是教书育人、传承文化、制定乡约、调解邻里矛盾，还是乐善好施、修桥铺路、接济乡人，举凡一切有益于乡里乡亲的事情，他们总是满腔热情，乐做善为。对乡村建设的贡献，是乡贤的必备条件。如果对家乡父老没有什么贡献可言，何以成为乡贤？看一看汉魏六朝出现的一些记述各地乡贤的著作，如《汝南先贤传》《陈留耆旧传》《襄阳耆旧记》《鲁国先贤传》《楚国先贤传》等，其中记载的各地乡贤，不仅在道德、学问、修养、名望等方面为人称颂，成为时人敬仰的楷模，而且都是对家乡作出过贡献的人。他们能入各种乡贤传，绝非浪得虚名。

乡贤之说起源于何时？乡贤很早就存在于中国的乡村，但乡贤之说却是在东汉中后期才逐渐流行起来的。东汉中后期，随着一些世家大族的崛起，各个郡国都热衷于撰写乡贤传记，表彰那些曾经为当地经济、社会、文化发展作出过贡献的贤人雅士。东汉以后，世家大族成为维持中国乡村社会稳定的重要力量，涌现出许多被后人称为乡贤的人物，他们对当时的社会，乃至对中国历史文化都产生了重要影响。作为乡村精英的乡贤，在乡村治理、乡村教育等方面可补政府治理之不足，发挥了政府无法起到的重要作用。一些人看到了乡贤对社会发展的积极作用，把所属郡国那些有影响的人物事迹记录下来，于是出现了所谓的“郡书”。唐代史学家刘知幾在谈到这类著作时说：“郡书者，矜其乡贤，美其邦族，施于本国，颇得流行；置于他方，罕闻爱异。其有如常璩之详审，刘昞之该博，而能传诸不朽、见美来裔者，盖无几焉。”（刘知幾：《史通》卷十《内篇·杂述》）刘知幾是较早关注到乡贤类著作的史学家，他认为，乡贤类著作都是“矜其乡贤，美其邦族”，因而在当地比较流行，而到了其他地方，知道的人就很少了。在谈到东汉史书繁盛的原因时，刘知幾再次提到了乡贤：“降及东京，作者弥众。至如名邦大都，地富才良，高门甲族，代多髦俊。邑老乡贤，竞为别录。家牒宗谱，各成私传。于是笔削所采，闻见益多。此中兴之史，所以又广于《前汉》也。”（刘知幾：《史通》卷九《内篇·烦省》）刘知幾虽然没有对乡贤作出解释，但他把“邑老乡贤”与“高门甲族”相提并论，表明他已经把“邑老乡贤”与“高门甲族”放在同一个层级上，充分肯定了“邑老乡贤”的历史地位与作用。

乡贤对中国乡村有怎样的作用与意义呢？乡贤在乡村建设中的作用是多方面的。他们不仅热衷于乡村治理和乡村教育，而且乐善好施、造福乡里。乡贤一般都是受过良好教育的人，他们是乡里有知识、有影响的人物，经济实力往往要比一般村民好一些。他们有能力也有意愿造福桑梓，所以常常在乡村建设上主动作为，只要是力所能及，他们一般不会推辞。在乡村治理方面，乡贤往往身兼管理者、参与者、协调者等多重角色，必要的时候，他们也可以发挥上情下达或下情上传的作用，成为联系乡亲和政府的桥梁与纽带。在调解邻里冲突和乡人矛盾上，他们不会以势压人，而是以理服人，注重多方协调和沟通，注重平衡各方利益。所以，在乡村治理方面，乡贤是农耕文明时期中国乡村社会稳定的重要因素。

在乡村教育方面，乡贤的作用更是不可小觑。乡贤大多是饱读诗书之人，他们深知文化知识对于人们的生存、生活、成长和发展至关重要，所以他们非常重视教育，尤其重视启蒙教育和家庭教育。他们中的许多人自觉地担负起教育自家子弟和乡里子弟的重任，有不少人开私塾，并兼任私塾先生。虽然有的人也接受一些“束脩”，但总体来说，义务教书的情况较为常见。他们是乡村的“先生”，是传授文化知识的人，是教人向善的人。在善行义举方面，乡贤更是乐善好施的代名词。他们愿意帮助别人，勇于助困济人，乐于接济生活困难的乡亲。如东汉末年颍川郡著名乡贤陈寔，道德高尚，知书达理，处事公正，待人公平，为乡里所推重。乡里发生了纠纷，人们不去求官府，而是去找陈寔，请求他明断是非。只要是陈寔评的理、判的是非曲直，人们都欣然接受，没有什么怨言，以至于乡人都说：“宁为刑罚所加，不为陈君所短。”陈寔还乐善好施，遇上灾年的时候，乡亲们缺吃少穿，他就接济他们。大灾之年，陈寔的善举不仅挽救了那些一时糊涂的人，而且教化了乡党，纯洁了世风。当然，更多的乡贤是靠他们的智慧和财富造福乡里，为乡亲做好事，譬如常见的修桥铺路、接济穷困等助人为乐之事。在乡村治理结构尚不完备的中国传统社会，乡贤在文化教育、乡村治理、乡村建设等方面，都起到了政府所起不到的作用。他们是中国传统乡村超稳定结构的基石，也是推动乡村发展的动力。

对于乡贤，我们应该历史地来看，既要看到他们在乡村文化教育、乡村治理、乡村建设等方面的积极作用，也要看到他们对中国传统乡村超稳定结构的固化作用。乡村是农业社会的基础，也是各级政权的基础。但是，在中国传统社会，权力不下郡县，县级政权成为封建社会的基层政权，县令或县长通常都是七品官甚至是从七品官，县丞、县尉的级别就更低了。国家行政机构设置到县级，县以下是乡和里。乡和里的治理则借重民间力量，乡长和里长大多是由当地德高望重的长者或望族的族长担任，他们没有官位，不吃皇粮，不领俸禄，只是负责维持当地的秩序，帮助地方政府做一些诸如征收税赋、摊派徭役、管理户籍、教化民众之类的事情。但在乡村治理及文化教育等方面，乡长、里长则常常要借重乡贤的力量，因为乡贤有文化、有见识、有影响力，甚至还有财力。当乡贤与乡里管理者相向而行、勠力同心的时候，乡里就会稳定，乡村治理就比较顺畅。这个时候，乡贤的作用就得到了充分发挥。乡贤在某种意义上成了乡村治理的标杆，成为乡人敬仰和追慕的对象。但是，由于乡贤所受的教育不同，他们的理想、信念、追求也各有差异，因此，他们中的许多人不愿意与当权者同流合污，更看不惯权豪势要欺辱压榨百姓，往往是特立独行者和孤独求道者，但他们依然坚持用自己的方式服务乡里，造福百姓。如许劭主持汝南“月旦评”，大力奖掖和提携汝南才俊，评点天下名士，成为汉末继郭泰之后的清议领袖。他不应朝廷征辟，谢绝高官厚禄，以“局外人”的身份品评人物，客观公正，令人信服。又如吃尽文盲苦头的武训，穷且益坚，不坠青云之志，行乞办学，创办崇贤义塾，让那些读不起书的孩子进学堂读书，更让人肃然起敬。再如晚清职业慈善家余治，一生清贫，却四处呐喊，奔走于大江南北，劝人行善，宣传忠孝节义，成立各种慈善机构，移风易俗，救济孤贫，而且创立戏班，编写剧本，以戏曲劝善，被人誉为“江南大善人”。他们以各自的方式感染着世人，固化着中国乡村的超稳定结构，使中国乡村这个自秦汉以来政府行政权力鞭长莫及之地，成为乡绅乡贤的表演舞台。在当代作家陈忠实的长篇小说《白鹿原》中，从白嘉轩、鹿子霖和冷先生等人物身上，读者依稀看到了久违的乡贤形象，所以有评论者指出，《白鹿原》就是在寻找失去的乡贤。这样的评论虽然不无偏颇，却也道出了小说的文化追求。

乡贤是乡贤文化的创造者和实践者，从他们身上，人们可以看到传统乡贤文化在乡村建设、乡村治理、文化教育、乡土认同等方面发挥的重要作用。所以，从中国古代一直到近现代，许多乡村都建有乡贤祠，用以供奉和祭奠那些为乡村建设作出贡献的乡贤们，展示各地不同的乡贤文化。

乡贤文化是由乡贤及其乡人共同创造的，是中华优秀传统文化的重要组成部分。它作为一种文化形态，对中国古代的乡村治理，对家国文化的认同，对乡村社会的维系，对农业文明的传承，对宗族文化的延续，对乡村文明的弘扬，都具有重要的文化价值。在传承发展中华优秀传统文化的当下，创新乡贤文化，就应在进一步明确乡贤文化的历史文化价值与当代意义的前提下，深入发掘乡贤文化的内在价值和积极作用。具体来讲，就是要注重发掘乡贤文化对家国认同、乡村治理、乡村教育、乡村建设、乡村文明传承等方面的深层文化内涵，通过一个个乡贤人物，阐释乡贤文化的重要价值，梳理乡贤文化的积极意义，探索乡贤文化的传承创新路径。譬如家国认同，首先是基于对家族和家乡的认同。乡贤作为当地的贤者，不仅具有很强的凝聚力，而且还常常让乡党引以为豪，人们不论处于多么遥远的地方，只要说起共有的乡贤，就会立即引起强烈的共鸣，自然而然地拉近了人们之间的情感距离，从而形成对家族和家乡的认同。从这个意义上说，乡贤是家乡认同的标志性人物，也是促进家国认同的情感纽带。

乡贤文化对传承发展乡村文明，对当代乡村文化建设，对提升文化自觉、树立文化自信，对实现中华民族伟大复兴的中国梦，都具有积极意义。在大力弘扬传承发展中华优秀传统文化的当下，挖掘乡贤文化的丰富内涵，梳理乡贤文化的历史脉络，发掘乡贤文化的价值意义，进而创新乡贤文化，建设新乡贤文化，是传承发展中华优秀传统文化的内在要求，是提升文化自觉、树立文化自信的内在要求，也是实现中华民族伟大复兴的中国梦的内在要求。

为此，我们组织编纂了这套“乡贤文化丛书”，把自东汉以来的历代乡贤进行梳理，系统展示乡贤、乡贤文化的历史风貌和文化价值，以期让广大读者对优秀传统文化中的乡贤和乡贤文化有更多的了解，对乡贤文化的历史作用和当代价值有更多的认知，共同为创新乡贤文化、建设新乡贤文化作出应有的贡献。

本辑为“乡贤文化丛书”第二辑，我们精选了8位在中国历史上有一定影响的各地乡贤，他们不论在教书育人、修身齐家，还是在乡村治理、乡村建设、慈善赈济，甚或是民族工业等方面均作出了一定贡献，成为人们传颂的典范楷模。在本辑编写过程中，每位作者均对自己承担的人物有一定研究，但因作者较多，行文风格各异，难免会出现一些不尽如人意之处，不妥之处，尚祈读者批评。

卫绍生　廉　朴

2022年5月20日

目　录

前　言

王锡彤（1866—1938），字小汀，又作筱汀，号悔斋，晚号抑斋行一，河南省卫辉府汲县（今河南省卫辉市）人。其父王宝卿，字鹤汀，县学附生，曾在汲县、延津县、修武县等地执事盐业。王锡彤十六岁时丧父，一度辍学赴修武盐店习业，十七岁返回汲县刻苦读书。十九岁时以县试第一、府试第二、院试第三中秀才，入邑庠，曾赴大梁书院学习。多次参加乡试，均报罢。1897 年，王锡彤三十二岁，被选为拔贡，1898 年即戊戌变法那一年赴北京参加朝考，注册拟授直隶州州判。1911 年捐赈银 4200 两，获奖为候补郎中名号。1915 年 10 月，任中华民国参政院参政。

王锡彤的一生，大致可以分为两个阶段。1909 年以前，他主要在河南省内，以从事教育为主，并以绅士身份参与地方事务。其间，他在书塾、书院任教，参与了一些新式学堂的创办与管理工作；与乡绅李敏修一起改革汲县车马差役。1900 年协助河北道道员岑春荣办理筹防局，积极投身赈灾救荒等公益活动。1905年，王锡彤应禹州知州曹广权之聘，主讲禹州三峰实业学堂，任山长，兼任禹州三峰煤矿公司经理。此外，他还参与了洛潼铁路、河南铁矿等路矿的策划，在收回利权的斗争中，是河南赴北京与英国福公司谈判的四位代表之一。

光绪三十四年十月二十一日（1908 年 11 月 14 日），光绪皇帝去世。慈禧以载沣之子溥仪为皇帝，摄政王载沣为监国。二十二日，慈禧太后去世。十一月二十六日，清廷给张之洞、袁世凯加太子太保衔。十二月十一日，清廷斥退顾命大臣、外务部尚书袁世凯。十二月二十三日，开缺回籍的袁世凯以河南老家无合适房屋等因，先寓居卫辉马市街。

宣统元年（1909）正月初四，王锡彤偕李敏修前往谒见袁世凯，以表地主之敬。事先约定不谈国事，寒暄之后谈及实业，袁世凯屡次问及王锡彤禹州矿厂之事。初次见面，言谈之间，袁世凯对王锡彤颇有好感。经江西饶州知府河南人王祖同的推荐，袁世凯认为王锡彤是个办实业的磐磐大才，决定招于麾下为其办

王锡彤像

理实业。当年六月初，王锡彤拜见已经移居彰德的袁世凯。袁世凯邀王锡彤住到其寓邸，畅谈数日，委王锡彤以办理各项实业之重任。

七月十七日，王锡彤再赴彰德见袁世凯，两人连日畅谈甚欢，实业之外旁及天下大局。袁世凯非常看重王锡彤，一次在场的其他宾客退出之后，袁世凯对长子袁克定说：刚才王锡彤来见，我们谈得十分投机，非常愉快。我见过的河南人多了，但没有像他这样博学多识的。他才器超迈，你应当与其交为好友。在彰德停留的几天里，袁克定和王锡彤两人每每谈到深夜，非常投契。八月十八日，王锡彤再赴彰德见袁世凯。二十三日，王锡彤和袁克定一起北上入京，即住在袁克定家中。1910 年袁世凯给王锡彤的一封信中，称王锡彤为自己的“至交”[①]。此后，王锡彤作为袁世凯的亲信幕僚，并受袁世凯的委托，与近代中国北方最著名的实业大家周学熙一起，在北京、天津、唐山及河南卫辉等地，经营创办一系列大型近代企业，成为当时中国北方实业界的著名人物。

在北京自来水公司、天津启新洋灰公司两大企业中，周学熙任总理，王锡彤任协理。在民国初年周学熙两任财政总长期间，王锡彤均任启新洋灰公司的代总理。王锡彤还任华新纺织股份有限公司唐山纱厂的专务董事。此外，王锡彤担任的职务还有兴华资本团主任董事、华新纺织公司卫辉纱厂董事、棉业公会董事、

① 骆宝善、刘路生主编：《袁世凯全集》第十八卷，河南大学出版社，2013年，第580页。

天津造胰公司董事、开滦煤矿董事、实业总汇处董事、实业协会副会长等。

从事工商实业过程中，王锡彤兢兢业业，显示出不凡的才能。在上述企业创办、经营管理及与外商谈判中，王锡彤注重调查研究，决策精明果断，在任华新纺织公司唐山纱厂专务董事及为桑梓造福创办卫辉纱厂过程中，尤有突出表现。

在参与近代大型企业创办和管理的数十年历程中，王锡彤常常席不暇暖。除审阅、批示大量文件外，他还要马不停蹄地参加各公司厂矿的办公会、董事会、股东会；还要深入实际，调查了解各厂矿的基建和运营状况。此外，他还要参与诸多社会活动。19 世纪 20 年代后期，王锡彤体弱多病，感到自己难以履行职责，便毅然陆续辞去所担任的一些企业领导职务，隐居天津租界，养病之余以读书、写作为乐，直到 1938 年 6 月去世。

作为袁世凯的幕僚，王锡彤也参与到清末、民初的一些政事之中。他的一生，正处于中国历史大变革的时代，一个社会动荡的时代。对他来说，袁世凯有知遇之恩，他与袁世凯关系密切，对其评价甚高。王锡彤的长子王泽敷毕业于保定北洋优级师范学堂，次子王泽攽是留日学生、中国同盟会会员。因此，王锡彤与河南的青年先进多有接触，对他们爱国、共和的思想抱有同情甚至支持的态度。但王锡彤自幼受的是传统儒家思想教育，对程朱理学情有独钟。因此，在他的思想上常常表现出新与旧的矛盾，新人嫌其旧，旧人嫌其新，是不可避免存在的一种矛盾状态。在政治方面，他显示出了多重性格。武昌起义后，各省响应，纷纷宣布独立，脱离清政府，王锡彤则参与策划了河南“请愿共和不独立”。王锡彤拥护共和，本来也积极主张河南独立，脱离清政府，但当他听了从江西饶州知府任上逃回的王祖同一番独立之后社会产生乱象的陈述后，又改变了主意，迎合有恩于他的袁世凯，策划甚至是主导了“请愿共和不独立”事件，连王锡彤自己也称之为一出“滑稽戏”。其结果是在辛亥革命中，河南省连形式上的独立也未曾出现，在全国革命浪潮中颇不合潮流。而此后王锡彤却一直认为这是他一生中得意的一笔，是耶，非耶？值得人们思考。进入民国，当袁世凯实行总统制，后又演出复辟帝制的闹剧时，王锡彤主张实行责任内阁制，反对帝制复辟。在对袁世凯苦劝无果的情况下，王锡彤离开政治旋涡中心北京，躲在天津办实业。后来，他对辛亥革命中革命党人的历史功绩，给予肯定，认为革命党人义无反顾、不怕流血牺牲，才摧垮了腐朽的清王朝，功莫大焉。

王锡彤一生走过的道路，用他自己的话来说，是“由士而商”，再“由商而士”。他多次表白、反复强调，不情愿后人称他为一个实业家，而愿意以一个理学家自居。在其晚年患病的十数年里，王锡彤以读书、著述为志，其著作结集出版的除根据其日记整理的长达 50 余万字的自叙年谱《抑斋自述》（含《浮生梦影》《河朔前尘》《燕豫萍踪》《民国闲人》《工商实历》《药饵余生》《病中岁月》七种）外，还有《清鉴前编》《大学演》《抑斋诗集》《抑斋文集》《抑斋读书记》等。这些著述，不仅细致地记述了王锡彤一生的社会活动与心路历程，也为后人研究晚清、民国时期的历史，提供了非常丰富的、时空定位的宝贵资料。

王锡彤有很深的家国情怀。“家国情怀”是中华民族优秀传统文化的基本内涵之一，其实现的路径，特别强调个人修身、重视亲情、心怀天下。这种情怀，与行孝尽忠、民族精神、爱国主义、乡土观念、天下为公等传统文化有重要联系，在增强民族凝聚力、和谐家庭与社会及增强公民意识等方面有着重要的历史价值和时代意义。剔除其思想意识中的“夷夏之变”及一些陈旧的伦理道德观念，王锡彤一生中有许多值得肯定的地方。他在一首诗中，曾赞扬八国联军侵华时在天津八里台与敌人死战到底的爱国将领提督聂士成：

西洋兵马若云屯，死守津城赖一人。
满地红巾招剧敌，遥天碧血洒忠魂。
明知浪战非良策，为耻偷生是辱亲。
八里台前留片石，至今肝胆郁轮囷。①

“轮囷”是忠义奋发、挺孤身于百万虎狼之中的意思。聂士成提督是甲午中日战争中奋勇抵抗的为数不多的清军将领，八国联军侵华时，在天津八里台率军奋勇杀敌，冲在最前边，身负多处重伤，以身殉国，系中国近代史上著名的爱国将领。但学界历来对其褒贬不一，此处王锡彤对聂士成做出了公正评价，表明其强烈的爱国主义情怀和情操。

王锡彤是河南卫辉人，乡土观念很重。身为一名乡绅，他一生念念不忘服务桑梓，造福桑梓。前期他献身河南地方教育事业，授徒无数，当时河南省黄河以北的生徒才俊，他亲自教授或指导过很多。在河南教育从传统到现代的转型中，他为倡导新式学堂，

① 王锡彤著，郑永福、吕美颐点注：《抑斋自述》，河南大学出版社，2001年，第391页。《抑斋自述》由王锡彤日记整理而成，系一部自叙年谱性质的著述。

做出了积极的努力。他关心民瘼，在救荒赈灾、维护地方社会稳定方面，做出了应有的努力。特别是在走上工商之路奔走在京津冀之时，王锡彤更是念念不忘桑梓，在阻力重重的情况下，不遗余力地促成了华新纺织公司卫辉纱厂的创办，并在卫辉纱厂的经营管理中付出了极大的精力，为河南工业近代化建设做出了自己的贡献。

浓浓的乡情，对王锡彤来说，魂牵梦绕。他喜欢河南坠子，在常居天津法租界时，每逢请人吃饭，常常光顾的是天津专营河南菜的厚德福饭庄，家中有喜寿事也必由厚德福饭庄来承办。一次过生日，家人拟约演员来家中为其献曲祝寿，王锡彤提出只听河南坠子。于是天津所有唱河南坠子的知名演员被约来演出，当天从下午直到晚饭后，天津有名的河南坠子演员董桂芝、乔清秀均唱了两三场。子孙们都早已听得厌烦悄悄离去，最后只有弟弟王锡龄一个人陪着他，两位老人聆曲至午夜。乡音乡情，使他沉醉，也引发了他对家乡无限的思念与牵挂。

1909年后，王锡彤远离家乡，长期奔波于北京、天津、唐山等地。到了晚年，叶落归根的情怀日益加剧。但家乡河南社会动荡，兵匪横行，使他有家不得回。六十周岁时，寓居在天津法租界中的王锡彤写下了一首纪事诗，描述了当时社会的黑暗，其中哀叹道：

剩此孑遗人，缩项租界里。
岂不顾坟园，岂不恭桑梓？

顾望不敢归，归去恐速死！[①]

王锡彤去世后，埋葬在今北京香山植物园卧佛寺以东二百余米的墓园中。他曾于1924年写过一首关于卧佛寺卧佛的诗：

镇日闲中高卧，阅尽古往今来。

檐前云聚云散，门外花谢花开。[②]

2014年，笔者第一次去北京香山植物园内考察王氏墓园，看着二百米外的卧佛寺，瞬间想到了这首诗。王锡彤静卧在墓中，他生前也算阅尽人生事，如今若地下有灵，看着世上云聚云散，花谢花开，不知做何感想。但不能魂归故里，肯定是其终生一大遗憾。但他应该感到欣慰的是，家乡的人，卫辉的人，至今还深深怀念着这位不忘桑梓、造福桑梓的前辈乡贤。

王锡彤与北方大实业家周学熙一起，苦心经营北京自来水公司、天津启新洋灰公司，有着近二十年的合作交往，他们之间了解至深，有着深厚的情谊。在王锡彤看来，他从事近代实业，经管几个大公司，周学熙实为指导者。王锡彤曾在《和周缉之七十初度述怀诗》中的一首诗中写道："廿年奔走后车尘，大海航程认北辰。"[③] 而在周学熙看来，王锡彤的道德文章，堪称一流；王锡彤的离世，也使他为失去这位难得的人才、曾经在开创实业中甘苦与共的"独知己"感到无限悲伤。周学熙在挽联中写下了凝重、情深的文字：

友人王筱汀卒。为项城袁公同乡，本寒士，袁公以

① 《抑斋自述》，第353页。

② 《抑斋自述》，第326页。

③ 王锡彤：《抑斋诗集》卷三，1939年线装铅印本，第34页。

属于余，遂举为自来水及启新协理。闻其事母最孝。挽以联曰：

蓄道德，能文章，并世孰如公，奚只视晨星之可数；

共功名，同甘苦，平生独知己，得无见落月而生悲。[①]

摆在读者面前的这本小书，即是作者对王锡彤这位河南乡贤一生所做的考察与记述。

20 世纪 30 年代初，王锡彤陆续将其日记排比整理成自叙年谱《抑斋自述》。1933 年，王锡彤将自己三十岁以前的这部分自述文稿送交友人徐文霨厘正。徐文霨将这部分文稿命名为《浮生梦影》，并在序中写道："河南为华夏中枢，自二程子以来，千年有余。硕儒辈出，至于今勿绝。往者倭文端公、李文清公，比肩于朝，各有日记，一言一行，乃至举心动念，皆笔之无疑，以自勘验，且供师友之评骘。""先生所记，不仅自身之一言一行，凡先代之遗型，乡先哲之故事，推而至于一乡一国举六十年来所躬亲而目击者，皆为之记。更分年编次，删繁补缺，易其名曰《浮生梦影》，盖视倭文端、李文清之日记范围尤广矣。"[②]

徐文霨赋予的《浮生梦影》书名，为王锡彤所认可。"浮生""梦影"，自有其出处及深意，前人已有不少解读与演绎。本书以"浮生梦影桑梓情"为名，没有深意，只是借用该词记述王锡彤的一生经历、业绩及其魂牵梦绕的桑梓之情而已。

---

① 周小鹃编：《周学熙传记汇编》，甘肃文化出版社，1997年，第73页。

② 《抑斋自述·浮生梦影》，第2～3页。

第一节　世代书香传仁厚

王锡彤于同治五年五月初三（1866年6月15日）生于河南卫辉府汲县。

锡彤的名字，是其父所取的，本为寿彤，后因为光绪元年（1875）四月河南来了个新的省级大员，名叫傅寿彤，锡彤的父亲便将儿子寿彤的名字改为锡彤。至于小汀这个字，是锡彤的友人张幼韶所赠。锡彤十二岁时，随在河南延津盐业执事的父亲到延津读书。张幼韶的父亲与王锡彤的父亲系莫逆之交，张幼韶比王锡彤大几岁。一次锡彤手持纸扇请幼韶题字，幼韶的父亲字伯韶，自己字为幼韶；而锡彤父亲名宝卿，字鹤汀，于是书赠给锡彤的字曰小汀。光绪七年（1881），锡彤父亲去世，鉴于小汀这个字为父亲生前所知，于是，便遵用此字了。小汀，有时候友人也写作筱汀，似更文雅些。锡彤的号为悔斋，到了晚年，因在天津居宅新建的书斋命名曰“抑斋”，遂又号抑斋行一。

王锡彤一脉世居卫辉府汲县县城西关盐店街（后更名沿淀街）。汲县原为殷商时期畿内牧野地，西汉高祖二年（公元前205）设置汲县，先后为郡治（汲郡）、州治（卫州）、路治（卫辉路）、府治（卫辉府）和道治（豫北道、河北道），已有三千多年的历史。1935年印行的《汲县今志》，对当年的汲县人文地理环境有如下的描述：

汲县在河南省北部，居黄河以北，太

行山以东。为故卫辉府治，俗仍称曰卫辉。东接滑县，西邻辉县，南至延津县，北接淇县。南至新乡界二十五里，至新乡县城五十里。距省会开封一百八十里。①

时汲县有京（平）汉铁路纵贯南北，道清铁路及卫河横贯东西，行旅往来，货物运输，尚属便利。电报、邮政等设施，应有尽有。

京（平）汉铁路在汲县境内，设有火车站两座：一为塔岗站，另一个是卫辉府站。塔岗站在塔岗镇，卫辉府站在县城西北，距县城约五里，俗称北站，以别于道清铁路在卫辉车站之南站。塔岗站南距卫辉府站十公里，卫辉府站北距北京前门站五百八十九公里。道清铁路在汲县境内设车站四座。

汲县铁路纵横，运输便利，也正因为如此，公路国道、省道都不从此经过，交通工具以马车、牛车为主。运输农产品等货物，则有所谓“太平车”，俗称大车，四轮无辕，以四头或更多的牛牵引，间或以骡马牵引，可载物千斤。另有独轮手推车，载人运货。县城之内交通，则有人力车，即所谓的“东洋车”。

航运方面，有卫河过境。卫河源于河南辉县苏门山下之百泉，水量平稳，泥沙稀少，有舟楫之利。卫河在历史上是漕运要道，卫辉是货物集散之地。但自晚清改为海运漕粮，继因京（平）汉铁路通车，长芦盐又以陆路运输为主，加之卫河久未大规模浚治，河运地位衰落，虽然仍有货物经由水路，但货物集散地已经逐渐转移到滑县道口镇。

汲县为电报干线（当时系有线电报）汉口至北京一线所经过，县里有电报局支局一所，设于城内斜子街。长途电话则在20世纪20年代架线开通。②

① 魏青铓：《汲县今志》，1935年11月版，第一章“疆域”第1页，第七章“风俗”第12页。

② 卫辉市地方史志编纂委员会编：《卫辉市志》，生活·读书·新知三联书店，1993年，第41～45页。

卫河自辉县苏门山而来，经汲县东流之后向北，从山东临清界西入运河。王锡彤其家两面都濒临卫水，用他的话说，是“风日清和，波流如镜。西挹太行，耸青叠翠”。原来，天津卫附近的长芦盐场生产的原盐，由盐商用船只从大运河转卫河，直接运抵汲县，再由此转车，分发到开封及河南省河北道的怀庆府等地销售。由于汲县是长芦盐场原盐大的集散地，当地从事与盐业及相关行业的人数较多。王锡彤所居住的盐店街一带的居民，多从事盐业或为盐商服务的事宜。从事这一类的活计，相对其他行业赚钱比较容易，所以读书的人比较少。王锡彤看不惯这种状况，曾经有改“盐店街”为“沿淀街”的动议。但王锡彤在乡里教授门徒十来年，所教弟子多为盐商子弟，自己的薪水也实由盐业而来，改街名实属不易，盐店街也就只好继续称为“盐店街”了。

王氏始祖，何时由何地迁徙到汲县，已不可考。有相传从山西洪洞迁汲一说，锡彤对此似不太认同。其理由之一是，他自家的语言习惯，与当地所谓从山西洪洞迁徙而来的诸王氏家族的人们，有明显不同。

锡彤六世祖名王得爵，曾任河北镇辕门千总，例赠“昭信校尉”。昭信校尉本是明代官名，正六品，清代时已经废除，例赠“昭信校尉”，对家族来说，是个荣誉称号。王锡彤的六世祖担任千总，是个正六品的小军官。锡彤五世祖名王召臣，字谏廷，也曾担任河南省河北镇辕门千总，后转升为王禄营守备，诰授“武略将军”。守备，一般为正五品，而锡彤之五世祖召臣，曾蒙朝廷赏戴蓝翎四品顶戴，那是朝廷对有功之臣的赏赐。当初王家旧宅，同时也就是五世祖召臣的办公衙署。据说，这位五世祖召臣先生武功了得，当时长芦盐三百斤一包，他能两手各提一包，有“王老虎”之称。此言或系夸大其词，带有演义性质，形容其力大超常而已。锡彤家还曾存留有一把旧传腰刀，据说是召臣的杀敌利器。光绪年间，王锡彤的叔父从锡彤那里索去，卖给了一位姓任的人家，锡彤后来一直想赎回来，但没有结果，他常为此感到内疚，愧对先贤。

王锡彤高祖名自申，字咏嘉。乾隆癸酉科（1753）拔贡。所谓拔贡，也叫选贡，是科举制度中贡入国子监生员的一种。清制，初定六年选贡一次，乾隆中期改为十二年一次，每府学遴选两名，州、县学各选一名，由各省学政从生员中考选，保送入京，作为拔贡。经过朝考合格，可以候选充任小京官、知县或教职。王锡彤高祖自申经朝考合格后，候选知县，但很长时间内得不到实缺，经友人呈请朝廷，改授河南修武县教谕。清代，教谕为县学教官，正八品，每县一人。在省学政、府教授督导之下掌县属文庙祭祀，负教育所属生员之责。

王锡彤曾祖父名叫汝熊，字太占，一字恩元，岁贡生。

王锡彤祖父名为忠相，字普霖，县学增广生。王忠相，系一地方士绅，急公好义，懿行懿德，乡里流传故事不少，在乡民中自有威望。

王锡彤所在汲县风俗，家中所供菩萨，大都绘制为年老的妇人形象，初一、十五焚香膜拜，口中喃喃礼诵，寻求保佑。此种习俗大概由戏曲小说中来，本浅陋不足道。相传在汲县北乡卢诸屯有一个和尚，颇持清戒，他于所住之室供奉母亲神主，牌位上书：吾生老母之神位。该僧死后，他的徒弟仍烧香奉祀，村里人误以为神，虔诚祭祀以求福。后众人又议在该地修座庙，以祭此乌有之神。当时有一个人名叫刘老长，本是汲县口头村人。刘老长虽然不是卢诸屯人，但他身为汲县士绅，布施立碑等事项，多由他领衔。刘氏豪侠好义，却被仇人梁某构陷，向官府密告刘家所奉菩萨为黎山老母（也称骊山老母）。而刘村的菩萨庙就被指认为所谓的“老母庵”，刘老长所在村落也被说成是白莲教教匪的策源地了。为此梁某还受到县丞嘉奖。原来，当时以齐王氏（王聪儿）、冉天元为首领的白莲教起义后，队伍和影响迅速扩展，朝廷下令镇压。而白莲教所奉诸神中，就有所谓“无生老母”，也是个老妇人的形象。于是，官府得到密告之后，便发兵前往抓捕刘老长。而参与抓捕的一些兵士同情刘老长，便放了他，让他赶快逃跑。官府的吏役见抓不到刘老长，便肆意株连，凡百姓家里有供奉菩萨像的便一律指为信奉老母教，弄得监狱里关押了一群无辜百姓。见此，王锡彤祖父气愤无比，认准这全是诬告刘老长的梁某给当地带来的祸害，不制裁此人，后患无穷。县里的一些人也与王锡彤祖父忠相先生看法相同，鼓动锡彤祖父忠相检举那个姓梁的家伙。于是，祖父忠相先生将那个梁某控告到府衙门，力陈梁某因与刘老长有旧怨，施阴谋诡计，陷害刘氏。忠相在官府据理力争，因冒犯官府，还曾被拿问。经数年的争执，官府见地方因此事民愤激昂，也怕再闹出什么大乱子，便力劝梁某承认诬告，许以不死，方算了事。后来刘老长投身清朝的绿营兵，升到从二品的副将一职。王锡彤祖父忠相伸张正义之举，受到乡里百姓的称誉。

嘉庆、道光年间，汲县的粮店大多会发行一种纸币，而当某一粮店经营失败后，该店的纸币又往往不予兑现，致使一些人家赔累不堪，此情也成为民间社会一大弊端。甚至有心术不正之人，以开店为名，行诈骗之实，借此发横财，大量发行纸币捞足钱财后即遁迹他乡，另营他业，令百姓苦不堪言。王锡彤祖父时，家中有个铺面，名曰“太和坊”，既经营粮店，也发行纸币。经营失败后，祖父忠相变卖家中部分良田，得来的款项用于兑换客户手中的纸币。乡里之人有的念及忠相之恩德，不忍乘人之危马上前来兑取。忠相关闭店铺，在家中嘱一名叫周凤图的人主持纸币兑换之事。过了几年，太和坊的纸币全部收回。王锡彤小的时候，还在家中见到过好几箱子当时收回的纸币。王家欠人家的钱全部偿还，而人家欠太和坊的钱粮，王家则不予追问。

王锡彤祖父忠相在家乡一带急公好义，屡屡拯人之危，赢得乡邻百姓的敬重。以至于乡民私下谈话时，往往不直呼其名，均称其为老普先生——忠相字普霖。王锡彤儿时，偶尔行至乡村之中，还常常听到路人指着他说：这孩子是老普先生的孙子！

锡彤祖父在世时，喜施舍，广交游，周人之急，济人之难，力有不及，辄质田产为之，等到祖父去世后，王氏家中薄田已经不及百亩了。

锡彤有两个姑奶奶：一位嫁到北京，一位嫁给邑诸生。

锡彤的祖母姓张，系明代侍郎张衍庆后代，所以平素就有人称祖母为“张侍郎家的”。祖母育有两女一子。长女即锡彤的大姑母，嫁给府庠生王振鼎，次姑母嫁给县庠生郭德纯。祖母生前十分喜爱锡彤，对他疼爱有加。①

第二节 父母慈爱育英才

王锡彤的父亲名宝卿，字鹤汀，县学附生。王锡彤祖父虽然盛德远播，但家产则日益式微，王氏家族逐渐衰落，已远非昔比。祖父去世后，顷刻如天塌，时父亲王宝卿年仅十四岁，叔父王子善仅仅三岁。面对此境，锡彤父亲“呼天滴血”，全仰赖祖父生前挚友关照、帮助办理后事。艰难困顿之中，王锡彤父亲不得不将家中的正宅出租，以维持家计，自家则迁居偏宅。当时王锡彤家仅有土地百亩，父亲宝卿常常不得不与佃户同劳苦。王宝卿虽然幼时承家学，但到了同治八年（1869）二十八岁时，才入邑庠，成为“邑庠生”。王宝卿于同治九年参加为取得举人资格的乡试，落榜。他还曾在盐商马楚坡、只晴坡两人宅中任教，而马、只均为盐商，于是后来王宝卿便应邀从事商业，做盐商执事，再后于1876年被盐商贺某聘为设在延津县的盐肆内外总执事。

光绪三年至四年间，盐商衰败，盐商贺某因债务吃官司在天津入狱，锡彤父亲急赴天津察看，落魄数月，其间凭借着自己的一点医术以给人看病维持生活，但始终也没能与贺某见面，最后在他人资助下，回到汲县。后王宝卿受聘于修武盐商，为盐商执业。由于他精于核算，为同人所称道。不幸的是，王宝卿于光绪七年（1881）三十九岁时，突然病逝于修武

① 王锡彤：《抑斋自述·浮生梦影》，1933年铅印本，第13页。

盐肆，王锡彤当年仅仅十六岁，而其弟尚在怀抱间。

因父亲在外经营盐业，不常家居，锡彤所受庭训绝少。他记得有一次父亲难得与他谈论历史，告诫锡彤："读史贵有特识，不可为古人所欺。"他还曾教诲王锡彤说："读史见故人成败，每一事不必遽观其后。且看前面事势如何，然后掩卷徐思所以处置之方，到处分既定后，再开卷看古人所以处置之者，则识量益矣。"又说："气节盛于汉武，备盛于唐，至宋之所以弱而不陨者，实惟人材之盛。观周程张朱之为儒，韩范司马之为将，一人足以千古矣。"又曰："明太祖起兵濠泗时，元兵并不甚弱，何以无一矢相加遗？想明祖伪臣于元，受有职号，迨将广兵强，元势已微，始敢正名讨元。《明史》为讳，亦固其宜；发逆不识时势，盘踞南京旧地，谬欲效命，将中原之迹，宜其败也。"

又有一天，父亲忽然对锡彤说："汝知狮子乎？狮子，神物也，日行千里无死者。唯好弄球，当月圆时以月为球，抟风上天，欲搏之，辄颠坠而死。"王锡彤后来回忆此情此景时说："此话最有味，彤终身诵之，而好高骛远终不能免。今老矣，犹愿儿孙毋忘此言，莫贪高纵欲，自取颠坠也。"

锡彤外祖父家本来殷实，因其外祖父罗金伦豪饮喜宾客，家境骤然衰落，且于一个晚上突然出走，不知所终。子女六人，锡彤母亲为长。母亲罗氏，是一位明达事理、慈而不弱、品格坚韧的女性，对锡彤一生的影响巨大。

据王锡彤记载，其母罗氏对她的亲生母亲极为孝敬，为王锡彤等做出了榜样。罗氏是一位坚忍、明达的女性。丁戊奇荒之时，赤地数千里，卫辉地面尤甚，饿殍载道，卖田地甚至卖子女者屡见不鲜。是年，王锡彤父亲又受盐商诉讼之累，旅困天津，更加剧了王锡彤一家的困难。于是有人提议卖掉家中的部分田产，以解饥荒。王锡彤的母亲则说："祖遗田本不多，此时鬻之，所获几何？吾家传忍饥无他法，惟减食而已。"自是日一天只吃一餐，以杂糠粗食加菜叶充饥，实在不行的时候则典当衣物，以度凶年，家中田地则不少一垄。[①]

父亲去世后，家中一时陷入困境，父亲老友数人送十六岁的王锡彤到修武习盐业，数月后逃归，见到母亲后嗷嗷大哭，向母亲说明还想读书。母亲说，要读书必须耐得住贫苦。王锡彤说，我一定能。自此后每天天一亮，母亲就唤起锡彤读书。晚上母子共用一盏油灯，母亲做针线活，儿子念书。有的亲戚朋友对他们说：一卷书，寒冷天不能当衣裳穿，肚子饿了又不能当饭吃。纵然今后博得一领青衿，又有哪个人看到读书生涯能光宗耀祖的？你们盐店街的人能为盐商执役的，已经不忧心冻暖。况锡彤已蒙老一辈人的庇荫，才能有幸进盐店习业，哪能有逃避之理呢？母亲对王锡彤说：你父亲在世时，没把你当成个弃才。王家世代书香，我怎能忍心从你这儿中断了呢？且穷通命也，目前小小的得失，就能断定人的终身吗？劝他们的人听了这番话很不高兴，认为真是有其母才有其子，绝对不可救药！母亲不再与来人争论，教育儿子刻苦读书，相信将来务必一雪此耻。

后来王锡彤回顾这段经历时写道：此实吾家生死一大关键。假如母亲当年稍加犹疑，“徇俗人之见，逼锡彤重返商肆，则以锡彤之顽劣，早不知飘落何所矣”。后来，每到人生关键时刻，王锡彤都一定要向母亲求教，并得到了母亲的有力支持。

王锡彤母亲还是一个十分开通的女性。光绪季年，社会上女学兴起，又大力倡导天足之说。但当时汲县比较闭塞，旧思想影响严重。对此，母亲说：办女学、不缠足这样的新事物，非荐绅家率先垂范不可，而且必须从老人先提倡不可。于是她老人家与乡绅、王锡彤的挚友李敏修的母亲相与协力，办女学，提倡不缠足，在乡里起了很好的示范作用。

王锡彤母亲对儿孙慈而不溺，持家俭而中礼。全家食粗粝衣补缀，家

---

① 《抑斋自述》，第12～14页。

法祖传，一以贯之。但对于祖宗祭拜，必丰必敬。亲族馈赠，不敢俭啬。且当极困穷之时，子孙出门为其整治衣履，务必完洁，免以窘状向人。母亲还带头破除迷信。汲县习俗，礼神有所谓天爷、灶爷、财神、仙家等不一而足，王家亦相沿有年。王锡彤对此颇不以为然，婉转地向母亲表达了自己的意见。母亲二话不说，立即嘱咐家人将一切神像撤去。后来王家腊月不祭灶，八月不圆月，一切神像、佛像全都不供奉。后来母亲去世时，王锡彤不请僧道，不礼经忏，也全是遵循母亲生前的教诲。

王锡彤说："吾家世传忠厚，至锡彤辈得自奋于前途，祖母实种其根，而培养浇灌畅茂条达者，皆慈母力也！"[①]

第三节　少年锡彤多磨难

王锡彤生于同治五年（1866）五月初三。

王锡彤临出生前，其母亲做了一个梦，梦见有人搬了一个方桌，放到她家门口，梦醒之后，锡彤降生。这本不过是个梦而已，但锡彤将其当成一种暗示：桌子虽然是居中之物，放置门口，可以支撑门户，如果恃权当位，则不是那个材料。

王锡彤出生的第二年，捻军势力波及黄河以北卫辉府一带。为躲避祸乱，王锡彤随祖母、母亲及叔父，从汲县迁寓到卫辉府城内。次年，返回故宅。六岁时，其父教其识字，并向其口授唐诗。时锡彤有些许口吃，诵到李白诗《怨情》第一句"美人卷珠帘"时，锡彤总不能上口，父亲便半开玩笑地说他"非风雅中人"。

同治十一年（1872），锡彤七岁，从邻居老儒侯执信读书。侯先生是王锡彤祖父的门生，对锡彤激赏有加。但侯先生所教的学生多达四五十

① 《抑斋自述》，第14～16页。

人，多系村童，素质不高，打打闹闹，锡彤很不适应。于是第二年改从王墀先生受教，王师处学生人数虽少，喧闹情况却大体与侯先生处没什么两样。锡彤对先生的教学水平也不太满意，时有流露，而先生则批评锡彤“狂躁”。此后数年，锡彤仍一直从王先生学习。

光绪三年（1877），十二岁的王锡彤闻淇泉书院月课，同学中有应试者，于是随之前往。光绪年间发生了特大饥荒，即历史上的所谓丁戊奇荒，学塾解散，锡彤叔父介绍他去容谷斋先生处读书，然而没过多久的一天晚上，先生全家突然逃荒而去。远在延津任盐业执事的父亲听说锡彤废学，派人来接，王锡彤与来人跋涉四十余里抵达延津后，遵父之命从贵振邦先生读书。贵先生设帐典史署中授徒。典史掌管有缉捕和狱囚，典史署就是典史办公的地方。贵先生看了锡彤此前所作文章，很吃惊，认为他误入写作的邪门歪道，让他全部删去，另从破承起讲作起——“破承起讲”是八股文的写作范式。贵先生循循善诱，锡彤大喜过望，颇有领悟。谁承想，没过俩月，贵先生不幸染病去世，学塾又解散了。当时旱灾已成，流亡者人群载道，盐业遭受严重打击，盐肆同人一日两顿小米粥也难以保障，锡彤父亲只好典当衣物来应付，如此情景，已不能再容锡彤一个吃闲饭的在延津那里了，于是王锡彤乘徭役车返回汲县乡里。

回到家中，饥肠辘辘的王锡彤立即向母亲要吃的，母亲说，容我筹办一下吧。锡彤急不可耐，说：瓮底的米也足够我对付吃一顿了。母亲说，你看看瓮底有什么？锡彤看遍盛粮食的锅碗瓢盆，都空空如也，于是恍然大悟：从今以后，要成为“饿乡中人”了！

光绪四年（1878），王锡彤十三岁。锡彤家从山东曹州高价买来红高粱，家人用石磨磨成面。推磨时两人一班，锡彤与母亲一班，叔父与叔母一班。每天取一些高粱面，掺点榆皮面，再加上大量的干菜叶，做成粥。叔父与锡彤吃饱后，母亲与叔母凑合着分食其余，也就是勉强维持，不至于饿死罢了。外婆家日子也很困难。舅妈与母亲商量，拿一件稍微值点钱的衣服换了些钱，买了一斗米由舅父罗子华在市场上微利零售。没承想，后来此业竟然逐步兴盛起来，家里便让王锡彤帮助舅舅打理此事，家里的生活状况有所改善，每天小米粥是可以吃饱了。

这一年三月二十八，天降大雨，旱情解除，逃亡外地的佃户陆续归来，田野又现生机。加之官府、义绅发放赈灾之米，百姓日子有所好转。秋尽冬初，父亲从天津办完事回归故里，考虑到粗粮难以下咽，便在家里每天买少许白面，锡彤也多少能跟着沾点光。更为重要的是，父亲归来，亲人团聚，全家欢悦无比。一有空闲，父亲便讲经谈史，锡彤得力于“庭训”，实在此时。锡彤后来回忆起这一段时光时说，这是他一生中最好的时光了。

然而，父亲在身边的时间不长。1879年，父亲又受修武盐商聘任，再赴修武。父亲无暇教子，遂安排锡彤从银兴邦先生学习，银先生当时设帐于府学文庙。用锡彤的话说，当时自己不知所学为何，想先生也不知所教如何，学习效果可想而知。秋冬府县小考，锡彤前去应试，结果考得一塌糊涂。但这次应考，他遇到了平生第一知己，同岁同里的李敏修，并成为莫逆之交。李敏修名时灿，字敏修。后于光绪十八年（1892）中壬辰科进士，是卫辉府乃至河南省著名乡绅，有“中州耆儒”之称。

李敏修，其父李静舫，是汲县名孝廉（举人），道德文章，时人称颂。当时，静舫先生主讲修武书院，听说十四岁的王锡彤应试府县小考，便让同为十四岁的李敏修回家乡汲县应考。两人在试院门前一见面，“论辩纵横，时而赌胜，时而鼓掌狂笑，前去应试的数百人见此情此景，无不惊愕”，在一些人看来，他们俩简直就是“怪物”。点名入考场后，两人又一起坐在一角，谈笑不已，几乎忘了作文。从此，两人定交。

也在这一年，王锡彤与同邑赵嘉平之长孙女蓉轩订婚。

1880年下半年，父亲将锡彤送到淇县潘梅轩先生处读书。潘先生是丁卯（1867）科孝廉。当时潘先生主讲淇县书院，对学生多所鼓励，从不以冷面向人，教授时文、试帖、律赋等，也自有一套方法。不承想，次年潘师以大挑知县前往湖北就职。潘先生一走，锡彤又失去了老师。恰其同学赵鸿勋（字鼎臣）家里聘请了牛景化先生，便约锡彤同读。牛先生也是村塾的路子，难以学到真东西，令锡彤不免失望，好在鼎臣待锡彤甚厚，两人情谊倒是很深。

光绪七年（1881）七月，王锡彤父亲鹤汀先生逝世于修武。得到父亲患重症的消息，锡彤与叔父连夜奔赴修武。可到了那里，父亲已经去世，他只能扣棺痛哭。此时的锡彤，“梦魂恍惚，痴呆大作。上念慈亲，下感身世，茫茫苦海，无翼奋飞，觉刀山剑树逊此苦也”[①]。王锡彤将父亲遗体用马车从修武运回汲县，一百五十里之遥，晚宿不能入店，过城不能入城，到家又不能入家——当地有此习俗，死于外边的人不能再入家门——只好将棺材停在大王庙内。葬事完毕，老亲老友垂怜他们孤儿寡母，议论说：你们家本不富有，又遭此惨变，考虑生计前途，不能不想想法子。想来想去，只一个办法，送锡彤到修武盐肆习业。就这样，父亲去世百日之后，锡彤便成了修武盐肆的一名伙计。因为盐肆执事者多是锡彤父亲同辈，出于照顾，他们派王锡彤到账房学习，每月工资铜钱千枚。锡彤不擅楷书，珠算也是初习，心里清楚，就是这区区千枚铜钱，也无不有其父的面子在其中。

盐商负责外事的刘藜阁先生是位老拔贡，格外怜惜锡彤，对他说：你既然是个读书的种子，盐肆中的事又不多，抽空还可以读读书。锡彤回答说，愿意列在刘先生门下做弟子。刘先生说：我业务事忙，无暇顾及此事，此地有位孝廉范扬卿（名乃赓）先生，可以从他学习。经刘先生热心推介，王锡彤拜在范先生门下为弟子。范先生给王锡彤布置书目后，让他先读经，后读注，字字咀嚼，不要轻易放过，读本上或圈或点，尽可作

① 《抑斋自述》，第24页。

些体会和评判类的文字，时间长了，自有豁然贯通之处。范先生常来盐肆中，或与锡彤长谈，或为锡彤批点文字。此情此景，引来同伴的嫉妒，盐肆的主人自然也看不惯，但念及锡彤父亲对盐肆真可谓“鞠躬尽瘁”，又不忍心立马将锡彤开除。恰好门面柜台售盐处缺人，于是便调王锡彤到门柜上销售食盐。

盐业历来为朝廷收入大宗，实行专卖制度，清代也是如此，不过清代道光年后实行盐政改革，由纲盐制变为票盐制。从哪个盐场贩盐，到何处出售，已经不受限制。但盐商凭盐票批发来的食盐出售时的价格，仍由清廷有关部门规定。修武售盐，一斤定价铜钱二十九枚，实则必须卖到三十二枚一斤才可能有赚头。于是官、商协谋，以十四两半为一斤（旧制十六两一斤），做商人的赢利，当官的也从中分沾。而卖盐过程中，若是遇到土豪、官员这些盐店惹不起的主，买一斤是必须给足十六两的。门口来的化缘的乞丐，也都要一一应对，这些花费，都要从门柜收入中支出。所以，门柜的秤以十四两为一斤，成为定律。而司事者又高下其手，看人下菜碟，视来者强弱称盐多寡。名为一斤，实际上自十四两至十两参差不齐，操纵由心。每月多赚出来的钱，进入同伴私囊。有时为了多赚点钱，增加盐的分量，竟然还往盐堆上加水加汤，盐肆主人也明知不问，听之任之。所以，到了门柜与这伙人为伍后，锡彤每月分得的这类坑人来的钱，往往比月薪还要多。面对此种情景，王锡彤昼夜不宁，心中万分不安，心想：这明明是出卖良心赚来的钱啊！“人生良心，能有几何？而日日卖之，尚余何物？良心，精神也；形骸，躯壳也。无精神有躯壳，其行尸走肉乎！”[①]想到此，王锡彤决心逃出，决意归家读书。于是，锡彤面见盐肆的当事人辞职。当事人不允，于是锡彤又以父亲周年祭奠为由，请假回家，实则他已经下了再也不回盐肆的决心且做好了准备。次日回到家中，

---

① 《抑斋自述》，第26页。

锡彤见到母亲后大哭，母亲大惊，问明缘由，母亲安慰他说：痴儿毋哭，我家世守诗书，决不忍令汝废读，但读书必须吃得了苦才行啊！自此，锡彤闭门苦读。这自然也不免受到一些亲友、熟人的冷嘲热讽。正在此时，锡彤应淇泉书院月课，每月可领奖钱数千文。母亲很高兴，并夸奖王锡彤。

光绪八年（1882），已经成人的王锡彤，告别盐肆生涯，开始了新的一段人生之路。

第一节　勤学不倦，科举路感怆欷歔

盐肆归来，锡彤在家萧斋枯坐，潜修默进。正当苦于无益友切磋琢磨之际，李敏修返回故里，两个十八岁的好友见面，欢喜曷似。从此以后，两人逐日过从，畅谈理想，切磋学问，相互激励。王锡彤禀告母亲，愿意与敏修同斋共读，母亲知道他俩实为益友，欣然同意。时李敏修正与同人联络商量组织一个小群体，定期以文会友，相互激励研讨。于是与何兰芬（字芝庭）、王瀛诸（字仙洲）组成一个小的“文社”，李敏修为一社之长。锡彤曾经写道，对自己来说，李敏修以友之名行师之实，在学业与为人方面对自己的帮助，远胜于曾经礼敬从学的一些老先生。

好事成双，得了益友，又遇良师，王锡彤有幸结识淇泉书院山长，并颇受器重。淇泉书院山长章子如（名鼒），浙江名孝廉，初到卫辉府时，评判学子试卷非常严格。一天，他批到锡彤的课试卷子，批注道：“文情斐亹、老笔纷披，绝非初学所能。”意思是，这篇文章写得文采绚丽、娴熟老练，且采用散散落落的笔法，绝不是初学者所能完成的，因而他怀疑不是王锡彤本人亲笔所写，不以为然。锡彤拿到试卷看了老师的批注后，前往章子如山长处理论，言明试卷确实是自己所为。章子如先生大笑说：你们卫辉人能作出这样出色的时文吗？我敢断定，这样的文章除非老进士绝对写不出来。如果你真能作出这等文章来，怎么到如今“一衿未青”？古代学子、秀才的衣服，能够穿上青衿，就说明有了一定的水准和功名。“一衿未青”，就是说没有功名，连个秀才都没有中过。听了章先生这样讲，王锡彤颇有些激动地说：老师你如此奖诩我，学生愧不敢当。我未得科考，和我父亲去世丧服未释有关。此姑且不论，现在请您当面考我，一验真伪好了！闻听此言，章先生沉吟了好一会儿，说道：这样吧，不必另外出题了，也不必面试，就按照原来的试题题目，任凭你回家另作一篇，你要是不用你之前交上来的卷子中的一字一句，我就相信你没说假话骗人。锡彤欣然而归，在家中彻夜写作，次日将新写的一篇文章递了上去。章先生看过锡彤的新作之后，大喜过望。从此，章先生每得到王锡彤所作的文章，必定细批密改，一丝不苟，并到处宣扬，说锡彤将来必成大器。锡彤自然也十分高兴。想当初他还只是修武盐肆的小伙计，如今却忽然一跃而成为淇泉书院的高才生，内心激动，感慨不已！

这一年（1883）冬天，十八岁的王锡彤与赵氏完婚。据王锡彤回忆说，当地有个习俗，十九岁不宜结婚，如果十八岁这一年不结婚，就要挨到二十岁了。

光绪十年（1884）三月，王锡彤参加县试（俗称县考）。县试是旧科举考试之一种，童试的第一级，童试包括县试、府试和院试，县试例由知县主持。锡彤县试名列第一。当时知县为贯联堂（字槐三），是有名的翰林。考试成绩揭晓后，照例应该按照传统师礼拜谒知县，但因为县衙门的门丁索要“门包”钱太高，锡彤囊中羞涩，没能前去拜谒知县贯槐三。

五月，王锡彤参加府试。参加考试的均为县试录取的童生。考试照例由知府主持。考试成绩揭晓，锡彤名列第二。主持府考的是知府陈桂芬（字秋圃）。这次门丁未索要“门包”，试后锡彤得以前往拜谒知府。陈知府和颜悦色地接见了锡彤并告诉他，此次府试如果按照论文写作水平，他仍然名列第一，但考虑到他在县试已经名列第一，这次想再成就一个人，所以将其名次压低，列为第二名。知府谈话恳切，对锡彤也是褒奖有加。八月，锡彤参加院试，列第三名。院试由省学政主持，考试分正试一场，复试一场，通过者才能成为生员，即秀才。当时学政是冯文蔚（字莲塘）。因这次考试名次不是很靠前，锡彤对冯学政没有特别的知遇之恩的感受，他知道冯知府小楷精绝，而自己楷书不好，不入冯氏法眼也就不难理解了。锡彤经过十余年的努力，终于成为被乡里敬重的秀才。

这一年十一月，锡彤长子泽敷出生。

光绪十一年（1885），王锡彤二十岁，自此开始了教读生涯。开始在林某家中授徒。学生有五个人，每年薪水为铜钱三万。实际上，那时书塾里的老师和弟子，都是预备科举考试之人。王锡彤一边教学，一边揣摩应试之功。对弟子则按其年龄大小，教授其预备考试之卷。

八月锡彤参加乡试，落第。乡试每三年在京城及各省省城举行一次，考期在秋季八月，所以又称为"秋闱""秋试"。因由朝廷委派官员主考，乡试又称为"大比"。考试分为三场，第一场四书题文三篇，第二场经题文八篇，第三场策论五道题。考后，锡彤了解到同考官王成德力荐其文，而主考官曾培祺（字与九）以次三篇不甚惬意搁置起来。看到曾培祺对自己文章的评语还算公允，锡彤也顿时感到心平气和了。心想，再努力三年，一定能考中无疑。这一科，好友李敏修考中，也即是曾与九先生所取士。

1886年，卫辉前知府李德均罢官回乡，寓居汲县城内。通过章子如先生推荐，李邀请王锡彤教授他的儿子及孙子读书，每月俸银五两，外加零用钱铜钱两千。王锡彤还参加了当年学政的岁考，为全府第一，补为禀膳生。是年十月，次子泽攽生。

1887年，王锡彤考虑在乡里教书，究非长久之计，于是考入省城开封的大梁书院，每月可得"膏火银"（指读书费用）一两五钱，足可供自己饮食之需。如果每月再得奖金，还可以寄回去养家。大梁书院，又名丽泽书院。明天顺五年（1461）建于开封城南黄门内，明清两代屡有迁建，代有名儒任教。康熙三十五年（1696）书院迁城西南隅州桥西、古汴水经行处，康熙五十八年（1719）得皇帝御书“两河文教”匾，悬于讲堂之上。雍正八年（1730）因积水倾圮，十一年（1733）总督王士俊、布政使承祖重修，并定为省城书院。道光初，得御书“正学渊源”匾，悬于讲堂。然而，王锡彤入学时的大梁书院已远不如从前。主讲山长由归田的大老官充任，常常一年也不到书院中批阅生员文章。有时山长竟然从自己薪俸中拿出一小部分，请人代劳批阅。高才生想见他，还得送礼，锡彤负气不去见他，结果第二年所得奖金不如上一年。锡彤一介寒士，经济拮据，有时蒙几位家境尚可的同学好友请他吃饭。

光绪十四年（1888）八月乡试，王锡彤满以为这次没问题，结果还是落第。回家见生病的老母和怀抱中的小儿子，锡彤真是万念俱灰，痛恨自己被科名所误，才落到如此的境地，于是将一向所读的时文本子付之一炬，发誓再也不读时文了。时文，本指流行于一个时期、一个时代的文体，一个特定含义是指科举时代应试的文章。王锡彤决心此后不离乡里，养母教子，不再走科举之路。

这一年，好友李敏修为“文社”拟定社约十七条。锡彤主张不以“社”为名，以避明末东林党复社之嫌。此时他常与李敏修、张西铭（字子鉴）、高方灏（字幼霞）等志同道合的友人一起，切磋濂洛关闽之学，即四大流派的理学，科考落第内心之愤懑的情绪，也渐渐平复。

光绪十五年（1889），王锡彤到同里徐某家中任教，有学生六七人，弟弟锡龄同往就读。每年“脩脯”（脩，干肉。旧时称送给老师的礼物或酬金）三万铜钱。给廪生应试童生签字作保，也有些额外的收入。王锡彤还赴淇泉书院月课，每月可得铜钱数千。但当时锡彤家中的花费也不小，为了帮助叔父谋生购买毛驴一头，即花去一年教书薪酬的三分之一。外祖母逝世买一副棺材，又用去三分之一。母亲有病请医抓药、妻儿老小生活用度，加上亲戚乡党之间的人情世故，花费又是一大笔钱。这一年，经济仍然拮据。遇到特别困难时，锡彤常常典当衣物以周转。虽然经济上有点捉襟见肘，倒是有了比较充裕的读书时间。自从将八比试帖一类的小册子抛却之后，王锡彤每天以教学生为主，有空就读经史典籍。家中的藏书看完了，就到友人处借阅，沉浸在濂洛关闽四大学派的著述之中。有时欣然有得，越发觉得圣贤的境界可学，且自己经过勤奋努力，也有望达到。当时王少白先生正主讲致用精舍，李敏修前去拜见，回来后对王锡彤说：武陟县有位王少白先生，“践履笃实，学问渊懿”，且少白先生嘉惠后学，训迪不倦，先生现年已经八十岁，我们想要拜求好老师，可不能错过这个机会。

正在此时，恰好河南省学政莅临卫辉府城主持考试，王少白先生送考生到卫辉。好友高幼霞原本是致用精舍的高材生，是少白先生的及门弟子，王锡彤恳求幼霞推介，和好友张子鉴一起整置衣冠前往，郑重其事地拜谒少白先生，行弟子礼，尊少白先生为师。先生热情接待，训诲有加，并对锡彤呈上的日记加以批注，其中写道：明道（程颐）先生主诚敬，曾以某生写字为喻，教导学生凡事动静语默，接人接物，要无一时不敬。这是为学的“大头脑”，也是为学彻始彻终之道。功夫果能纯一，其效无穷。锡彤对先生的批示诵读再三，觉得好像当头浇了一盆凉水，直沁心脾，顿时清醒无比。他体悟到自己“素无教训，少年不羁。初耽科名，以青紫可俯拾即是。科名不得，乃欲为圣贤，觉得舜何人也，我何人也。有直造圣贤之心，而无下学工夫，乏坚忍气量。惟一种简傲之气，流露于不知不觉之中。先生一与交谈，已窥症结，故特就其病而药之也。锡彤虽积痼已深，然自是精神收敛，不敢荒纵”[①]。

后来王锡彤回忆说：“武陟王少白先生辂，于书无所不读。邃于宋儒之学，践履笃实，恪守程子主敬存诚之训，而于陆象山、王阳明亦未尝加

① 《抑斋自述》，第32页。

以抵諆，粹然大儒也。余与敏修及张子鉴西铭、高幼霞方灏尝从问学。时先生年八十矣，于余等日记蝇头小字逐细眉批，勤劬不倦。”[①]王锡彤能成为一位理学家，与王少白先生的影响关系甚大。

光绪十五年，光绪皇帝举行大婚典礼，八月又开恩科乡试。锡彤本已经决计摒弃八比试帖，不作应试。不料想亲戚朋友听说后，议论纷纷，以为王锡彤主要是因家庭贫困缺乏资费所以不想应试。于是，锡彤忘年交、做盐商外执事的李森如呼吁友人为锡彤送盘费钱以资助。各方陆续送来的钱，应付前去乡试有余。见此情景，王锡彤也不好再坚持自己意见。王少白师也教训他说：人没有生来就打算做隐士的，程颢、朱熹也是进士出身，应试有什么害处？只是不要徇俗，为追求荣华富贵、利益通达而实施卑劣的小手段，老老实实考试就行了。

“槐花黄时又拟登科，菊花黄时依然落第。”结果还是没考中。令王锡彤感到特别奇怪的是，荐考官廖国琛给他卷子的批语非常好，主考也没挑出什么毛病，为什么又落榜了呢？王锡彤百思不得其解，还是一位老于此道的人告诉他：这是卷子迟到引发的！大抵八月二十七八日，主考官即悬牌停荐。而停荐后再送来的试卷中特别好的，又不好置之不理，则用极好批语，安慰落榜失意之人。锡彤听了这番话，自然无可奈何，只是深感愧对老友李森如等人资助盘费的一片心意。

第二节　授徒乡里，文章日著传声名

王锡彤不作时文后，也常练习写作，其中写过两个小传：一是《王茂才传》，一是《申寡妇传》。两篇小文均得到老师王少白先生的赞许。《申寡妇传》一文颂扬一些理学家提倡的所谓节妇烈女情操，如今看来不

---

① 《抑斋自述》，第222页。

足取。后一篇《王茂才传》，也就是王秀才小传，倒是有点深意，表彰了乡里秀才王濂。王秀才的出身、经历，和锡彤颇有几分相似之处，其为人为学也暗合锡彤自己此时的志向，可能是惺惺相惜，王锡彤动了真情，写下了这篇文章。

> 茂才王姓名濂，字步溪。先世自洪洞迁汲，世居西关之德南街。曾祖某有隐德，祖某、父新鼎邑庠生，母氏郭。茂才幼而沉静，不苟言笑，诸父皆洒然异之。成童而孤，事寡母抚幼弟皆有法度。光绪丁丑，河北奇荒。茂才家固不丰，又重以凶岁，或日不举火，益攻苦不辍。过午罢塾归，视厨下冷灶凄凉，返舍默坐，逾食时仍赴塾。同业者不见其饥容，并不见其怨色也。弱冠补学官弟子，愈肆力于经籍。为文疏直有奇气，不拘拘于时格。交游最慎，知己一二。至谈说古今，考究身心性命之旨，终日不倦，或至夜分，非此者辄避去。独不善治生产，家日益落，遂作乡里教授。性严整，诸弟子执业维谨，即素称佻达者，出门皆有矩法，不敢肆。从弟沄亦少孤，茂才教之无异视。期年而大进。与友人李敏修往来，论学诸书多有与先儒暗合者。顾体常羸病，余尝见其咯血为文，心窃忧之。丁亥夏，偶患旧疾遂不起，年才二十六岁。[1]

在这个小传之后，王锡彤说，他们当地社会风气浮薄，不淳朴敦厚，见到有谈及理学的，或嘲笑，或躲避，不愿意接近。王秀才独自集中精力放在经书典籍的研习之中，以古圣贤人为学习榜样，也受到不少朋友的责难。如果天假其年，其前景不可估量。当年春天的时候，锡彤到开封大梁书院游学，茂才还劝诫锡彤说："勿盛气，勿滥交。省垣繁华，保身为要。"锡彤至今铭佩在心。王秀才去世后，李敏修写信给王锡彤说："步

① 《抑斋自述》，第35页。

溪之质可以进道，步溪而亡天下又少一儒者矣。君与为戚党，且交最久，盍传而纪之？”锡彤有感于与王濂关于学问人生相互切磋之深情，又有良友敏修之命，于是写下了这篇实录性的《王茂才传》。

光绪十六年（1890），锡彤仍授徒乡里，收入也比上一年多一些。母亲病得越来越重，一年中几度濒危。锡彤为两年沉溺于科考，没能好好照料母亲，深感内疚和后悔。也是这一年，长子泽敷开始上学。

老师王少白先生到府城送考生，锡彤曾几度向先生请教。少白师这时已经耳聋眼花，每次审阅锡彤的日记，都需要趁阳光充足之时才能看清楚。锡彤心中不安，恐受教于先生为时不多了。这一年李敏修父亲去世，礼制遵从理学通典，不请乐班奏乐，也不请和尚道士做法事，一切遵照其父的遗嘱进行。这引起乡里之人一片哗然和诽笑。当时，王锡彤协理敏修办理丧事，也不免受到讥讽责难。锡彤对这些责难只能忍受，其后曾向少白先生请教，少白先生回答说：“理学之名不必有，理学之实不可无。”

次年二月，少白先生逝世于老家，锡彤到三月才得到信息，又正赶上母亲病危，没能前往少白师老家探望。回想起自己的求学之路，曾遇到过几位好老师。延津贵先生，教授科举八比最好，但受教不过两个月，便离去赴湖北任职。章子如先生对锡彤颇为器重，奖掖诱导，非同寻常，而先生逝世时锡彤正在开封大梁书院学习，没能亲自前往吊唁。“人师俱臻绝顶”的王少白先生又归道山，锡彤心中无比悲痛，又无可奈何。

这一年八月，又赶上光绪辛卯科（1891）乡试。锡彤不敢不去应试，怕像上次一样，友人又来集资助考。这次乡试仍然不中。这种结局让力荐锡彤的同考官江俶非常生气，为其遭遇深感不平，考完后到处寻找锡彤，锡彤躲起来不见。此时王锡彤虽然参加乡试，但心境已经不在科举，也不愿意与人再谈论这方面的得失了。

因家境变化，王家祖遗正宅在锡彤祖父去世后便出租给他人，父亲去世后，又典给了别人。这一年随叔父卖了一块相连的田地，以此钱赎回典出之正房。恰年终锡彤授徒的东家徐福堂病故，锡彤家中又有余房，于是从光绪十八年（1892）起在家授徒。学生除原有的，也渐渐有远道而来的了。按卫辉当地习俗，凡是远道而来的学生，每年除交“脩金”（即学费）外，还要出麦米三石，由老师供给饮食，锡彤妻子便承担了给学生烧水做饭的任务。第二年，学生也有从其他县来的，锡彤妻子一个人忙不过来，便雇来一位老妇帮忙，每月支付工钱铜钱三百枚。

光绪十八年，李敏修考中进士，任刑部主事。王锡彤以道学家（理学又称道学或宋学）也能有中进士的，足可以堵上一些对理学家持讥讽态度的人的嘴，颇有点自负。李敏修不愧为锡彤诤友，他批评王锡彤遭人忌恨、不满的原因有如下几条：一是志大言大，动辄称古人；二是年少才高，与友交流时谈起话来，旁若无人，鄙弃与己道不同者，不善于听取他人有益的言语；三是素有狂名，一旦束身规矩，人家又未必相信；四是有时怨天尤人，把错误归咎他人，足以引起别人不满；五是与人交接，正颜厉气之时多，温厚和平之意少，涵养未纯；等等。李敏修对王锡彤说：我辈学问，唯有责备自己，而且要责之又责。要克服、挞伐“怨”与“欲”的私心杂念，力争将其化为乌有。若一生计较这些东西，“精神”就“外散”了。理学大家张载曰：“学至于不尤人，学之至也。”这话是说到正根上了。这里，李敏修谈论的是理学宗旨。张子在《正蒙》中说过：“责己者当知天下国家无皆非之理，故学至于不尤人，学之至也。”大意是，一切家国天下之事没有通过道理不能解决的，因此通过学习而不只再怨天尤人的时候，就算学问达到至高境界了。

到了晚年，王锡彤回顾当初与挚友李敏修的这次交谈时无比感叹地说：敏修教诲我的话很多很多，那段肺腑之言对我来讲，是真的对症下药啊！可惜的是，如今我人已经老了，也没能达到老友所期望的那个境界啊！

光绪十九年（1893），李敏修赴京任职，王锡彤送他到卫河岸边。

那个年代卫辉人进京，多由卫河乘船经大运河抵京郊。离别时，王锡彤痛哭失声。当年八月，王锡彤又参加了恩科乡试、优贡试，仍然失意而归。清制，每三年各省学政于府、州、县在学生员中选拔文行俱优者，与督抚会考核定数名，贡入京师国子监，称为优贡生。经朝考合格后可任职。优贡与岁贡、恩贡、拔贡、副贡合称“五贡”。王锡彤优贡考试虽副取第一名，但优贡正取人中也无中举者。在开封时，王锡彤结识了两个好友，新乡的郭泉声（字亦琴）和延津的李光灿（字星若）。两人比锡彤年龄小一些，家境也不如锡彤，但用锡彤的话来说，郭、李二人“识力坚定，志气卓然”，身为刘人熙弟子，宗法王船山学派，有“推倒一时豪杰，开拓万古心胸思想”。后来，锡彤与二人交往甚笃，三人均为卫辉地方士绅圈之名人。光绪二十年（1894），王锡彤仍然在家授徒。三月，友人张西铭（字子鉴）病故，母老子幼，锡彤帮助其办理丧事，并撰写《祭张子鉴》一文。他十分伤感地写道：“谓君诚笃，谓君朴讷。关中家学，渊源未没。行不及言，人之同病。言不及行，君得其正。君不自足，自课益严。日有札记，疾病不厌。以君之齿，十年以长。以君之学，过我寻丈。”“呜呼君乎，而止于斯。四旬有一，未及衰时。四壁萧然，清风两袁。周身不备，棺椁不就。醵金市棺，乃得入殓。”[①]

这一年，河南学政邵松年在大梁书院创立“辨志斋”，旨在整顿学风，拟调锡彤前往，锡彤辞之。

当年，王锡彤还撰写了《提督衔陕西陕安镇总兵杨公传》，介绍这位卫辉前辈杨青鹤总兵参与鸦片战争后病死于太平天国时期的经历。杨总兵之子杨通荫，任职清廷光禄寺署正，贫死京师。时任刑部主事的李敏修联络卫辉府籍在京做官的史绪任（字小周）、王安澜（字静波）等人，凑钱将杨通荫的遗体送回故里安葬。李敏修、王安澜写信给王锡彤，嘱咐他

---

① 《抑斋自述》，第42页。

探望一下杨通荫的儿子。当时通荫的长子杨保国已经获朝廷授予的恩骑尉。王锡彤带着李敏修、王安澜的信去见杨保国。恩骑尉作为世袭职位在清朝只是个名号，不值一钱，但可凭此名号入军营。王锡彤通过友人王煜卿，转求督带练军的陆怀恩，给保国一份差事。陆怀恩是个落魄记名提督，与河北镇总兵杨鸿礼有交谊，于是辗转请杨鸿礼给杨保国一个差官。

王锡彤根据杨家提供的一份杨青鹤在江南大营时的履历表，撰写了杨总兵传。王锡彤在《提督衔陕西陕安镇总兵杨公传》中说，杨青鹤，汲县人。其父杨坫，武举，曾署理延津汛千总，死在湖北，恤云骑尉。道光二十一年（1841），杨青鹤奉调统率湖北兵士百名赴浙江谈仙岭，与外国船只交火。后护理宜昌镇总兵。再后补云南普洱镇总兵，曾带兵剿办思茅变乱。调补陕西陕安镇总兵。太平军起，咸丰三年（1853）杨青鹤被派往安徽庐州大营，积劳成疾病故。王锡彤赞曰："自海疆多事以来，中国兵丁怵于外人之船坚炮利，望风逃遁几成惯例。杨青鹤以百人守一岭，犹能以炮击敌，敌不敢犯，亦壮矣哉！边疆洊历，功定蛮獠。庐州之役，功未成而先死，悲夫！"①

王锡彤在小传的按语中，抨击了清王朝的军事制度。他指出，清自道光、咸丰以来，朝廷用兵之事绝类儿戏，大抵东方调将西方调兵，兵不知将为何人，将不知兵为某部。军人如百结之衣，元帅如传舍之客，起因是清廷忌惮士兵亲近将帅，于是乱调领兵者，实在是误国误事之举。

说到京官李敏修、王安澜给王锡彤写信的事，这里不能不对王静波简单介绍一下。因为王静波的仕途经历，好像一面镜子，越发使得王锡彤仕宦之心冰冷之至。王安澜（字静波），河南新乡人。少年时家境贫困。光绪丁戊奇荒之年，曾拉着小车送母亲回归商丘柘城糊口，年丰后回新乡。后入邑庠，乙酉科中举，庚寅科考中进士。王静波中进士后馆选庶吉

---

① 《抑斋自述》，第43页。

士，散馆后授职编修，可以说，一般科举士子所期望达到的目标都一一实现了。但这一年，王安澜却出人意料地自京城归里，不再复出做官，在家乡重操教读事业。这是什么原因呢？因为编修一职，每年俸银仅有四十两银子，加之俸米，也值四十两。“皇恩浩荡”，从朝廷名正言顺拿到的薪水也就到此为止了。京官中的“寒素之人”，即家世清贫低微之人，在京都生活，租房买米，再节俭也要十余两银子。而座师（明清两代举人、进士对主考官的尊称）、馆师（解释学馆的教师，此文指翰林院庶常馆的教师）、房师（明清两代科举制度中举人、进士对荐举本人试卷的同考官的尊称）的节敬（春节、端午节、中秋节三个传统节日的打点）、寿敬（老师生日的打点），一样也万万不可缺，这笔钱还得另外想主意筹措。王锡彤不无夸张地说，这些贫贱的小京官，“年年在乞丐中度日”。唯一盼望的是有外省的总督、巡抚、布政使、按察使等大员来京，宴请同衙门若干人时沾点光，得到点“冰敬”“炭敬”（馈赠银钱礼物的名目，夏天送的钱物叫“冰敬”，冬天送的钱物叫“炭敬”），得点“外快”。如果以当老师教读谋生而言，在京师富有人家，月俸也不过十两银子，不如归里教“乡里小儿”，还可以多收几两银子。这些都是王锡彤剖析王安澜辞官回里的原因，也是王锡彤决意不走仕宦之路的一大助推。至于他分析得是否全面、准确，另当别论，此处不议。

当年甲午中日战争爆发。冬初，王锡彤应学政徐继儒（字友稺）出题《〈纪效新书〉书后》作答，推论湘淮各军暮气已深，将骄卒惰，用必偾事。时淮军正与侵华日军作战，不出所料，果然战败。

王锡彤后来在这一天日记的按语中说：湘淮各军之暮气，当时并非只自己批评，凡稍明白点时局的人没有不知道的。但在战争中，淮军失败，也不能仅归咎于淮军。中国军队失败的原因是什么呢？日本军队海战完全模仿西方军队，清军在精神方面就不如人。日本购船造炮，自明治天皇以至海陆军将士，都知道这是为了御海雪耻，发扬国家之光荣。而中国购置、制造船炮，则大臣疑之，台谏忌之，士民谤之。又修颐和园，挪用海军军费，亲王不敢谏，大臣不敢违，日本人看了拍手大笑，高兴得不得了。一旦口舌之争变为真刀真枪的干戈之诉，清朝老大帝国之真形，遂完全暴露矣，悲夫！王锡彤抨击道：当战事激烈之时，溃兵败将，奔逃俘虏，苟且偷生。太平时做忠臣，乱离时做孝子，亡国奴情状腾笑远近。仅仅以暮气责湘淮军，不亦冤乎！

王锡彤还回顾了他当时的所见所闻。当年冬雪甚大，湘军奉调赴北者，沿途泥泞，行色可怜。征发民间车马以供行役，胥吏因缘为奸，用五取十，民大嗟怨。然而当时终究还有军队纪律，湘军之至境者，率住帐篷，不入民宅，这都是曾国藩、左宗棠治军之传统留存下来的好作风。但该军队之不可战，则行道人知之，该军亦自知之，独无如当宁之不知何！[①]

这一年，李敏修父亲病逝，在京的李敏修接到电讣回汲县奔丧。锡彤见敏修因一小京官官职牵挂，竟然不能对父亲养老送终，发出了“仕宦安可为”的感叹。自此，李敏修断绝在仕途中进取之心更加坚定了。这一点无疑也给王锡彤留下了深刻印象。此后他曾多次提及此事。

光绪二十一年（1895），王锡彤仍然在家授徒，为弟锡龄娶延津小店的陈氏为妻。

学政徐继儒巡视考试，每每得到锡彤的文章，便刻印在《中州校士录》（河南遴选拔贡卷子辑录）之中。其实王锡彤不读八比试帖之文，已经快十年了。只是因为淇泉书院的月课关系到他的一宗收入，不能不作八比，加之既然教授学生以八比为业，不能不批改学生所作八比之文，因此与八比之情结尚无法解脱。

这一年，王锡彤三十岁，他撰写了一篇《三十自赞》，作为三十年人

① 《抑斋自述》，第45页。

生的小结。

> 尔年三十，尔学何如？忆自十二属文词，努力事诗书。十九入邑庠，二十食饩，辄欲弋获科第，而忽现在之居诸嗣。获良友（李敏修）提撕，拔尔于既坠之泥涂。受业安昌先生（少白师），惟相勖以暗然力学，不可稍惑于歧途。岁月往矣，尔十六失学，久为无父之人。所得于庭训者，经义三首，史论数则，亦徒为感怆而欷歔。此后茫茫世宙，事慈亲、抚弱弟、睦宗族、处朋友，益非同少小之时，可以邀恕于亲疏。学也者，学此也；问也者，问此也。天下无伦常外之学问，即无伦常外之魁儒。今日何日，正尔悬弧，饮尔于酒，侑尔以文，其勿以大体既立，而一切细行小德遂任其时出时入，终赖知己之匡扶。[①]

光绪二十二年（1896），锡彤仍在家以授徒为业。学生从其他县前来的日渐增加，自新乡、延津、滑县、浚县等地来的生徒都有。不能不说，河南省学政徐继儒将锡彤的文稿刻在《中州校士录》集子上，起了一个宣传广告的作用。也正是因为徐学政对锡彤试卷的看法与众不同，不论楷书如何而特看重论文水平，锡彤知己之感既深，拔贡之考遂不得不应，后一试果获录取。遗憾的是这使锡彤又深深陷入经济窘迫的境地。因为一切应试资费，都大于寻常考试数倍。自购卷起，教官即大需索。等到发榜后，又须拜谒学政，买礼品要用钱，门包要送钱，学政衙门之胥吏差役重重索赏，所以处处需要钱来打点。加之明年参加会考，再明年赴京参加朝考，就是再节俭，也得大约需要白银三百两才能大体应付得过去。于是，用王锡彤的话来说，此时，他“平日贫贱骄人之态，遂遽变作伸手丐钱之状。饿鬼道中乞人团里，颜厚如铁，品秽如蝇。嗟乎，此真余生平最失德

① 《抑斋自述》，第46页。

事，亦最伤心事也!”[①]

此时王锡彤母亲的身体仍然不好，时常要请医生诊治。锡彤有一个学生名叫徐镇，县考第一名。名次揭晓后，照惯例应该前去拜谒县官，县官家丁肯定会乘机勒索钱财。锡彤劝学生徐镇给家丁送钱了事，明明也知道这是陋规弊俗，但无可奈何。因为锡彤不愿意学生像当初自己一样重蹈覆辙，因为拒交门包而没能见到贾槐三，自己至今还感到对贾先生有愧。

光绪二十三年（1897），王锡彤仍然在家授徒。锡彤好友何桂芬（字芳五），是汲县作八股文的名士，病故大梁。锡彤感叹“书生命穷，千古同慨”，挽之以联曰：

铁砚磨穿，寒灯挑尽，曾与我辛苦共尝，何期天不永年，异地飘零成永诀；

青衿易老，黄卷无灵，剧怜君科名误尽，博得身终落魄，遗文寂寞触新悲。[②]

虽然何桂芬终未登科，但他的弟弟何兰芬却曾中癸巳（1894）恩科举人。王锡彤想来想去，觉得这种科举考试，真好像买彩票筹码一样，大家都来买了，中彩的不一定是哪个。

七月，是选拔生会考期。锡彤等学子开始到省城谒见学政，学政出了两道题，仿佛塾师给生徒留作业一般。到了考试那天，考题中真有学政此前出的两道题中的一道。据说，这是历来相沿的惯例。大概是让考生事前先顺利做出一道题，省出时间来，考试时专注用力在小楷上下功夫。文体仍然是八比，然以七百字为顶格，每行均不空不缺，填满为止，不能增也不能减，也不许添注涂改。巡抚到院会同省学政点名，例行公事走个过场，决不参与意见。次日巡抚验看，学政亦前往，在巡抚大堂接见考生，

---

① 《抑斋自述》，第51页。

② 《抑斋自述》，第52页。

每人三揖而退。数日后，则由选拔生备柬请巡抚、学政出席宴会，并召梨园艺人演唱助酒，称之为团拜。旧例也有比照拜谒学政之法拜谒巡抚认师生的。但王锡彤参加的这次选拔生会考的大多数为寒士，都不愿意另外破费前去拜谒巡抚，对巡抚也实无知己之感。至于会考后如何录取，无人过问，也没有报喜人报告。大约将各府所取之名次再按府合写在一张榜上一公布，这出戏就算结束了。

八月，王锡彤参加乡试再次落第。令锡彤不解的是，这一科的选拔生有百余人，考中举人的仅有四五个人，他还感叹这乡试评阅文章确实是无一定之规啊！看到这种结果，学政徐继儒也颇不高兴，因为他评阅选拔试场上学子的试卷时，看重文章写得好坏，而不太看重小楷写得如何。他以为自己独具慧眼、不徇流俗，结果中举的名额令其大失所望。

第三节　赴京朝考，体察时局有得失

光绪二十四年（1898），王锡彤遣散生徒，只教授弟弟和自己的两个儿子。这一年是朝考期，他要入京应试朝考，还要办理一些其他事情，加上路程往返，大约需要花费半年的时间。王锡彤是拔贡，即生员系列最高的学衔，是由各省学政部门选拔出本省各州县顶尖秀才，因而可以越过乡试举人这个坎儿，直接送京城参加朝考。清代规定每个州、县选拔一名，府选拔两名，按这个配额，全国每十二年选拔两千多名优秀秀才赴京参加朝考。这种举贡制度，是一种与常规科举考试并行的入仕正途。拔贡朝考与科举会试一样，由礼部主持。锡彤心里明白，朝考也不一定能得个一官半职。况且前面说到的李敏修、王静波两个人的例子，纵然朝考得到一官半职，又能怎么样？但师友期望之殷切，亲朋积极在经济方面的赞助，使得锡彤欲罢不能。

王锡彤在日记中，回顾了这次赴京朝考的经历，其个人体悟与所做之事主要有四。

其一，王锡彤体会到了“三苦”。

一是治装之苦。位于卫辉的举人赴京会试，往返旅费大约需要五十两银子，新进举人还要多一些。而以拔贡身份参加会试，花费就更大了，大约需要一百两白银。这是因为拔贡要经过到礼部投递文件、报到、买试卷、团拜等种种程序，处处都要用钱。锡彤一家全年日用挑费，也还需要百两银子。锡彤这一年既然不招生授徒，没有了学生的学费收入，又横添了一宗大笔开支，只有接受师友亲朋的赞助这一条道了。知府曾与九先生为锡彤张罗了五十两银子，友人崔凤梧独送五十两，盐商奉献四十两，本地的亲友资助的数额大约有百千钱。王锡彤感受到，自己十余年贞廉自守，至今却要受人怜惜至此，真真的有英雄气短之慨。另外令他感慨的是，本来没抱什么希望的人，却不期而至，慷慨解囊，而心目中原以为那些曾受过自己恩惠的人，向其开口求援肯定没什么问题，却恰恰吃了个闭门羹。这些情景，无不使锡彤深感世态炎凉，人情奇幻。

二是离别之苦。三十年来，锡彤依倚慈母膝下，虽说其间有两年离别母亲时间较长，但距家也仅有一百八十里而已。这次北行千里，万般怅惘。家中还有弟弟、妻子和两个儿子，都令他依依难舍。何况当时老母亲已经有病多年，更有惦念牵挂之情，这都可谓离别之苦。

三是旅行之苦。从卫辉到北京，可以有陆路、水路两条路线选择。从陆路上走，乘车一路颠簸甚苦，需要十二三天才能到达北京，花费也较大。走水路，是先到天津，然后转到北京。平日汲县大石桥下，停靠船只很多，和其他县来的同行者商量，决定乘船沿卫河东下。一起乘船的有新乡李一峰、获嘉陈耀卿、封丘张仁波及同县的陈小泉、赵绍夫、高小峰共七人，另有仆役二人。船价银子三十六两，船主人供应伙食。顺流东下再北上，十五天到达天津，行船人欢喜无量，说是全靠船上乘有贵人，否则绝对不会走得这么快。一路经由洹河、彰河、滹沱河、沙河，进大运河。

由于所经处王锡彤饮水不习惯，肠胃闹病，得了痢疾，到天津找医生诊治后才好转。后来离开北京回卫辉时，同行者中除高小峰考取知县留在京城，仍然是来时伙伴。由于囊中羞涩，从北京到天津仅需三个小时的火车也舍不得坐，先雇一小船行四十里到达通州，再由通州水路到天津，因为顺水，三天后抵达。由天津西南行，逆水行船，正值七月，一路或天热如火，或风雨交加，夜则蚊虫叮咬，苦不堪言，走了一个来月才回到卫辉。等回到家时，锡彤面目黧黑，几乎不可辨认。

其二，过天津游北京，王锡彤见识大增。

乘船行至浚县，登大伾山，游名胜古迹。船上照清朝惯例，张起了“奉旨朝考”标志，一路经过十几处关卡，均验明后立即放行，未拦着收通卡税费。只是到了山东临清州，给了关役铜钱二百枚，才得以放行。

天津为北方诸河入海总汇处，是通商巨埠，各国轮船往来如织，土产运出，洋货输入，大交易场所的建筑物，蔚为壮观。当然，王锡彤也看到了与此呈鲜明对比的景象，即一般街巷房屋低矮，道路污秽。但紫竹林外国租界内，则洁净整齐，楼台高耸。有同人欲前往游览，锡彤却不愿意去。他给出的理由是：外国人割占我国土地，并在其中行使治权，我辈怎能不觉得羞耻反而歆羡呢？颇具讽刺意味的是，十多年后，时过境迁，王锡彤也托庇天津租界之中了，这是他当初无论如何也没想到的。

到了北京，王锡彤也看到，这座都城集高敞与龌龊、广阔与窄狭于一身。入城门，满街满巷秽土堆积，甚至高于住宅数尺。大清门（中华门）大街、崇文门大街、宣武门大街、骡马市大街、东西珠市口大街等，本来宽敞广阔，但街中央秽土堆积成一条长长的土埂。前门即正阳门左右，小巷多多，更加剧出入城之拥堵。路上行走的骆驼，昼夜不停。无雨则灰尘浮飞，有的地方灰土可没到脚踝；有雨则污泥数尺，有的地方上可达到膝盖。大街小巷，晚间漆黑，污秽之物堆满墙角门旁。行人手持纸灯笼，照明行走。酒楼妓馆，也往往以赠送纸灯笼给客人作为小礼品。王锡彤感叹道："盖高明广大之居，惟限于皇帝之宫，居民不能享也！"[①]

还有令王锡彤记忆深刻的是进入北京城门时的稽查十分严格，官吏入京查得尤其严厉，动不动就将所乘之车扣留。逢会试、朝考之特殊年份，情况稍好。

在京期间，锡彤与同年（科举时代称同榜或同一年考中者为同年）刘青田及一些友人前去游香山。一行出西直门乘驴车至海淀，正值荷花盛开，稻田如画，空气清新，好似一幅江南景象。住宿在刘青田认识的安徽茶商江虞卿处，在江氏导游之下，一行游览颐和园，参观电灯局和小火轮船。次日又骑驴到玉泉山，在山上俯瞰颐和园，只见昆明湖汪洋一片，小轮船来往如梭，听人说当时慈禧太后就住在园内。一行又来到香山碧云寺，参观了罗汉堂。

在京时，令王锡彤记忆较深的还有京剧。他认为，京剧之美，远胜于外省的地方戏曲。时宫廷宴乐非此不欢，旗人喜欢京剧，王公大臣以至于闲散之人粉墨登场，习以为常。而商人则更崇拜梆子戏。后来，王锡彤深感戏曲演员的社会地位从清代到民国时期的巨大变化。他后来在日记中写道："优伶之品的社会地位本在九渊，民国以来乃升到九天。演剧的价格提高了十倍甚至百倍。"锡彤清末到京时，春节团拜——每当春节，在京河南籍官员及士绅照例举行团拜，地点在河南会馆，召请梨园戏班演一天只要百两银子就足够了。平日到戏园子看戏，每个人也就是铜钱几十枚。只是那时名伶有一痼习，架子很大，没有官方恫吓就姗姗来迟。当时河南同乡李擢英（字子襄，河南镇平人）官至御史巡视南城，所以京城河南人团拜时，所请的各名伶都如约而至，不敢摆谱。否则会遭御史差人以绳索捆绑而来，而就是一般地位低下的吏役，也敢对艺人鱼肉之。进入民国后，有个名伶田际云（艺名响九霄）演剧三日，庆贺共和，结识一班无赖

---

① 《抑斋自述》，第57页。

游民，哄然欲捧田际云为国会议员。事虽然没成，但失意文人、报馆记者为之鼓吹，继而达官大将有与伶人为友者。又久之，则庆吊往来，毫无忌讳。以至富贵之家召伶宛如大清朝时迎接钦差，以汽车迎接，款以盛宴，馈之厚贿。如果是由北京请到天津去演出，更须开花车迎送，丰备馆舍，百凡供支。名士贵人以一见名角为荣，逢人夸耀。王锡彤感叹道："呜呼，每下愈况，合天下人心奉娼优为排场，世道尚可问耶！"①

王锡彤还在日记中记载，在北京用钱十分不便。当时全国银两之平色不一，在北京一地，就有若干种银钱，兑换使用计算方法均不同。如银子，有京平、京式平、二四库平、一六库平、松江足色、七八、九六，让人丈二和尚摸不着头脑。以铜钱来说，在河南一钱就说一钱，山东、直隶则以一钱为两钱。天津通行九六钱，四十八为一百，巨商则通行所谓"九七六"钱，以四十八枚八为一百。天津河西务则十六枚为一百，三十三枚为二百，北京则四十九为千，其钱铸有"当十"字样，实则当二而已。而且"当十"钱中，又分大个钱、小个钱、二路大个钱、元串钱。其中元串钱最差，北京南城用，内城则不能用，城西也不用。至于说银券、钱券，一幅窄窄的纸张，上面书写的字状如蚯蚓，不是在北京待时间久了的人，很难辨识。

其三，在京感受了戊戌时局之变。

甲午战败后，广东康有为在京创强学会，集合士大夫讲中国自强之法。其弟子梁启超和之，都门空气为之一变。维新人士的活动大都在北京宣武门外一带会馆中。1895年成立的强学会和1898年成立的保国会，一个重要的活动地点，就是位于达智桥胡同的河南京师会馆嵩云草堂，袁世凯也曾参与其中。锡彤参加朝考会试到京时，见京城上下充满求官待缺之人，同年中有人赶风头也约集上书，请王锡彤起草。问其上书言何事，

---

① 《抑斋自述》，第60页。

那人竟然说："恳求朝廷保留八比取士之科举之法！"锡彤听了忍不住大笑，此公之言在当时背景下，也真是匪夷所思。

其四，为经正书舍京城购书。

汲县藏书家很少，士子见闻有限。王锡彤与李敏修商议建立一个书社，供人阅览。这一年趁入京朝考之便，集资购书。高方灏（字幼霞）、李濬源（字月樵）、赵鸿绪（字绍夫）、孙锡彤（字蓉宾）、方荣堂（字构卿）、李馥（字芗珊）、郭葆贞（字仲蕴）、王沄（字小吾）、潘炳麟（字少梅）、徐葆恒（字象九）及李敏修之弟李瑞灿，每人摊银四两。李敏修又拿出他在车马局任职的薪水，合在一起共一百两银子，交给王锡彤赴京购书。在京期间，王锡彤几乎每天到和平门外琉璃厂书店转悠，购买的书中，有《十三经注疏》《钦定七经十七史》《弘简录》《天下郡国利病书》《读史方舆纪要》《资治通鉴》《二十二子》《正谊堂丛书》《白芙堂算学》及名人文集等，其中还有西方译著，共约百十来种。

王锡彤参加的1898年的朝考，虽然当时已奉旨改试策论，但主考官与应考者仍是前一班人，且仍是以小楷端正者入选。小楷不精的王锡彤，自然不入主考者法眼。但以拔贡参加朝考列三等者，照例可以"注官"。王锡彤朝考会试未中举，但成绩尚可，考试结束，得了个"注官"，被注为直隶州州判。所谓"注官"，即注册为拟授官职，并非实授。清朝州的建制有直隶州与散州两种，长官均称知州，分别为正五品和从五品，掌管一州政令。直隶州比一般的县级州的级别要高，并管辖所属各县，下设州同、州判两个副职。州判，从七品。王锡彤注直隶州州判，由清廷吏部发给执照，要交白银四两，不知是否如我们今天所说的手续费或是制照工本费，总之就是注册费吧。

光绪二十五年（1899），锡彤自京城回到汲县，旧日生徒来集，人不少，于是设书塾于卫河河边上的普度庵，较在家时教书的环境宽敞些，也清静些。四月，经曾与九师推荐，滑县知县盛达荪邀请王锡彤批阅该县小考试卷。他事后写了《应滑县邀阅小考试卷》一诗，深表后悔之意，也反映出了当时王锡彤的心境：

俗状尘容夙所憎，何缘今日自投罾。
强颜欢笑人能惯，无味周旋我不胜。
蒙袂未遑羞乞丐，沿门直可比游僧。
始知说圣谈贤处，一到临时百不应。[①]

王锡彤本不屑这种俗不可耐的差事，可如今自己又自投罗网。一是有曾与九师的推荐，不好回却；二是经济困顿处境下，为县学小考阅卷还可以有一笔收入。王锡彤又感到做这类事和游僧、乞丐并无二致，实在是没脸见人，但考虑到自己当时的处境，也真是无可奈何。

王锡彤的授徒生涯，在河南教育史特别是河南省河北道三府的教育史上，留下不少值得肯定的业绩。王锡彤一生与河南教育多有联系，对书塾、书院教育及新式学堂教育贡献颇多。其中关于李敏修、王锡彤等人苦心经营的经正书舍，特别值得一提。

王锡彤从北京归来，真可谓满载而归，他购置的图书为经正书舍的建立与运行提供了有力的保障。1899年，经李敏修之弟李瑞灿策划，将自北京买来的图书标题编目，暂借其兄的书斋为址，订立借书条规，按月索取书社中成员的读书札记，由李敏修、王锡彤两人分任批阅。时除发起人外，这一年又陆续有人加入经正书舍，包括王锡彤之弟王锡龄及几个学生，总数达到二十七人。

1900年，又有人入社。李敏修以自己的车马局薪水加上从卫辉府和汲县官员捐赠的购书款中提取的二百两白银，交付典当铺滋生利息，以供经正书舍的常年经费开支。此后，入社会友便免交会费了。

---

① 《抑斋自述》，第70页。自述中谈及该诗时曾说“余有志悔诗一首”，后收入《抑斋诗集》，题目为《应滑县邀阅小考试卷》。

1901年，李敏修、王锡彤等在河北道筹防局撤销后剩余的银两中拿出几千两银子，购买房舍作为经正书舍的正式场所，又将另外的数千两银子存入典肆中生息作为常年运转经费，如此，经正书舍影响越来越大，培养了一大批士子。经正书舍的建成，有人誉之为卫辉文明之权舆、河南学堂之嚆矢。

第四节 广推新学，身体力行开民智

清末新政中，清政府鼓励各地创办新式学堂。王锡彤也经历了由书塾式旧式教育到学堂式新式教育的转变过程。1902年，三十七岁的王锡彤受聘于河南孟县溴西精舍，任山长。学生住斋的有十多个人，除孟县本县的学生，温县、河内（沁阳）等地也有学生前来就学。王锡彤为溴西精舍制定的学规为八个字：立志、明礼、知学、有恒。讲课内容大体上还是“四书”之类，但王锡彤也加上一些与时俱进的内容。如讲《大学》一书中的“平天下”时，便引入发展近代矿业、纺织等传统书院不讲的新内容。

王锡彤在溴西精舍任教三年，1905年年初，他辞去溴西精舍山长一职。返回老家汲县后，王锡彤与李敏修等曾主持卫辉商立初等小学堂招生考试，这座学堂是卫辉兴建新式学堂的开始。

光绪三十一年（1905），王锡彤应禹州知州曹广权（字东寅）的聘请，主讲三峰实业学堂，任山长。名为实业学堂但设有山长，实业学堂不讲实业，却主要为学生讲解《论语》等，批改学生们应对科举考试的文字，似乎是驴唇不对马嘴，然而真实情况是，禹州并非先有实业学堂而后请山长，而是先请山长，后补建一个实业学堂。当时的背景是，禹州三峰煤矿矿事纠纷不断，李敏修正主讲禹州的颍滨精舍。矿上的许多纠纷产生时，知州曹广权都是请李时灿前来帮助解决处理。久而久之，李敏修觉得此种办法并非长久之计，便向曹广权推荐，请王锡彤来禹州。当时的候补道员于海飘，实际上是河南矿务局的主持者。于海飘平素了解王锡彤的为人，知道如果以矿务局的名义出函王锡彤肯定不肯答应，因为他不肯失去山长的面目，于是与王槐三等人商议，设立一个三峰实业学堂，聘王锡彤为山长，“曲线”达到目的。但是在聘书中还是夹带了一句“并管理三峰矿务公司事”，于是，王锡彤当上了三峰实业学堂的山长。

三峰实业学堂设在原来的禹州太平庵，该地山林环绕，风光不错。锡彤于当年二月就任，讲解《论语》，住斋学生共有十九人。七月，王锡彤的两个儿子到开封参加出洋留学考试。次子王泽攽正取送日本留学，长子王泽敷录副，送保定北洋优级师范学堂肄业。为这次招考出洋留学生，时直隶总督兼北洋大臣袁世凯捐出一万两银子，这笔钱可供六十名学子赴日本国学习速成师范，这也是中国近代史上河南省首批官派留学生。王锡彤送走两个儿子后，仍返回三峰实业学堂，给学生讲《论语》，并以日本《支那通史》为蓝本讲解中国历史，王认为日本这本书“剪裁得法”。十月初一，王锡彤到禹州城内，见闻诸位学子的演讲，也想登台发表演说，唤起群众。

十一月，煤矿上的事逐渐有了条理，但实业学堂却发生了纠纷。起因是，学堂课程中并没有实业课程，无法应对官方学务处的调查。于是王锡彤写信给在日本留学的二儿子泽攽，让他将一个日本矿务学堂的章程寄过来作为参考。当时煤矿、学堂资金极其有限，又不可能照搬日本矿务学堂章程办理。王锡彤知道王槐三的两个弟弟王曾林、王庆林肄业河北实业学堂，该学堂是专门的蚕桑实业学堂，于是王锡彤仿照河北蚕桑学堂办蚕桑学堂，虽然与“矿务”两字不沾边，但毕竟与“实业”沾边，以此可以马马虎虎应付学务处的调查了。

毕竟名义上是蚕桑实业学堂，就要请蚕桑方面的教习任教，王锡彤的职务也由山长改为蚕桑实业学堂的监督。

这一年，王锡彤的弟弟王锡龄出任汲县官立高等小学堂的堂长，兼任科学教习。当时卫辉府、汲县当局，凡涉及教育方面的事，一般都邀请王锡彤参与。有关的办学人员也对王锡彤相当倚重。年初，王锡彤参与主持了经正书院、公立中学考试与卫辉中学堂、商立初等小学等学校的考试。三月初，禹州蚕桑实业学堂迁移到禹州城内丹山书院旧址，改名为中等蚕桑学堂。闰四月，禹州大小学堂召开运动会，王锡彤被推举为司令。

王锡彤听说天津等地方的学校设施完备，便借赴天津为矿务公司购买机器设备之机，注意在这方面的考察。他先是在赴津途中，到保定参观了大儿子王泽敷就读的优级师范学堂。到达天津后，在学务总董林墨卿陪伴下，用七天时间参观考察了天津的大小学堂。七月上旬返回禹州后，代替王槐三任中学教习。

八月，王锡彤接到河南省提学使司的任命，让他任省高等学堂教务长，王辞而不就。提学使是一个官名，是清末省级教育行政长官。该官名于光绪三十一年（1905）设，每省一人，属正三品。掌总理全省学务、选用僚佐旌别属官及聘用外国教员等事宜。提学使司是提学使的衙署。王锡彤力辞的主要原因是，李敏修时为学务公所议长，王静波为高等学堂监督，史小周、张忠夫为学务公所议绅，加上王锡彤，学务公所一个议长四个议绅中，就有四个人是卫辉府人了。王锡彤认为这样不利于集思广益，所以力辞不就。至于是否还有其他原因，王锡彤的日记中没有提到，我们也不得而知。

光绪三十二年（1906）十二月初，卫辉发生了学堂被毁坏、李敏修和王锡彤因致力兴学两家被砸的事件。原因主要有两个。第一，卫辉地区是贫瘠地区，读书人大多以教书授徒养家糊口。自从清末新政新学兴起，旧的走科举路的贡生生员，不少人一下子失业了。而当地种种学堂的兴办，均系李敏修、王锡彤大力提倡。王锡彤胞弟王锡龄，还当上了汲县高等小学堂的堂长。于是，李敏修与王锡彤两家，便成了失意士人的众矢之的。第二，20世纪初，全国各地掀起毁庙兴学的浪潮。王锡彤在天津参观时，曾见到天津各庙宇纷纷改为学堂，他还亲见了数十人抬着一尊佛像投到河流之中的景象。回到汲县后，他曾到处传颂此举。他认为，诸事不举，主要是因为民智未开，迷信神怪所致。王锡彤一方面宣讲迷信之害，另一方面以身作则，带头将家中的泥塑、纸绘的神像全部除掉，仅供奉祖宗。这自然引起一些民众的不满与反感，可谓积怨已久。

这次发生毁学堂和砸李、王两家事件的导火索是三仙庙的神像被毁。汲县饮牛口有座三仙庙，遥枕太行山，濒临卫河，风景绝佳。李敏修曾设书室于三仙庙之中教授生徒，王锡彤也打算在那里建设经正书院。每年庙会期间，这里都要演剧，祭祀碧霞元君，届时还有不少男女杂沓纷至，前去求子。这天，又逢演剧的日子，一些新式学堂的小学生也前往观看，他们对这些求子男女看不惯，认为他们无知，激愤之中毁掉一个神像。这还了得，一些赶会的民众立刻大哗，引发了事端。这些人中不少是住在桥北西街李敏修的街坊邻居，他们先是聚集到高等小学堂门口大吵大闹，接着便撞门入室，见到什么物件就毁坏什么，吓得师生望风躲避。这时忽然有带头的人说：光毁学堂不毁办学之人，祸根未了，于是纷纷来到王锡彤家。王锡彤家人早已得到好几个人的通风报信，紧闭大门。王家的左邻右舍也纷纷向前来闹事的人苦苦劝解。有个名叫杨清选的邻居，磕头苦劝，竟然被狂徒打成重伤。这帮人见无法进王家大门，返回西街李敏修家中，进门之后肆意骚扰。后经当局出面制止，事情才算了结。

这一年，禹州知州陈毓藻离任，王锡彤与其商议，将搜集到的矿务补纳租款一千五百余缗储存到三峰矿务公司，月息一分，作为禹州蚕桑学堂添聘教员经费的补充，因而使学堂经费有所增加。当时铜钱一千文为一缗。

光绪三十三年（1907），王锡彤继续担任禹州蚕桑学堂监督，兼主持三峰矿务公司管理工作。他的弟弟王锡龄到保定法政学堂学习。二月，王锡彤长子王泽敷及其保定师范的同学刘镇华、楚纬经等与李敏修商议，打算将明道书院原址改建成中州公学，专门讲授法政，邀请王锡彤参与相关工作。其后，王锡彤北上京城，来到位于河南京师会馆嵩云草堂内的河南豫学堂，与马积生等河南士绅谈及中州公学等事宜。在京停留期间，王锡彤还拜见了时任清朝学部侍郎的严修，进行晤谈。接着赴天津参观五省法政学堂。

四月中旬，王锡彤返回开封会晤省提学使孔某及李敏修。这时中州公学校舍建筑大体完成，王锡彤住在公学内，起草中州公学募捐方面的公启文件。二十六日，中州公学招生考试，经省提学孔某点名，由王锡彤与郑黼门、李敏修负责查验照片等事项。七月十九日，刘镇华到汲县邀请王锡彤任中州公学监督，刘镇华任监学。教习到位者有吴文荪、车翰如等。其余学科教习，由高等学堂、师范学堂教习兼任，胡汝麟（字石青）系其中翘楚。八月三日上课，王锡彤悬牌令住第一斋到第十四斋的各位学生分日来见。学生大多是旧日的举贡生监，查出一名不合格者，立即革斥。到了月考，查出卷子笔迹不符者，降为旁听生。又有一名姓周的学生因病去世，校方将其学费退回，并为其购置棺材与入殓衣物，且和同学们撰写祭文，全校停课两天，以表哀悼之情。任中州公学监督期间，王锡彤等曾到各处募捐，当时清政府有令，捐银万两特奖知县，居然招徕数人捐款，使得学校经费有所扩充。

王锡彤九月七日返回汲县，卫辉府讨论成立劝学公所，王锡彤被推举为总董。

光绪三十四年（1908），王锡彤继续担任禹州蚕桑学堂监督兼主管三峰矿务公司。年初，送其长子泽敷的媳妇陈锦章及其表妹林之兰赴天津女子师范学堂学习。八月，又送锦章、之兰两人到北京应考北京女子师范学堂，等到二人入校后，王才返回禹州。十月十四日，好友王静波病逝，王锡彤撰文记其生平，对静波在家乡教育方面的贡献，尤加褒扬。二十五日回汲县，正赶上经正书院设立的师范学校学生闹着要求免于考试，时学校监督耿霞蔚（字会山）不在，王锡彤以学董资格悬牌对学生的无理要求加以申斥，告之不服从学校有关规定者立刻离校。后开除为首闹事的学生一名，其余全班同学被记过一次。

宣统元年（1909）四月，河南省提学使孔某照会王锡彤，任命其为省视学。视学，是清末各地巡视地方学务之官。对此任命，王锡彤回复，若以不领薪水为前提，可以试行。就在此时，王锡彤突然接到被推举为赴京谈判代表，与英国福公司交涉有关矿务纷争，便辞去省视学一职。

六月，袁世凯聘请王锡彤为其办理实业。于是，王锡彤辞去禹州蚕桑学堂教职和禹州三峰矿务公司的矿职。此后，王锡彤奔走于京、津、豫之间，创办实业，但对河南的教育事业，时有关注，并曾担任京师河南豫学堂的监学兼教务长。

1910年年初，王锡彤赴彰德，与来此的上年被革职的原学部侍郎严修会晤。宣统二年（1910）正月二十日，王锡彤赴北京，被推举到京师豫学堂任监学兼教务长。京师豫学堂由豫籍京官在河南京师会馆嵩云草堂改设而成。初衷是方便豫籍京官等的子弟求学，但不严分省界，他省京官子弟也可以入学，以示“大公”。该校得以兴办，曾留日的同盟会会员刘青霞女士捐款独多。京师豫学堂监督原为豫籍京官陈善同。陈善同（1876—1942），字雨人，河南信阳人，光绪二十九年（1903）进士，因在京任有实职，不能常住豫学堂，于是王锡彤经人推荐接任监督一职，并兼任教务长。上任伊始，为了整顿学校，严格校纪、学风，王锡彤与陈善同拟定了管理条例。其中规定：监督、监学一律去饭厅与教习、学生一起吃饭；讲堂规则归教习负责整顿，自习、宿舍归监学负责整顿。学科设置务必完整，校风务必严肃。经过几天整顿，数百人规模的学校面貌渐有起色。

一天，王锡彤见路上有一个学生歪戴着帽子，便上前将其帽子扶正，并教育该学生，帽子一定要戴正，从此学校便没有歪戴帽子的了。有学生生病了，王锡彤便前去探视，并请医生为学生诊治，又为学生调理饮食，忙里忙外。一天午夜，有两个学生前来报告，一个姓孙的学生突然发病，吐血很厉害，王锡彤急忙披上衣服起来，两个学生拉着他的衣服说：现在深更半夜，而且外边下着大雪，特别寒冷，这样出去您要受寒的。王锡彤说：师生一体，岂有学生有病老师不闻不问之理？接着便披着衣服前往探视，并命庶务请大夫前来诊治。一个月后，那个姓孙的学生病情好转，见了王锡彤如见亲人，视其为父兄。此后，也没有违反校规的了，校风大变。由于王锡彤之后又担任了京师自来水公司协理，京师豫学堂监学兼教务长的职务便委托葛德三代办。

这一年的六月，王锡彤的长子王泽敷赴京考试，获得师范科举人，以七品小京官分部。1911年年初，王锡彤母亲病逝。锡彤母亲是个开通女性。晚清时，政府曾颁旨禁止妇女缠足，王锡彤告知母亲这个消息后，母亲说：你们说的这个太迟了。缠足这种陋习，早就应当革除了。但这种陋习沿袭得太久了，如果荐绅之家不带头提倡，这个陋习很难革除。于是，她在乡里带头放足，引得不少妇女效仿。当地报纸对此也做了宣传。锡彤母亲还认为，天足的女人如果不学习，那和野人有何区别？她支持长孙媳妇赴北京进师范学校念书，并将自己家的家塾开辟为女子学校，延请年龄较大的儒师任教，召集数十名女童入学，并减免学费。老太太命锡彤之妻负责督理，她自己也时不时地前去观看。有人说，学生吵闹会妨碍她静养，她回答说：我很喜欢看学生这个样子。她的长孙媳妇到京师入学时，过门还不到一个月。老太太训导孙媳妇：你们这个年龄的人生在这个时代，一定得有点学问来谋自立之地，我太羡慕你们了！你们应当勉力向学，不要辜负我的期望。老太太病危时，怕孙媳妇耽误功课，还阻止家人让孙媳妇回来服侍她。

民国时期，王锡彤主要在天津、北京等地办实业。后举家迁往天津法国租界内，与河南教育界来往渐少。但他对乡里教育事业做出的贡献，人们还是记得的。

第五节　王锡彤论科举弊病

值得关注的是，由于王锡彤在科举考试中屡屡受挫，他更洞彻并痛恨科举考试中的种种弊端，并予以抨击。

他指出，清朝之乡试，名曰“抡才大典”，为国家选拔人才，运作起来则是上下推诿不负责任。即以河南省而言，每届乡试，应试者多的时候达一万七千余人，少的时候也有一万三四千人。主考官二人固然不能逐名校阅试卷，同考官十四人，每人至少要分到一千名考生的试卷。每名考生考试三场，要作文十四篇，千名考生合起来作文卷就达一万四千篇。从八月十五到公堂荐卷，至八月末就要停荐。这样的话，同考官每天必须看千余篇文字，即使考官精力过人，也得累个半死。况且，同考官虽然从旧日的举人、进士中选来，但他们所习之八股一套本事，本不过是敲门砖伎俩，一入仕途，早已抛弃。即使是初次到省参与乡试阅卷，其良心未泯，又功底不浅，有从容审卷之心，也没有宽绰的时间给他细看。有充任同考官已经多年的人，竟然出现雇觅幕友来协助自己判卷。上面当官的负责人，明明也知道此情，但故意放纵。这样雇来的人，每房多至四五个，少的也有二三名，多是冒充贱役混入其内，也都是些穷困潦倒、寂寞冷落又文场上寡廉鲜耻之人。如此之人，不勾结胥吏营私舞弊，已属难能可贵，哪能还盼望着他们识人取士呢？如果主考是贤良之官，在那么多的考生中爬梳洗剔，也有时间紧促之叹。主考官中的庸常之流，久居翰林清苦之位，便将主考视为天降美差，一旦营求此差到手，楷书细写对联若干，折扇若干，备为从考生那里换钱之物。主考差事一完，赚得个囊橐满满，其中能对考生不通关节，对供给官不肆意苛求，即被大家称为“贤者”了。至于取士如何，于国家前途如何，哪还顾得上考虑那么多。参与乡试的监临官，以本省巡抚为之，调大兵多名，考场内外树棘巡逻，俨然大敌。幸而三场已毕未惹大祸，则自巡抚司道以至巡视小官如过险滩一样松了口气。主考取中，亦有一定范围。先将每省额数分配各房，再取各房之一卷置之，前十四人内，谓之房元。大抵应试者之文，虽有十四首之多，而得达于同考官之眼者十分之一再达于主考官之眼者仅五分之一。仅阅首文即定去留者，又去其大半，其余始在推敲之列。试官之眼光高低姑且不论，能负责任如曾与九先生那样肯多看两篇应试者的卷子，也是为数有限。王锡彤感叹道："清之亡国非一端，然即以乡试论，其挫辱天下之人心，养成痿痹之证，固已彰明较著矣。"①

回想起光绪十五年（1889），因光绪皇帝大婚典礼，那年八月又有恩科乡试，王锡彤应试仍落第。他指痛切出，子、午、卯、酉为乡试年，辰、戌、丑、未为会试年。自乾隆初，于正科之外，复举恩科，每朝廷大庆赏、大典礼辄一举办。既沿为例，遂益踵行。不讲取士之方，但广开入官之路。其结果是科举愈多，缺望益广。

衍之以大挑，歆之以截取，分发拣选，官门日多，官缺日少，官箴日失，官祸无穷，有自来矣。加之军兴而后，以官为奖进军人之路。军饷未充，又以官为贸取民财之符。捐官例开，科举路隘。为吏部者无问人贤愚之权，但能巧立名目做出种种花样，已尽天官能事。据所知者，如海防先、河工先、遇缺先、分缺先、分缺间、本班先、本班后，悬牌定价，一意招摇。而单月选、双月选、不论双单月选，由内补、由外补，或一补一选，或两选一补，或扣留外补，或扣留内选，或无论题选咨留，或以六十余缺为一大轮，或以十余缺为一小轮，又好像眩人之捉迷藏，临时变换。每国家一度变乱，则鬻官之市减价招徕，而买官之人多如渡江之鲫矣。举人、进士半由寒士，安能与此辈争。故候补京官部曹、外官知县，有等上

① 《抑斋自述》，第28～29页。

二十年不得缺者。就是号称清贵之翰林院，亦二十年后方可开坊，不准捐纳之。吏、礼两部亦二十年后方议升补。然京官不得缺则变为盗贼，翦径之法以同乡印结，勒索捐官人之赠金。外官不得缺则变为乞丐，抽丰之法以上官差遣逼纳现任人之馈赆。官场既愈趋愈下，官人乃愈来愈多。而国家方且开恩科加中额，行此累代相承之"美政"，以市德于一班苦书生。当时各省候补官，道府有至四五百员者，知县则大抵皆过千员，佐杂则几至万员。京官则一部至少千员以上，一时有"官荒"之谚，至今受官毒之流。王锡彤说，即以河南论，他所交游之进士、举人，凡作官于外者，至光绪、宣统之交，殆无一不咨调回籍办学，名曰服务乡梓，实则饥饿而回。至绅士既多，权势遂重，官民猜忌，祸难以兴。辛亥革命推翻清王朝后，河南省自都督以至司道各县知事，百分之九十为清之进士、举人，其余九分为贡生、秀才，一分是外省之在本省候补官。清二百余年之乡试、会试结出此果，诚为当局所不及料。而推本穷源，未尝没有蛛丝马迹可寻。友人暴幼梅拔贡，朝考后得小京官。发榜后谒见某大老，该大老皱着眉头说："官真容易，又添了许多。"幼梅闻之，以为此老病狂。由今思之，此老还真算是个清醒之人，知官多为害的恶果。①

王锡彤还谈到优贡、拔贡凭文评定中的问题。他说，优贡于乡试年份，考取四人。拔贡则十二年一举，以酉年为之，府学二人，州、县学一人。初由学政主政，按临某地即于某地考之，一等诸生在前者有望取之。旧习相沿，大抵以楷书为重。徐学政是个特例，竟然不论楷而论文，王锡彤才得以考中。问题是，这种考试所耗费的经费，皆大于寻常考试的数倍。从购卷开始，教官即大需索。等到发榜后，又必须拜谒学政。拜谒学政初次见面礼物要用钱。要进学政的衙门，要用财物贿赂守门人，即所谓送"门包"。进去后，学政衙门的胥吏差役重重索赏。徐学政系一廉吏，

---

① 《抑斋自述》，第33～34页。

贽敬向不定额，所取又多寒畯，故多以四两为格，贡单则酌中定三十两。唯家丁胥役需索过于贽敬数倍。王锡彤还记载了一件事：会考时，河南南阳两府同年，对此不满，欲面见学政却受到刁难阻拦，于是有人挥拳动粗，学政听说之后，将贽敬免之，于是两府选拔生大得便宜。[①]

民国17年（1928），六十三岁的王锡彤写了一组诗，题为《夜不寐作》[②]：

少年有志学文章，都为科名到试场。
刺取六经作题目，融通群史作糇粮。
几多岁月黄金掷，老大头颅白发长。
但使一丝留气息，好将夜烛补韶光。

平生最大伤心事，六十三天在棘闱。（乡试七次）
待士真同防狗盗，为文总是画蛾眉。
曲垣粪壤藏身蚓，夜雨秋风缩项龟。
犹引诏书求俊乂，直令笑煞牧猪儿。

我今六十三岁人，年不为衰家不贫。
案有诗书供醒目，室无姬妾反微唇。
两男都解谋生活，一女时来致问询。
孙女孙男逾廿外，老妻谇语亦情深。

后一首写的是王锡彤其乐融融的家庭生活及诗书之情。前两首则是猛烈抨击旧科举制度的害人误国。棘闱，同“棘围”，指试院。科举考试防备甚严，于试院围墙处皆插荆棘，以防传递、出入，所以试院又称“棘

① 《抑斋自述》，第51 ~ 53页。

② 《抑斋自述》，第381页。

院”或“棘围”。

“待士真同防狗盗，为文总是画蛾眉。曲垣粪壤藏身蚓，夜雨秋风缩项龟。”这四句诗写的是乡试时，不近人情地对待应试学子及学子的窘境。王锡彤这里写得一点都不夸张。据载，为了防止作弊，乡试中点名搜检制度达到登峰造极的地步。以河南乡试而言，每场考试开始时，河南贡院大门、二门负责搜检工作的差役排成两列，考生必须解开衣襟，由差役搜检考生，仔细检查学生的衣服、鞋袜、文房四宝，甚至连耳朵、眼、鼻子孔也要一一查视。有的差役态度蛮横，有时还有拉扯揪打考生的行为。这种搜检制度，直到光绪二十八年（1902），顺天乡试和河南乡试统一在开封贡院举行时，才最终废除。[①]

王锡彤哀叹自己平生最大的伤心之事，就是先后参加过七次乡试，曾经六十三天在“棘闱”之中，而为了准备应试，多少黄金岁月就那样白白地流逝了！如今老了，头发也白了，但只要有一丝气息，也要秉烛夜书，以追回一些那被耽误了的大好时光。

① 李春祥、侯福禄主编：《河南考试史》，中州古籍出版社，1993年，第393~394页。

王锡彤作为有影响的地方士绅，不仅积极从事地方教育事业，还以乡绅身份参与地方管理事务。其主要者，诸如整顿汲县车马局、救荒赈灾、参与地方矿务及铁路建设的谋划等。义和团兴起及八国联军侵华时，王锡彤又一心投入到河南的河北道筹防局运作之中。

清末河南汲县车马局，是李敏修、王锡彤等地方乡绅为抵制贪官污吏对百姓的盘剥勒索而设立的民间应差组织。李敏修为总董，光绪二十五年（1899）二月起王锡彤代理车马局总董。

中国取民之制，有田即有租，有丁即有税，租税之外，有些地方需另出一种车马钱及一种草料钱，一般的县均无此名目，只有濒临大道的州县设有驿站的地方，独有此恶例。开始时，以“借资民力”为名，每有大兵过境，运输辎重军马成群，即责成地方供应草料，名为“和雇和买”，即按实际价格由官府出钱购买，但实则是予取予求，流弊极多。后来越来越变本加厉，变成乡民有车马的出车马，无车马的出钱，或要求百姓出草料，或将草料直接送往驿站。普通百姓不胜其扰，往往敢怒而不敢言。更有甚者，地方恶吏乘机刮地皮，甚至敲骨吸髓，将本为临时摊派变成正供，成了“名正言顺”的一种陋规。每当新的一年来到，县官就召集四乡大户，先酒食款待，随即疾言厉色，“号召”其乡邻“踊跃捐输”。大户们为有效支应此事，便在县城中租赁房屋，设立机构承应，民间将此机构称为“大户局”。大户局即车马局的前身。

李敏修说："车马缘起，窃意其初国家既设驿站，所谓折差递解，官吏过境，大约皆用马。惟解饷及军糈、军械，乃不能不借资民力，然亦是雇用，其初亦未必尽派民间。查吾邑隔站远行之车，尚系令车行代雇，每日有一定价值。至祥符，当日无论何差要车，皆系车行代雇，自行发价，从无派及民间者。当日有纪律之军队，如宋（庆）、马（玉昆）等军过境，有每日发价一千文者足证。凡无价者，大抵初由于书差局役之吞食，后或由过境者之勒价不给耳。其完全摊派民间，亦大抵由兵荒年岁，不肖官吏相沿积弊。初由吏役和雇，继以勒雇，继以勒派，继以折价。"[①]也就是说，开始的时候，征用民间车马还属于租用，和雇给价，由于差役吞食或过境者勒价不按规定办事，逐渐变为勒派不给钱，最后又变为强行摊派车马钱、草钱，并成了常供。

县官则派家丁和书吏参与大户局其事，主办此事的家丁被称为"车马门丁"；书吏是从县衙门六房中的兵房中分出的，被称为"号兵房"；具体负责催钱的称为"保正"，多由衙役兼职充任。每年岁首，县衙门便下达一纸文书给大户局之大户，邀约大户们到县衙署，预议车马钱、草钱，规定每亩摊派钱数若干，支草斤数若干。但又并不实收马、草，而是折价交钱，驿马用草由专门的草经纪人另行购买。这还只是一般情况下，所谓的"太平无事"时照例应该额支之钱。如果遇到大兵过境，或上司莅临，则往往溢出常额之外，仍须另派大户，并不容有讨价还价之余地。这项供差久而久之已成"名正言顺"，每遇有罪犯之递解、差弁转递奏折奏章或云贵两省举人进京参加会试等大差，则常额输钱之外，另派供差。上官派查事之官弁吏役，大约每人除坐车外，顺便设法勒索钱财，常用的办法是额外多列几辆车马数目，以折价中饱私囊。他如官署之幕友家丁，与各大

① 《抑斋自述》，第67页。

小官之到任解任，甚至幕友的幕友、家丁之家丁，讨得县官的一纸文书，就可以借此到处讹诈钱财。车马门丁与号兵房上下左右其手，百般盘剥。比如，以草折钱，用一派百，横征暴敛来的钱财，拿出一部分供给本管知府及在该府的候补官员与同城的佐杂人等，其余的则完全成为县里的“正当”收入了。如果驿站真的需用草料，则另由“草经纪人”为之购买，这又是一桩可以营私舞弊赚钱的买卖。总而言之，额外浮收在于经手家丁、吏役，这些人相机贪婪，敛财数目，甚至较之县官所得还要多。

民间的支应者，苦不堪言，其间还要仰仗大户局与县官周旋。但大户见官又谈何容易，不得不求号兵房、乞怜车马门上禀县官，希望派差官票早出，以早做准备。同时保正、大户、车马门丁还互相勾结，设置机关，玩弄手段，坑害百姓。一遇差来，保正、大户故意持票不传，县官验车时，临时代雇一车以应事，事后则以应支户迟误公事大敲竹杠，加倍索要赔偿，有时竟有一辆车讹诈川资、小费、饭钱、利息至百余千者。要躲避这种讹诈，需以重金贿赂车马门丁、号兵房，将此人之车移为他人名下，找个替死鬼。贫穷无力者，也得千方百计聚金以贿嘱门丁、书吏、保正，以求官票早出。于是，竟然出现了这种状况，每一差来前十余日，各乡农已驱车策马密集县衙外，鹤立以待。不仅赔钱废业，贻误农时，往往还鹄候无期，闹得人畜不安。至于是否农忙季节，农家是否急用车马，无人顾及。乡农只盼望着运送一站后准予放回，已经是如天之福，感领皇恩了。最为惨烈的一次是，甲午中日战争期间，湘军过境，那年赶上下大雪，途中或冰冻路滑，或泥深遇阻，由汲县到淇县的千百辆民车，全数被大兵裹挟而去。车夫有侥幸逃回者，也有的车夫一去没有了下落，由此而倾家荡产者指不胜屈。

大户局的另一大弊政是供差不平等。按清朝制度，乡里有所谓“儒户”“民户”之分，常规是儒户出钱少（每亩十三文），且不纳草钱；民户出钱多（每亩二十六文），并加纳草钱。而官署吏役、武营兵丁更特殊，照例不出任何钱。那些退而致仕归田之达官，或寄居之官裔亦一律优免。加之有的民间小康人家，多出点钱捐一监生，便可由“民户”转为“儒户”，享受减免的待遇，其结果是，绝大部分的车马负担就转嫁到了一般百姓的身上。

提起大户局，汲县的老百姓无不切齿痛恨，纷纷要求加以整顿。李敏修是汲县人，其家为当地的书香世家，他本人于光绪十八年（1892）中进士，可谓乡里一方之望。他不仅是有名的中州耆儒，而且急公好义，关心民瘼，在为民兴利除弊方面做了不少努力。戊戌前后，李敏修正在家居丧守制，看到大户局滥派差徭，乱敛捐税，十分不满。光绪二十四年（1898）春，李敏修前往开封，拜访了河南巡抚刘树棠，特地谈及大户局及差徭事，为民请命，要求改革，征得了河南巡抚的认可。刘树棠指示卫辉知府曾与九整顿大户局，令分府候补知府李季才、汲县知县李子明具体负责，明令他们邀请李敏修参加评议，还从省里委派孙光甫前来协助。

李敏修认为“弊当革其已甚，法务求其可行”。经过详细核议，制定了八条改革办法，主要一条是把“大户局”改为“车马局”，“主之以绅，督之以官”，即由地方士绅主办，官府负监督之责，不准车马门丁及号兵房包揽收钱供差之事，保正亦由车马局另雇，改名为承催。还提出不分儒户、民户，一律按亩摊派，每亩额定铜钱三十八枚，十亩以下免收。在卯的兵丁差役给免，由衙署预先造册为准，编制之外的差役兵丁一概不予免收。改革办法中明确要求车马局养车二十辆，驰驿者以上级官札及本人印信为凭，按人数配给车辆，不足用时另行添雇，遇大兵大差，局员会同县署另行征派，不听书役滥报。此外，为了协调与原大户局承办人员的关系，特规定：原车马门丁与号兵房的饭食薪水酌折定数，由车马局按月支给，但不准径自私取，并供给县官署和其他官署所谓草钱若干。这一改革办法，经过详细议定，呈报了河南巡抚、布政使与按察使，经批准立案实行。

从此，汲县的大户局改为车马局，李季才为委员，李敏修任总董，赵范卿任副总董。按规定，三委员每月可领薪水若干，但李敏修的薪水一律转给王锡彤为经正书舍购买书籍，自己不取分文。[①]

对汲县车马差役的改革，虽然不可能将大户局的弊病从根本上铲除净尽，但在一定程度上扭转了门丁吏胥与乡间劣绅相勾结包揽大户局、无限制地滥支差徭勒索民财的局面，也就多少减轻了一些百姓的负担，并使摊派中的不合理现象得到一定程度的纠正。这一改革，自然为汲县老百姓所称颂。经过整顿，汲县车马局的面貌明显改观，成立一年后王锡彤接手，当时车马局在正当开支外，还有节余数千串钱。

在改革大户局的过程中，也遭到一些人的反对。车马门丁、号兵房的不满且不必说，由于改变不合理的摊派，儒户、民户一律按亩出钱，也引起了部分士绅的不满，一些世家大族亦从中作梗。李敏修的座师卫辉知府曾与九，早已料到这些，一开始就不同意他的改革主张。李敏修的好友杨北垣也不赞成他任车马局总董。但李敏修没有被恶意的中伤所吓倒，也不为善意的劝说所动心，对改革弊端始终持坚定不移的态度。

光绪二十五年（1899）二月，在车马局任职一年的李敏修受聘长垣寡过书院山长，故辞去了总董的职务，他委托王锡彤代理总董之职。受到挚友李敏修的委托，加之车马局的委员之一李季才又是旧友，再想到汲县县官李元桢也是个读书人，王锡彤便应允代理车马局总董一职。

甫一上任，王锡彤便感受到这是个颇为难干的差事。当时正值天大旱，正常应征官府的钱粮都已经被批准缓征，而车马局的供差之钱，则不能少。车马局当时养车二十辆，有时不够支应还得另外添雇，日常需要的开销一天也不能少。李季才、李敏修整顿后，车马局节余了几千串钱，但被县衙门借去了。春深之际，钱粮不能征收，车马局的款项难以为继。王

---

① 《抑斋自述》，第64～65页。

锡彤天天向县官索要借走之钱，县官也有为难之处，或拼凑一点钱归还一点，或干脆支吾不理。车马局中所用的当差的员弁，又不是王锡彤上任后自己选拔的，考核使用起来，也颇费心思。况且，李敏修任总董不支薪水，王锡彤系一介寒士，要沿袭此例则实有困难，但要是支取薪水，会有担当此职是为了个人谋利益的嫌疑。同时，他在普度庵的书室，有的学生是从远处前来，虽然不需要时时刻刻管理，但也需照应。尤其是，王锡彤感到自己在车马局中需要与官吏差役打交道，得闲时又与学生说圣谈贤，以诗书礼义要求学生，这是两股道，时间长了，恐怕落得个两头耽误，于是当年六月辞谢代理总董之职。

王锡彤代理汲县车马局总董期间，做了不少有益的实事。试举一例，一天，县衙门有关部门拿着官方文书来车马局告知，上方发给汲县赈灾之米一千石，应该按里程征发车马到黄河岸边接运。王锡彤认为：此次设置赈灾之米事项，初衷是为了救济灾民。如果特定派一次车马接运，老百姓出的车马钱恐怕比得到的赈灾之米的钱可能还要多，征发车马到黄河边上去接运赈灾之米，绝对不是个好办法。王锡彤提出的解决方案是，预算好到黄河边接运赈灾之米所需要的车辆数目后，向四乡有车马的人家发出书面通知，内容大致如下：天旱不雨，向各户催钱又很不忍心，然而官府正常钱粮可缓，这笔接运救济灾民的赈灾粮食的车马钱则不能缓，无论如何必须缴纳。现在为诸君想出一个变通之法，即现有赈米千石，已经运到黄河岸边。县署正在计划按里程派车，但诸君倘能出各自车辆前往河边接运赈米，我将会将此次各位接运的实际付出折合成费用，并将此费用抵作为诸君常年应纳车马之钱。请诸位仔细考虑考虑，如果照县衙门的意见按里摊派，有车马的诸君谁都逃脱不了，而按规定常年应该缴纳之钱，仍需催缴。究竟孰得孰失，采取什么办法合适，请各位认真思考后给我个答案。

接到这个通知后，相关人家权衡利弊，欣然应命，出车马到黄河岸边接运赈灾之粮。

半年后，王锡彤辞去了车马局总董的职务。此后，汲县车马局就由王江洲、赵范卿、李季才长期主持。[①]

迨至铁路通行南北，电报四通八达，驿站已废弛无用，汲县车马局养车从二十辆减至二辆，但地亩捐不见减，车马局存款也不见增，局董内结官幕，外揽词讼，乡民对其徒唤奈何，渐渐地，车马局与原来的大户局已经没什么区别了。

民国初年，车马局又更名为“公款局”，仍按亩摊派粮草，几乎成为搜刮民财的专门机构。汲县绅民十分不满，多拒不认派，县官竟要李敏修和王锡彤两家出面疏通。1913年1月，王锡彤由北京回汲县，曾为此事与李敏修之兄李霁东专门草拟了一封“免徭说帖”，投书县官，建议撤销“公款局”，蠲免民间徭役。县官见了这封“免徭说帖”后很是吃惊，随后禀报省政府请求应对办法，但始终没有得到回应。一些省府大员如张镇芳、王祖同等，本来都是王锡彤的好友，对王锡彤的这一为民请命的举动也表示惊诧和不理解。王锡彤心里明白，他的这一努力也是徒然无果，只不过他的行动可稍微减少点乡民的怨气而已，毕竟让人们知道，还有人了解他们的苦衷，说几句公道话。[②]

若干年后，王锡彤还在他《再答敏修和作》一诗中，回顾了这段往事。诗中写道：

故乡徭役重凶年，煦沫谁吹劫后烟。
顿硃妖狐城有窟，平熏硕鼠社无仙。
重规叠矩经多日，袭谬承讹别启天。
最是同舟不同志，至今回首觉徒然。[③]

---

① 《抑斋自述》，第66页。

② 《抑斋自述》，第192页。

③ 王锡彤：《抑斋诗文集》之《抑斋诗集》卷二，1939年铅印本，第31页。

王锡彤在该诗的注解中说："吾汲车马局，为奸猾役吏窟穴，其害汲民也甚于虎苛。敏修出死整顿期间，为良民每年省钱无数。而奸猾者不便之，百端阻挠。余尝与辅助之役，而同事者不能尽如人意，遂先后并辞去。"不管怎么说，王锡彤与李敏修等乡绅，关心民瘼，改革车马差役弊端，并在一段时间内取得了成效，应该书写一笔，加以肯定。

第一节　实地踏查，劳心力济乡民困苦

作为一名乡绅，王锡彤多次参与地方赈灾的公益活动，并在河南矿山开采与矿务权利及铁路建设等方面也付出过许多心血，有所奉献。

光绪十八年（1892），汲县春旱夏涝，卫河河水大涨，酿成水灾。卫辉知府曾与九向王锡彤询问受灾情况，本意是对王氏家族表示关心、适当予以补助。王锡彤回答说：自己的家所处的位置虽然濒临卫河，但因地基特别高，并没有受灾，而附近地势低洼的人家，即将秋收的庄稼多被淹没。曾与九嘱托王锡彤将遭水灾后生活困难的人家开列清单密报上来。王锡彤实事求是地选择了几十户确实受灾、生活困难者，报告给了知府，曾知府酌情给予了赈济。一些人听说此事后，大为不满，扬言王锡彤放赈不公，屡屡寻衅滋事。此前当地惯例，每当上面有摊派时，无论贫富一律平均出钱，而每当上面有赈济时，也无论贫富一律前去领取救济。这次王锡彤具体调查了受灾情况，将赈款赈粮分发给确实受灾贫困人家，而不是平均分配，颇引起一些未受助人的不满，于是引起了一点风波。

最后还是由县官出面，谴责两个胡乱制造谣言的妇女，事情才算了结。

光绪二十五年（1899）十月末，在京为官给事中的郑思贺、编修马吉樟等八人，公函约请王锡彤赴济源参与赈灾活动。公函由王安澜专门派人送达。第二

天，李敏修来访，王锡彤才知道，参与此次济源赈灾的除了他和李敏修，还有辉县的史绪任、王熙陶及新乡的夏蕙川，这些士绅大都是王安澜推荐的。此次赈灾之款，是在京为官的豫籍人士，集资白银万两，以赈济济源穷山沟之中的灾民。

办理灾赈是历代社会生活中的经常性活动。作为灾赈制度的重要环节，报灾与勘灾是开展赈济的前提和依据。

从报灾看，明确制定了成灾标准，严格规定了报灾期限和报灾程序。报灾的同时，须立即开展勘灾。勘灾比报灾事宜要繁杂得多，既包括勘察被灾程度、范围、人口数目，又包括审户，还包括发放赈票，这些都是赈灾的重要准备工作。赴受灾地区勘灾的委员，须带灾户呈报填写的“底册”，纠正虚报或少报，正式填明被灾份数即被灾程度及受灾田亩数，经认真勘察达不到成灾标准但收成欠薄者，另造一册，以备酌情蠲缓。

勘灾的另一项内容是“审户”，查实受灾应赈户口。应赈户口分极贫、次贫两等，又分大口、小口两类。所谓大口，系指十六岁以上者，小口指下自能行走上至不满十六岁者。由查赈官员根据田亩受灾轻重与户内器用牛具之有无，将应赈者区别为极贫、次贫，当然这里不包括那些不是因自然灾害而致贫者。

“审户”，由上面派下来的委员和本县县丞、教谕、典史承办，分区进行。按要求须携带排查居民户口底册，亲自深入到灾民人家，所谓“户必亲到，口必面验”。确实核定后，将应赈者按极贫、次贫和家庭大小口信息当面填写入册，不入赈者以朱笔注于册。发放赈票随审户进行，亦须当面填写，当面截给，并注入根单，作为以后领赈的凭据。审毕一户，随即于户首名下用灰粉大书姓名和极贫、次贫的贫困等级，以及大小口数，以备上司查验。

审户难度极大，灾情严重、居住分散的地区更甚。为了防止查赈人员派累地方，户部则例规定，承办人员的盘费、饭食和笔纸用银，均由省负责财政的布政使司动支。参办赈灾的教职、试用人员及杂佐、跟役等，每日支银三钱至三分不等。对于不易约束的胥吏、书役之流，则禁止他们参加容易舞弊的审户工作，严格要求“凡应赈户口，应委正佐官分地确查，亲填入册，不得假手胥役”，并规定，审户者不得放赈，放赈者不得审户，以防通同作弊。[①]

当年十二月初，王锡彤送走书塾中就读的生徒后，踏上了此次济源赈灾之路。

王锡彤和李敏修先来到怀庆府河内县（今河南省沁阳市），见怀庆府知府江箓生，得知王安澜等已经先期到了济源。王锡彤等赶赴济源，晤见济源知县鲁瑞庭。时王安澜已经下到了济源西部乡村查赈。济源西距济源县城约一百七十里，是从前所设王屋县、召源县的地界，其地界距离山西垣曲县城仅有五里地。这里属于王屋山支脉，山路崎岖不平，坐车赶了一段路程后，车马已经无法通行，只有靠骑驴前往，走了七十里到达王屋镇。镇子本就简陋，又恰遇上灾荒之年，越发显得萧条，完全一片穷困山居景象。

先期到达的王安澜、史绪任、夏奠川等，已经开始清查受灾情况。此外，参与此项工作的还有怀庆教官冯江源、郝麟阁及获嘉县郭伯英、王西园，王锡彤等与他们议定了分途查户的具体区域分工。第二天，王锡彤骑上毛驴继续向西，来到了王屋山西侧的旧邵源县县衙所在地邵源镇。在邵源，王锡彤一行受到了邵源巡检的殷勤接待。巡检，一般是州县派往边远之地处理事务的官员，分驻一地，称巡检司，设主官巡检，负责地方治安及其他事务，级别为从九品。

王锡彤分管查勘的一路，下临黄河且多崇山峻岭，峡谷之中，水急浪大，涛声入耳。当时还微有小雪，一出太阳即融化，遇风则漫天飞舞，

---

① 参见同治四年刊《户部则例》卷八十四“蠲恤”条。

倘一失足，就有坠落山下之危。一路所经过的地方有小寨沟、马庄、石头坡、下河西、煤窑坡、郝坡、邢庄、赵扒、双房、黄楝树、黄檗角、银洞河、白龙池、玉皇庙、灵山、塔窝、狐窝、翟沟、花园沟、东阳村、芮村、南夕沟、双庙、李家古朵、北窊、灰全沟、天井、窑院、柴家庄及南薄村等，用王锡彤的话来说，都是人迹轻易不至之地。但据王锡彤观察，论灾情，其地受灾情况远不及光绪初的丁戊奇荒那么严重，但论地域贫瘠和百姓生活之苦的程度，则又是一番令人咋舌的景象了。山居之民，平时尽管饮食俭薄，但就是丰年也未必能吃饱肚子，何况灾荒之年呢。

除夕（1900年1月30日）之夜，王锡彤等人无法回家团聚，遂与各位同人饮酒吟诗，其中集句成诗如下：

异乡守岁聚同心，爆竹声中刻漏沈。
联句且增今夕课，惜时不负古贤箴。
长途风雪家山远，羁旅朋侪气谊深。
满目蒿藜筹抚辑，绿章拟欲乞甘霖。

屏山客舍感年华，弹指光阴马齿加。
隔巷儿童喧爆竹，深宵诗酒斗心花。
雄谈所至无今古，乌止于谁寄室家。
待泽遗黎殷望岁，春风且莫滞天涯。①

大年初二，王锡彤与友人出游，来到济源城外济渎庙。该庙地处中国古代四渎之一济水的源头，庙宇本来庄重宽敞，历代帝王又多发帑修造，但在同治年间被捻军张宗禹部放火焚毁，遗址虽存，但已颓败不堪，同行者徘徊良久，不胜感慨。

初五，撰写赈灾册页外，同人饮酒。

---

① 《抑斋自述》，第71页。

初六，王锡彤和李敏修、郭伯英分赴薰仁里查赈。连日所过的村庄有北薰村、南石村、石村寨、栗庄、柴庄、李楼、郑窑、李八庄、南坡根、龚庄、卫河、罗庄、下罐谷、陀谷、陀凹等处。这些地方，用王锡彤的话来说，“地势虽平，人心不平”。参与赈灾的公正耿直的常荣顺、成怀通两位老者，白须飘然，人心古道，却被当地一些刁滑之人屡屡为难，甚至晚间投宿也吃闭门羹，只好到古庙中过夜。两人骑马走在街上，一群妇女纷纷向前拥挤看热闹，但等到入户查验户口时，这等人又避匿不见，还有民户一下子报了几十口人，不答应登记在册就无理取闹。两位老人无可奈何，王锡彤等只好将所遇到的情况如实报告给县官，抓起来一个带头闹事的人，局面才算稍加平息。

十一日，王锡彤将所查验的名单核对清楚后，交给王安澜按册发放赈钱。十四日回到卫辉自己家中。

1900年春，久旱。五月的一天，王安澜忽然来到卫辉府城，对王锡彤说：陆续有赈灾款从京中寄来，拟于河南省河北道的彰德府、卫辉府、怀庆府三府选择生活艰难困苦的人家发放，这笔赈灾款也是由京官马吉樟（字积生）主办。马吉樟，河南彰德（今安阳市）人，其父马丕瑶（字玉山）同治元年（1862）进士，曾任广西、广东巡抚，凭借其身份，劝募自然得力，集资也就相对容易些。王锡彤和王安澜、李敏修到辉县与王熙陶见面，商量此次赈灾事宜，议定由李敏修负责彰德府的内黄和安阳两县，王安澜负责怀庆府的修武和北山，王锡彤与王熙陶则分别负责卫辉府的汲县与辉县两县。王熙陶是辉县人，王锡彤是汲县人，锡彤考虑到在本县放赈容易引发意想不到的麻烦，颇为不便，便提议回避，与王熙陶对换，自己负责辉县，由王熙陶到汲县放赈。

辉县西北部即太行山，土地瘠薄，百姓多在山麓，部分居于山间，生活穷困，此次共计分到赈银两千两，全部发放山民。协助王锡彤查赈的，有经正书舍的舍友卢永吉、崔进贤，又有门生张华堂、薛尚贯，加上胞弟王锡龄，共五人。他们一行分别调查了北王二上甲、下甲，高村东上甲、下甲等几十个村子，又核查了官绅一致认为歉收最严重的人家，邀请同城内的绅士邢济生、史次周、王励卿核对册籍，分派钱数，由县署张榜在通衢大道显眼之处，定日发放。因赈灾款都发放到了山村，县城内的一些人大失所望，拥向县衙署闹事，而此刻县官又关起门来不闻不问，于是闹事者又拥向邢济生家滋闹。王锡彤再三请求县官制止闹事者，县官却置之不理。此次赈灾，辉县官员对王锡彤一行的态度，令人深思。初到辉县时，由于有曾与九老师的嘱托信函，县官廉箴三还认他这个赈灾委员，日送两餐，并安排入住专门准备的寓馆，锡彤直觉此人可以打交道。但当托付县署将赈灾银两兑换成铜钱时发现，每两银子兑换的铜钱，竟然比市价还要低几十文钱。没过几天，廉某撤任，代理者是府里委派的张企青，他将锡彤一行安排在衙署中，招待也倍加殷勤。可当有人闹事时，张企青漠然置之，不管不顾。锡彤再三和他交谈，张某说，“待打死人时打人命官司”，何等不负责任!此次义赈之款，本来就不多，又严定清查冒滥之法，目的是以为数有限的款项赈济确实贫困之人，最终却落得个怨声载道，官方应对又不尽如人意，让王锡彤无可奈何。

上述三次赈灾都给王锡彤留下了深深的遗憾。他后来回忆说，参与汲县车马局及卫辉府赈灾，“余以一乡贡士奔走其间，摇旗呐喊，亦似煞有介事。后日种种皆自此生。官权、绅权之嬗衍，此亦可寻绎也”[1]。

到了这一年五月下旬，大雨如注，秋成有望。王锡彤感叹道：“上天赈灾较吾辈之点点滴滴，真不可以道里计！”此次河北道赈灾款，本是由京官汇集汇到河南。款项还没到齐时，天已降大雨，灾情缓和。后来寄来之款到达时，正当河北道筹防局开办之始，于是移缓救急，挪用了部分救灾款。等到筹防局捐款收齐之后，这部分款项理当归还地方，留作正用，也算没有辜负豫籍京官们救济河北道百姓的一片善心。不料想，河北道

---

① 《抑斋自述》，第75页。

某道员却札饬要来提走此款。于海飘知府与王锡彤商量对策，知府说得很直率：“这些当权者在搜刮民财方面，真可谓无微不至，我们这样级别低的官府，要想以官方的力量进行抗争，恐怕力量实在有限，远比不上诸位乡绅来得给力，请您给我拿出个应对之策。”王锡彤说：“义赈款安有札提之理？此欺人耳！”于是他乘车到了朗公庙村找到了王静波，商定由士绅出面表示抗议，抗议文书由府署转交，看到如此情景，那名道员觊觎此款的念头只好打消。值得注意的是，士绅抗议书中“冷嘲热骂”的文字，是由王锡彤执笔撰稿，而出面冲锋陷阵克敌制胜，则仰赖王静波。于海飘知府和王锡彤半开玩笑半认真地说过一句话：“到骂人时，正需足下！”王锡彤为此也有感叹：这话到底是奖赏我呢，还是告诫我？我之所以能抵掌扬眉于荐绅行列之中，是靠了我这种为人和文风，而我的落魄终身沦落为寒酸队伍中人，恐怕也还是因为这个导致的呀！①

第二节　心系桑梓，鼎力支持赈灾救荒

民国时期，已经成为一名活跃在京津地区的实业家的王锡彤，心系桑梓，仍关注并热心参与家乡的赈灾活动。

1914年8月25日，旅京豫人集会河南京师会馆嵩云草堂，议办河南赈济。当时豫地罹灾眚，遭遇天灾，白朗起义后社会动乱，又加剧了饥馑灾荒。王锡彤捐五百元为助，这是赴京经济状况好转后，自己掏腰包捐赈的开始。②

1920年9月16日，周学熙邀请一些朋友聚餐，目的是倡议成立救荒协会。时值河南省大旱荒，据载，灾情严重的县份达到五十七个，灾民

① 《抑斋自述》，第89～90页。

② 《抑斋自述》，第203页。

四十三万人。同年，荥阳县又暴发霍乱，几遍全境，患者达五千四百零七人，死者有一千六百八十四人。[①]据王锡彤长子王泽敷在河南所见，赤地千里，流民载道，出现了公开卖儿卖女的现象，令人触目惊心。为了更好地救济灾民，周学熙倡议成立救荒协会。10月3日，启新洋灰公司同人杨伯芝、王慕庄、言仲远、张邠埜，前来和时任启新洋灰公司协理的王锡彤商议救荒事宜。河南老家的严重灾情，牵动着王锡彤的心。10月6日他即乘晚车回河南。7日中午抵达卫辉，当晚宿城内新宅，会晤李敏修，商议救荒之事。8日，与道尹范鼎卿商谈，接着视察当时由王锡彤弟弟王锡龄主管的平粜局，见由民间粮坊人出任出纳，颇有条理。又视察汲县灾情，诚不为轻，但较王锡彤经历过的丁戊奇荒尚相去甚远。当时，赈灾面临的最大困难之一，是附近各处已经无粮可买。王锡彤经过卫辉过纱厂工程处时，县知事奎某及李敏修来谈，几个人商议成立一个赈灾机构救荒局，以李敏修为局长，王锡彤为副局长，将当地知名士绅皆列名救荒局成员之中，以便号召捐款。

10日下午，于救荒局所设救荒公所开会，王锡彤先捐二百元作为救荒局中公用资金。议定各方所捐之款，一定要完全用于灾民，局中日常办公经费开支，则全由王锡彤提供资金，以后当陆续筹寄。王锡彤等撰稿致电河南省省长、省财政厅厅长，请先停止征收当年税赋，以纾民力。晚上锡彤邀请他家开的敬胜、华胜两个粮坊的同人，以酒食款之，共商贷钱法。王锡彤等认为，放赈一事，过去多施于无业之民。而平日老实农民有田数十亩或百亩甚至数百亩者，际此荒年，每多卖牛卖田。即使转瞬得雨之后，生产也会遇到不少困难。按照旧例，这就造成了耕田纳税之民反而得不到救济，殊非事理之平。如果适当将钱贷给此等民众，于生产最为有益。于是救荒公所议定，每户准许借贷二十元，不能多给，以免浪费。而

① 王天奖等：《河南近代大事记（1840—1949）》，河南人民出版社，1990年，第194页。

又以十亩的田契作为质押，抑制投机取巧的人乘机贷款。加之贷款利息又定得较高，月息三分，如果不是真正贫困急需用钱者，也不肯前来贷款。王锡彤令两个粮号的同人，对此项贷款加强经营管理，如果工作得力，当另给予相应酬报。[①]

王锡彤于10月11日返回北京，次日10点钟，又赶到他担任协理的京师自来水公司，13日，自来水公司同人捐助河南汲县赈款二百多元，王锡彤给以开具汲县救荒公所收据，并以存根报告公所。自此以后，每得一笔捐款，均按这种程序办理。自来水公司同人陆续捐款，将近两千元。

10月15日，王锡彤在天津救荒协会开会，11月12日再开会，周学熙提议拨款两千元给汲县赈灾。13日，王锡彤访问徐敬仪，向其询问南方救荒之良策，徐系袁述之（袁保龄之子，实业家）介绍。袁述之认为，以数万元巨款办理河南赈灾，一定要学习南方办理灾赈的先进经验与方法，向南方有经验的人士广为咨询，徐敬仪便是被咨询者之一。

12月5日，王锡彤写信给李敏修，先凑一万元放急赈，请与县知事商定放钱、放粮之法。这一万元钱，实际上是王锡彤通过抵押借贷而来。[②]

1921年1月7日，王锡彤接到李敏修的来信，嘱托其将所筹之一万元的汲县救灾款汇至吉林购买红高粱。锡彤知道，赴吉林路途遥远，一路之中，车辆拥挤，运输不畅，更听说有南方一些士绅重金贿赂也雇不到车辆。经过与在天津的同人商量，还是认为以散赈钱更为合适，且应该早点将此信息告之李敏修。没想到李敏修误听人言，说现有红高粱数车，已经到了河南汤阴，钱一汇过去就可以马上得到粮食，所以李敏修坚持吉林购粮之计。王锡彤给李敏修复信中说，如果确实有把握，钱立即汇过去。李敏修来信说，已经和县里的奎知事商酌，确有把握，不要再犹豫了。于

① 《抑斋自述》，第291～293页。

② 《抑斋自述》，第293～294页。

是，王锡彤汇去一万元，用去汇费一百多元。

真是怕什么来什么，王锡彤15日接到李敏修来信，得知到吉林购置赈灾粮的事果然落空。因途中运输不畅，估计粮食轮班运到汲县，得等到阴历五六月间新麦子登场的时候了。正处于冻饿垂死之中的灾民，如何等得起呢。王锡彤惶恐不安，复函李敏修，痛论赈灾粮食迟到之严重后果。自己以出息贷款谋救乡邻之急，竟然误信一些人的荒信儿，购买这种急不可得的东西，未免太冤枉了吧！李敏修将此信转交给县知事。奎知事知道王锡彤肯定特别着急上火，于是设法从郑州贷款万元，遵照王锡彤的意见将钱放赈，每户可得钱两千文，以便在严冬霜雪之际帮助灾民。王锡彤以本地捐款移入吉林购粮款内买的那批粮食，果真是直到麦收时节才运到汲县，故乡灾民在最需要的时候少受了这一万元的接济。幸亏有奎知事与李敏修费心又采取果断措施，才妥善解决问题，这也感召了远方义赈者纷纷援手，据说，欧美慈善家也有到汲县施赈的。前后所集赈灾款，有十余万元之多。①

后来敬胜、华胜两个粮坊陆续给王锡彤来信，一共贷出之款有四千元，均以田契作为质押。但在当时的背景下，有拿着十余亩、数十亩甚至一百七十亩田契来借二十元的，令人惊骇。大概其家只有这一个田契，又急切用钱，才不惜取来作为抵押。这也应了王锡彤有田农户亦有其苦的估计。抵押贷款原定到了夏季，如果小麦丰收，本息清偿后即可赎回所押田契。结果到了麦收时节，在王锡彤的支持下，敬胜、华胜两个粮号四处通告，如果按期还本者，利息全免。贷户争先还贷，无一拖欠者。②

1921年6月，时任天津启新洋灰公司协理的王锡彤从湖北大冶水泥厂返京途中，在卫辉停留了几天。14日早晨启程回京时，一些贫苦的乡邻前

---

① 《抑斋自述》，第298页。

② 《抑斋自述》，第298页。

来送行，一些人说腊月里未能领到赈灾钱物，王锡彤便一一予以资助。到火车站时，见到从吉林购买的红高粱才运到，这时新麦子已经登场了。虽然赈灾粮迟到半年之久，但毕竟使贫民又多了一层补助，这也算是个不幸中的幸事。

1923年9月27日，听说日本地震巨灾中伤者无数，周学熙邀集同人议捐款救济，王锡彤亦参与其中。[①]

1929年6月4日，王锡彤买的慈善组织红卍字会奖券开奖，竟然得了个头彩，获奖金银圆万圆，王锡彤将奖金全部捐给该会，用于赈灾。前此，慈善组织天津红卍字会以面值五圆的奖券十张交给王锡彤揽售，王锡彤交付五十洋圆后，将十张奖券退还。锡彤恐怕该会不收，特言明，十张奖券可以转售，所得五十圆之款可以用于济赈。如果不能转售，即将此奖券存之于红卍字会中，将来无论得何奖品，均变价助赈。

当时，王锡彤在给红卍字会主政者、好友徐友梅的信中写道："承委红卍字会奖券十枚、章程一本，一并附缴。灾情重大，我辈不能设法赈济，又因以为利，良心上实所不忍。如奖券另行售出，是弟捐五十圆收百圆之益，受赐更大矣。倘实在无可推销，即托会中另记存贮。将来无论抽得何项奖品，均仍由会中拍卖得款赈济，亦化少为多之一法也。弟自问施济之心不后于人，唯近以老病纠缠，且与庚申年之处境不同，日在忧危之中，纵欲绝吭而呼，棉力亦实在有限，累死何济？又不忍以力不从心自甘暴弃，夙夜惭惧，言之汗颜。视我兄之佛心济世，真不可以道里计矣。"[②]徐友梅，名世光，号少卿，徐世昌之弟。晚年致力慈善事业，曾任天津红卍字会会长和世界红卍字会总会长。

6月4日这天，红卍字会来人告知王家，奖券中头奖，获奖金一万圆。

---

① 《抑斋自述》，第319页。

② 《抑斋自述》，第403页。

病中的王锡彤命儿辈们告诉红卍字会来人：前已言明充赈，一定践行诺言，红卍字会的工作人员欣然而去。王家有的仆人以不能沾润感到有点遗憾，而王锡彤家人老幼都以此举造福而喜，王锡彤则对此付之一笑。[①]其实，王锡彤对家人说，善会本是救人的，但那种带有赌博性质的做法又实为害人。他对那种花样翻新进行募捐的做法十分反感，比如有的以许多小球置一大球中转之，迸出者为得彩，锡彤认为这是“骗名骗利重重骗，骗到灾黎亦苦辛”。

第三节　实业学堂为山长，主煤矿兴实业

除了一贯热心参与家乡慈善事业，王锡彤还参与了河南地方有关矿产开发与修建洛潼铁路等事宜。

主管河南禹州三峰矿务公司，是王锡彤从事近代企业实践的开端，且他在禹州做出了可观的业绩。

禹州三峰山有丰富的煤炭资源。当地一些人惑于风水观念，没有很好地开采。听说有人要勾结外国人谋“侵略”，禹州人士大哗，议论纷纷。知州曹广权（字东寅）鉴于舆情，图谋抵制之法，于是垫款成立了一个矿务公司。由于事起仓促，公司成立后，运转经营不佳，开采无利，于是曹知州将公司转移给禹州人士文益三、王槐三等七人承办，使公司按商业运行，所垫之款，分期归还。由于投入资金不足、矿厂各种规章条例又不完善，攘夺纷争迭起，官司不休。当时颇具威望的士绅李敏修正主讲禹州颍滨精舍，其间曾经多次为矿务纠纷进行调停，并提出解决问题的设想。有鉴于此，禹州当局就想请李敏修负责管理煤矿公司。李敏修则以有颍滨精舍山长一职为由，执意不可，特推荐好友王锡彤出任煤矿管理。时值王锡

① 《抑斋自述》，第398页。

彤倾心理学，无意从事工商之业，禹州当局了解后，便以书院山长名义诚聘王锡彤，而契约中加上了兼管矿务一语。王锡彤到了禹州后，才知道来禹州的主要任务是管理煤矿公司，非所谓兼管那么简单，但契约已定，他不得不挺身任公司经理。王锡彤在禹州煤矿先后凡五年时间，经其苦心经营，煤矿赢利大增。

光绪三十一年（1905）年初，王锡彤接到禹州知州曹广权之聘，主讲禹州三峰实业学堂，兼矿务公司管理。二月初四，王锡彤经开封赴禹州，次子泽攽随侍。李敏修也因当时正好要赴禹州颍滨精舍，相约同行。初八日，到达李敏修任山长的颍滨精舍。初九日，拜见禹州知州曹广权，广权待锡彤若上宾，邀请其住在州衙署，大有相见恨晚之慨，期望王锡彤对他多所帮助。后王锡彤移居三峰实业学堂。王锡彤在禹州期间，担任三峰实业学堂山长，经管书院学堂事务，但实际上管理矿务的工作更加繁重，或者说这才是他的主要工作。他连日检查矿务案卷，接待办矿诸人。初步了解一些情况后，王锡彤感到他不能帮助曹东寅，自己的一些主张也与曹不同。

曹东寅认为，当初三峰煤矿公司之所以能办成，实在靠他知州一人之力，归于商办获得赢利后，凡是禹州之人，应该利益均沾，于是管理层便出现纷争。首事文益三、樊蓬仙、王槐三、梁画三诸人以公司立案之初，原指矿务范围是三峰山，这点当初所绘图纸及其相关文字说明中都十分明确。结果现在才接手办理一年，三峰分成了东峰一家，西峰又一家，所谓三峰者，仅得中峰，不合法理。何况本一家之营业，现一分为三，恶性竞争，煤价因而下跌，工人工资则因竞争而涨，其结局只能是同归于尽，如此还谈何盈利？王锡彤到公司后，连日一方面与曹东寅商议，一方面又要与承办东峰、西峰的人争辩，还要与四周往来争利者论争，唇焦舌敝，已积劳成疾。而曹东寅的主张不能顶回去，矿务公司诸人之议又不可夺，王锡彤煞费苦心，百般调停，才达成一个当时还算各方面能接受的可行方案，即东峰、西峰两矿由公司承租，租约又经反复磋商，虽然说不上是个定案，但总算有了个说法。

五月初一，听说京汉铁路火车通车，王锡彤与李敏修商量一起返回卫辉。经新郑到达郑州时，宿于商埠旅店，王锡彤见大大小小的经商营业者，都是湖北人，而本地人似乎对此业置若罔闻，颇感奇怪，他意识到了河南工商业的滞后。[①]五月二十二日，王锡彤和李敏修又一起从老家返回禹州任上。

六月末，曹东寅忽然告知王锡彤，他要出洋游历，辞谢禹州知州职务一事已获朝廷批准。曹氏临行前嘱托王锡彤，将其所垫煤矿矿本资金还没到收回期的七十万文钱，储存在煤矿，作为实业学堂学生的生活费用。七月二十五日，王锡彤到省城开封与河南省河北道道员于海飘会晤，详谈曹广权去职后禹州公司运转有关事宜。九月十一日，再赴开封晤见于道员。

十月一日，王锡彤从老家回到禹州城内，正赶上一些学人登台读报纸宣讲时事、发表演说，王锡彤受其感染，多次也想发言以唤醒群众。正当此时，忽然学堂斋夫来告知锡彤其住所失窃，回到住室，见自己衣物全都不翼而飞，王锡彤暗想：这难道是老天爷警示我不要“骛新”吗？

不久，署理禹州知州陈皃卿前来晤见王锡彤，次日，王往拜之。王与其谈煤矿事，两人颇为投契。三峰煤矿分裂成几块的状况渐渐结束，统一收回管理。但对禹州地界来说，煤矿毕竟是块肥肉，争相染指者不少，这些人又不听从王锡彤通力合作之言，强行在矿界内开采的事，时有所闻。锡彤将此事报告给陈皃卿，陈带队上山弹压，事态才大为改观。

陈皃卿初来禹州时，与王锡彤之间还有个小插曲。陈以为王锡彤在三峰山办公，地处乡间，期望锡彤主动入城拜见他。王锡彤非常不高兴，以为陈和原来河北道朱道员一样是旧派官僚作风，不好相与谋，一度打算辞

---

① 《抑斋自述》，第117～118页。

去矿务公司之职。后来还是诸位同人及李敏修百般劝说，此事才算了结。

光绪三十二年（1906）三月初，禹州实业学堂移至城内丹山书院旧址，改名为中等蚕业学堂，教习吴绍伯（字奉慈），松江人，李敏修与王槐三分任中学教育事宜。

学堂刚刚就绪，矿界忽然发生大的纠纷。禹州的三峰矿的东峰、西峰的租约才签订，而西峰地界内聚集土匪数百人，强行采煤。其首领自称山东某大族，一个戴红顶的自称副将，一个头着五品顶戴的自称是同知。虽然开始也分不清这伙人的身份真伪，但他们的强盗行为则十分明显。于是王锡彤报告州官陈凫卿，先派豫正营哨官向得高带兵前来。哨是旧时军队的编制单位，哨官是指管领一哨的长官。清朝咸丰年后，设立勇营其制百人为哨，三哨为一旗，五哨为一营。次日，陈凫卿亲自前往，由骑马的士兵开道，意在震慑土匪，令其散去。没想到土匪竟然向州官放枪。陈知州大怒，命令向得高哨官开数十枪示警，土匪逃遁，其所谓副将等被捉拿捆绑到官府。陈知州问王锡彤将这几个人如何处置，王锡彤说，先给省府有关部门去电，汇报有关情形，然后故意放走所谓副将、同知，再悬赏缉拿，对于本地之土匪，则诛无赦。很快北洋和山东有关方面均有电报来，声言山东某大族均无此败类，叮嘱河南方面依法惩办。此后，无赖土人黔驴技穷，矿务得以顺利进行。①

光绪三十二年（1906）闰四月，禹州矿务公司设立银号，王锡彤任总稽查。当月王锡彤赴天津拟购买煤矿抽水机器，并参观新式学堂，二十三日到天津。经询问，天津并无大机器厂，无法考察抽水机。王锡彤参观考察了多所学校，并访问天津道道员张镇芳。张镇芳，字馨庵，河南项城人，曾是王锡彤大梁书院时老友，两人畅谈达旦。

五月中旬，王锡彤到达北京，住在嵩云草堂中的豫学堂。连日会晤豫

---

① 《抑斋自述》，第124页。

籍京官马吉樟、魏联奎（字星五，河南汜水人）等人。马、魏以京师河南豫学堂公款托入禹州煤矿，并将其原入禹州瓷厂股份移入矿务公司，两项加起来共有万两白银。又有王四明、王渭春两人，也以私人名义入股禹州煤矿。此时原禹州知州曹广权考察回国任礼部参议，王锡彤曾两次前往，均未得见。王锡彤写信责怪曹氏恃贵高傲，曹复信不予认可。自此之后，两人来往遂绝，锡彤为此也觉得有点愧对当初邀请他去禹州的这位曹广权。

光绪三十三年（1907），锡彤继续担任已经更名为禹州蚕桑实业学堂的监督，且主持三峰矿务公司。元月从老家回到禹州，再次筹划为煤矿公司购买抽水机械。

二月，蒋焕庭署理禹州知州。该人是办事老练的干吏，缉捕勤能，三峰山西山盗贼之势为之收敛。河南布政使袁大化，拟将禹州煤矿收为官办，大概是因为袁氏曾办理过漠河金矿，想收回禹州煤矿采用西法开采。禹州人士闻听此言，颇感惶惧。二十三日，王锡彤赴开封谒见袁大化，告之以禹州煤矿土法开采之状况，说明禹州地界煤层太薄，恐怕机器采掘不太容易，加入官股，有害无利。闻听此言，袁大化收归官办的劲头也小了许多。王锡彤又拜见了时任河南矿务局主管的张振生，托他从中疏通，事情才算了结。

这时修武有铁矿发现，张胪卿、秦锡之等人屡次在省垣矿务研究会集议开采之方。二十三日，一行由道清铁路至修武，偕王锡彤至汛返村视察。王锡彤顺便晤见修武县的旧友，不胜今夕之感，修武人对锡彤亦恋恋有久别重逢之意。后于宣统二年（1910）二月十九日，孙仲和自河南到北京找到已在京师自来水公司任职的王锡彤，还带有河南矿务会的信件，举葛德三为总理，王锡彤为协理，谋办铁矿。锡彤力辞，葛亦不就，此事作罢。

十月，王锡彤邀请知州蒋焕庭及州判王福臣到矿山看视抽水机器。

光绪三十四年（1908），王锡彤仍继续担任禹州蚕桑学堂监督，且主管矿务公司。三月十五日，禹州煤矿公司召开股东会，分配红利。此前，京城股东代表张卓如及河南省河北道股东李寅叔、耿荟山、赵挹芬来禹州。当月二十日，召开股东会，议分股息时，北京股东屡有闲言和异议，派人来视察。王锡彤看到禹州矿务公司根基已立，自己的监护之责也可以解除了，于是对同人声言：凡他经手所招之股一律完全提还，之后自己也辞职。王锡彤考虑的是，因各种原因，他作为禹州蚕桑学堂监督，长时间无法履行职责。特别是近两年来，每年他在禹州的时间不足四个月，对于矿务有时也无暇过问。对此，自己深感不安。虽然公司还挽留他，但他已经下定去职的决心了。这还仅仅是他去职的一方面的原因。另一个方面，是清王朝近年推行“预备立宪”，实行新政，凡事应该依照新的法规办事。王锡彤以禹州蚕桑实业学堂山长资格主管矿务公司，于法律上没有根据。且京城豫学堂之股，是公股；河北道的股份，都是诸友人零星攒积而来的私人股份。这些股份，都委托王锡彤负全权主管之责。按新公布的清朝相关法规，自己的“全权”于新法不合，已经从根本上动摇，若不迅速收回自己经手的官、私股份，将来出了事的责任，自己恐怕也担当不起。何况，从矿务公司营运来看，正当全盛时期，提走这些股份，还不是很困难的事情。有鉴于上述种种，王锡彤决心急流勇退，容不得再考虑其他了。①

六月十二日，王锡彤回到禹州，与矿务公司商定辞职及提股之事，至十八日大致就绪。除京股份一年付清仍认息率外，并提河北股款为清偿。王锡彤本人在公司的长时间内支息借用各款，归去时也一律清结，以表明对于禹矿无负心之处。经正书舍股款为公款，王锡彤与李敏修虽情同骨肉，然借用其股款，终须归赵，方不失信。此时，王锡彤力求来去分明，

---

① 《抑斋自述》，第144~145页。

不肯拖泥带水，对于禹州来讲，自己一定要做到光明磊落，善始善终。

王锡彤在禹州薪水每年为白银三百两，第一年尚有酬劳二百两。最后一年虽然半途辞退，矿上仍送他全年应得之数，这样五年共为一千七百两，禹州人对待王锡彤不为不厚。最后结账，王锡彤个人因各种事宜，五年内实用去公司三千两，亏欠公司一千三百余两。

宣统元年（1909），因王锡彤应袁世凯之邀，充任袁氏幕僚，禹州矿务公司任职遂于当年六月终止。

宣统二年（1910）六月二十七日，王锡彤自北京回河南，将所欠禹州三峰煤矿公司债务一律偿清。①

第四节　参与自办洛潼铁路，助力保矿谈判

王锡彤在主持三峰煤矿公司同时及其后，还参与了河南其他一些矿务活动，参与了河南士绅在收回矿权斗争中与英国福公司的有关交涉事宜。

自1905年，全国范围内掀起了大规模的从外国人手中收回矿山和铁路等的收回利权运动，并开始了一拨自办路矿的风潮。这股风潮，波及面甚广，影响巨大，直接催化了辛亥革命。

王锡彤于光绪三十二年（1906）十一月末来到省城开封。当时，为了与河南焦作英国福公司交涉，各界民众为保护本省的矿产资源，集议成立河南省矿务研究会，王锡彤被推举为矿务研究会的发起人之一。

十二月五日，在省垣和各位朋友函电催促下王锡彤再次到开封，商讨洛（阳）潼（川）铁路事宜。在全国收回利权运动大潮的推动下，河南人也不甘落后，决心自办洛阳至潼关的这段铁路。士绅公呈举刘绍岩（河南

---

① 《抑斋自述》，第155～156页。

太康人，光绪年间曾任礼部左丞）为总理，又举袁克定、王祖同为协理，议定未成立铁路公司之前，先成立一个铁路公所，会集全省士绅，合之海外留学生与之协谋，王锡彤也在其中。公所之中，有王锡彤的老友，也有王锡彤大儿子王泽敷的同学，还有王锡彤在日本留学的二儿子王泽攽的同学。

王锡彤到达开封后，先入住中州公学，行使监督该校期末考试之责。是时，刘绍岩与王祖同已经先期到开封，两位全都是王锡彤的好友，于是邀请王锡同迁居铁路公所。王锡彤与刘绍岩、王祖同及王静波、李敏修、郑瀫门诸君连日集议洛潼铁路修建办法，深感铁路集股一事之困难。

洛潼铁路是由河南士绅争归自办的重要路段，商办洛潼铁路公司的成立，打破了比利时电车铁路合股公司向西延伸汴洛铁路的企图。

光绪三十四年（1908）二月二十三日，铁路议事会于开封将军庙开大会。到会官民两千余人，官自巡抚、布政使、按察使、学政及道府县以下，民则为各府、县召集而来之绅董。巡抚林绍年（字赞虞），为清强吏，醉心于保守中国利权，是时他登台讲演铁路之利及河南人当自办之理由。王抟沙（名敬芳）是锡彤儿时同学，事前与王锡彤相约热烈鼓掌，大概自此以后，开会鼓掌开始在河南流行。

二十四、二十五日继续开会，制定相关章程，办理公牍。时任河南布政使的朱某，就是王锡彤在致用精舍任助教时的河北道道员，在会场上遇到锡彤时再三殷勤，且具柬邀宴，锡彤应邀赴之。大概是由于此时河南士绅权力大涨，朱某这样的官场中人也为当初对待锡彤礼数不周表达某种歉意吧。①

1908年的四月王锡彤返回禹州，署理知州熊玉荪是个精明能干之人，与王锡彤召集商会人等，劝募铁路股款。六月十六日，王锡彤又到开封铁路公所参加评议会议，会上决定延展优先股招股期限。

① 《抑斋自述》，第133～136页。

十月二十二日寓居开封铁路公所，时王祖同正在办理芦、潞、淮、东四处盐场盐引，王祖同主张每斤加价四文钱，以充当铁路股款，将款以一半分给商人，一半给民人，又想按田亩加派路股。对此，王锡彤出于保护一般民众和种田农民的利益，坚决持反对意见，与王祖同辩论了三个昼夜，双方吵得面红耳赤，舌敝唇焦，最后王祖同听从了王锡彤的意见。对此令锡彤感慨的是，王祖同不仅没有因为此事对锡彤懊恼，两个人的交情反而更深了。

十二月初四日，王锡彤会同知州熊玉荪再赴禹州劝募铁路股。十二月十五日，会同滑县知县吕祓臣在当地劝募铁路股。

光绪三十四年（1909）二月初二，赴浚县，会同浚县知县王泽清劝募铁路股。初八日，偕泽清至道口再劝铁路股。初九日，至滑县，会同滑县知县吕绂臣劝募铁路股。

三月，铁路公司来信委托发息。十三日赴滑县，又由滑县至浚县，发两县铁路股票利息，并委托毛清辅、夏子定分赴卫辉他属县发息。二十七日赴汴，入住铁路公司。时以刘绍岩不克来汴，袁云台声明不能就职，王肖庭已经放缺，也不能前来。于是增加选举张光宇（名庭燎，舞阳人，开缺广西藩司）为总理之一、方芑南（名硕辅，禹州人，江苏候补道）为协理之一，二人又被称为公司驻汴总理和协理。二人都是豫人在他省为官且有清名者。四月四日，铁路股东会开会，选举董事、查账员，争持不下，反复连议四日，最后决定由总理、协理指定一半人选，另一半由股东选举产生。

十二月初一，在北京的王锡彤还曾接到洛潼铁路公司来信，请他接任查账员之职，王锡彤复信请辞。

河南洛潼铁路本为河南商办，1913年年初，被并入陇海铁路干线，归陇海铁路总公司管理。4月，袁世凯政府又议将洛潼铁路收归国有。大总统袁世凯知道王锡彤是该段铁路创办人之一，打算派王锡彤前往河南设法收结。王锡彤想其中铁路转移款项的事情很多，腥膻之场人多指视，自己搅入其中非常不明智。于是致函洛潼铁路总理刘绍岩、协理彭右文来京，与交通部派员直接面谈。王锡彤只做介绍人，而不参与其事。

20世纪初，帝国主义列强对中国铁路、矿山的争夺日趋激烈，中国人民收回利权的斗争也逐步推向高潮。其中，河南人民反对英国福公司的斗争，是一场有广泛社会阶层参加的规模较大的反帝爱国运动，这场斗争和全国各地的收回利权运动相呼应。作为一名乡绅的王锡彤，也参与到这场收回利权的斗争中。

在收回矿权的斗争中，学界虽行动迅速，带了好头，表现出他们爱国保矿的炽烈之心，但除几次颇具声势的大会外，没有更多的实际活动。斗争最艰苦时，正值暑期，各校学生已云散四方，一度十分活跃的学界便沉寂下去了。绅商界在收回矿权的斗争中，则起了重要作用。

光绪三十四年（1908）一月十九日，王锡彤到开封，住铁路公所。时诸友正商讨与英国福公司交涉问题，连日与矿政调查局司道各官磋商办法，议论纷纷，争持不下，但实际上都提不出从何下手解决问题的办法。二十六日，王锡彤只好返回老家。三月，交涉局为与福公司进行交涉，又屡屡召开会议。王锡彤与李敏修、葛德三、杜友梅、胡石青等既要与局中司道官员们辩论，又要与福公司英国人辩论，交涉局外面则聚集有数百人示威，汹汹欲入，但会议最终还是没有结果。

四月中旬，省孔学司照会王锡彤为省视学，王锡彤回复表示如果不支薪水，姑且一试。由于福公司交涉事棘，王锡彤作为代表之一要赴京谈判，于是辞去省视学一职。当时因豫人与英国福公司争持在河南不能解决，推归外务部处理，令豫绅推举代表到外务部陈辞，于是河南方面推举杜友梅、葛德三、胡石青及王锡彤等四人，匆匆赶赴北京。

二十一日，至北京，寓嵩云草堂，遍拜同乡之官于京者，丁巡卿（振铎）、杨少泉捷三、魏星五联奎、陈雨人善同、顾渔溪璜、裴韵珊维侒、刘绍岩果，皆是河南京师会馆嵩云草堂大值年。所谓值年，本意是在当值的那一年承应差事或担任某项工作。河南京师会馆嵩云草堂实行值年制度，每年负其总责的大值年，由豫籍京官中有威望者轮流担任。

二十七日，王锡彤偕葛、杜、胡等河南谈判代表到外务部见参议周自齐。周参议唯疾首蹙额言无办法，且历数袁世凯离开外务部尚书任后，中国外交上全无可言。洋人到外务部，动辄拍案咆哮，有理亦无讲处。你们河南代表若想取得交涉胜利，只有请袁世凯来才行。王锡彤等代表听到周自齐这样说，开始时觉得惊诧奇怪，再一想，周自齐可能是在推脱责任，又细想，周自齐也可能说的是老实话。与英国福公司的交涉，可能最终得等待袁世凯出山才能了结，周自齐说的这句话也没错。

五月一日，接卫辉保矿分会信，且助王锡彤川资。虽为数不多，然多出于学校中人，亦足见拥护国家权利之热忱。

五月二十日，开封各界集会，随之成立了河南省保矿公会。一些地方纷纷建立了分会。二十八日，省保矿公会派二十余人前往黄河以北，沿道清铁路福公司售煤的要害地方，“联合绅、商、士民实行文明抗制”。同时派员赴郑州、许州（今河南许昌）等各铁路车站，阻止焦作的英国福公司违反协议在当地销售煤炭。[①]黄河以北三府的广大劳动人民也奋起斗争。河南巡抚吴重熹曾透露，“河北煤窑林立，因闻该公司（指福公司）将就地售煤，生计被夺，人心恐惶异常，情形岌岌可虑”[②]，许多城镇“群情汹汹，几欲暴动”[③]。但软弱的绅商界，一方面寄希望于清朝中央和地方政府与福公司进行法理之争；一方面只想对内联合绅、商、士民对福公司进行文明抵制，对外拟捐巨款请娴于国际公法的人赴英国裁判所

---

① 《民呼日报》1909年6月6日。

② 清军机处宣统元年三月初八收吴重熹代奏电。

③ 《东方杂志》第6卷（1909年）第7期。

控诉。[①]

河南省保矿公会成立后，委派杜友梅、方干舟等赴京联络同乡京官六十余人，开会公议，并向外务部、农工商部递呈，请求废除有关矿务合同，同时请都察院代奏清帝。[②]福公司违规就地售煤的消息，引起全国各地以绅商为主干的河南同乡会的强烈反响。旅沪河南同乡会致函豫抚吴重熹，写道："福公司串通汉奸，私立内地贩卖煤炭约，必至合豫火食尽仰外人鼻息，且等内地于租界，后患何堪设想！闻我公极持正论，豫人铭感，望始终主持，废此私约，为豫造福。"旅沪河南同乡会还通过位于河南京师会馆的豫学堂转至豫籍京官一封信函，内称："福公司串通杨、严二汉奸，私立内地贩卖煤炭约，将来我豫人一饮一啄，皆仰外人鼻息。且失内地贩卖权自豫省始，亦豫人羞也。诸公热心桑梓，祈速筹对策。旅沪河南同乡会王敬芳、万鸿图等。"[③]可以看出，河南省内和河南籍的绅商，都行动起来了。他们的希望固然寄托在清政府与英帝国主义的谈判上，但在清外务部一味妥协、河南巡抚吴重熹步步退却的情况下，绅商界也明显地表示出对清朝各级政府极大的不满。7月初，当清廷有意让出河南售煤权的消息传来，省保矿公会即致电赴京谈判代表王锡彤等："兹闻有让出河南之说，是愚民之计。外人目的达，豫人生命绝。断送国民权，得外人欢心，外部不能专美于前，诸公与有力焉。豫人惟有一死而已，誓不承认。豫矿公会叩元。"同时他们致电清政府外务部，表示："豫人不认福公司，并责其赔偿盗挖费，已屡电大部力争。倾闻有让出河南之说，一味尽忠外人，毫无保国卫民之意。天理难容，国法何在。豫人惟有一死

① 天津《大公报》1909年8月15日。

② 《东方杂志》第6卷（1909年）第6期。

③ 《民呼日报》1909年5月29日。

而已，誓不承认。”[①]保矿公会还致函《民呼日报》，愤怒斥责外务部尚书梁敦彦：“外部梁尚书敦彦，违国法，拂舆情，擅在私宅与白莱喜定议，誓不直豫人所争。无法无君。不知是何肺肠，直汪大燮不如。倘再执迷，势合全国之力以对付之，为辰国者戒。豫矿公会泣。”[②]这不单单是一篇声讨外务部尚书梁敦彦的檄文，也明显地流露出河南绅商界对清政府的不满。

豫省绅商赴京代表在省保矿公会的敦促下，再次向外务部递禀，主张干脆将英国福公司取消。与此同时，在京河南绅商也曾拟仿照山西、安徽等省的做法，集资将焦作矿赎回，“必达目的而后止”，但议论来议论去，又感到此路不通。因为“晋绅之财，豫绅万不能及；皖绅才力，豫绅亦不能及”。资本主义发展的缓慢和资产阶级政治上的软弱互为表里。河南的民族资产阶级和正向资产阶级转化的绅商，政治上尤其软弱。如果说声讨梁敦彦檄文的发表是河南绅商界反对福公司斗争的高峰，此后他们便从斗争的旋涡中败退下来。后来到外务部与白莱喜交涉、辩论，“豫绅不予”，只剩下吴重熹派去的地方官了。[③]后来在京代表听说外务部代表赴天津与白莱喜等谈判答应英方要求，代表们“竭力拒驳，并警告豫会（指省保矿公会）筹议抵抗，当即谒请中丞电阻，并自行电达外部，表明豫人死不承认之意”。同时飞函各府县保矿分会，“筹备抵制之策”。但此时大势已去，外务部已单衔具奏清廷，妥协已成定局了。

王锡彤等代表寓京师满一个月，矿事屡交涉，毫无眉目。张光宇、方芑南到京，又与同乡京官议铁路事，亦无端绪。羁旅京华，这些人情绪低落，每日只是饮酒、观剧而已。最后王锡彤见自己“腰缠已尽”，径自返

① 《民呼日报》1909年7月6日。

② 《民呼日报》1909年7月9日。

③ 《东方杂志》第6卷（1909年）第7期。

回河南。[①]

辛亥革命前，河南资本主义发展非常缓慢。[②]1909年以前，河南资本万元以上的企业共十一家，其中煤炭业四家，占百分之三十六。帝国主义掠夺中国矿权，直接触及了河南人民的利益，他们本能地起来斗争，其中河南绅商充当了领导力量。但一开始，他们把斗争定在“文明抵制”“以法理相争”的基调上。王锡彤在北京与福公司谈判受挫径自回家，固然是见谈判无有端绪，又“腰缠已尽”，但还有一个更重要的原因，就是当时王锡彤的好友王祖同飞函至京，透露了袁世凯想让王锡彤为他办实业的口信。王锡彤五月底返豫回家，六月初便前去彰德拜谒袁世凯，之后受袁重用，为袁奔走于京、津、冀、豫之间。

---

① 《抑斋自述》，第146页。

② 据王天奖统计，1895—1912年河南兴办的资金万元以上的企业11家，资本总数187万元，只占同时期全国工矿企业资本总数1.5%。见《学术研究辑刊》1979年第1期。

第一节　忧愤时局，倡建筹防局

王锡彤参与的地方事务中，河南省河北道筹防局一事，是其一生经历中的重要活动之一。他参与筹防事务，耗尽心血，以至于“须发为白”，事后几乎一病不起。后来，王锡彤在自叙年谱中，对此有过回顾，可以窥其大要。他写道：

> 最危险者，河北筹防局之事。当义和拳匪之鸱张也，无识者或窃窃冀外患之灭。余与敏修独栗然，忧以为亡国之兆。无几而京津失陷之耗至，人心恇扰，草木皆兵。土寇乘间思相窃发。时河北道岑泰阶春荣，将门子，有胆气，召三郡父老为守土计。余首献剿除拳匪之策，为岑公所心许，留余左营务。公遣吏士劝捐募勇，仿巡防营制，旬日成六营。火器不足，杂以刀矛。以兵律论，诚同儿戏，然已月支万金。河北二十四县就地筹款十余万，未动公家分厘，非易事也。当事之急，岑驻彰德固豫北门户，余实同往筹饷糈、办文书，调和主客各军，须发为白。逮和议成，余一病几不起，盖此数月内之心血耗矣。外人索祸首，岑公陷于罪，卒以余严拿拳匪一示获湔洗。或有谀余先见者，余诚惘之也。[①]

① 《抑斋自述》，第224页。

义和团时期河南省河北道筹防局缘起及王锡彤在其中所起作用的详细情况，分述如下。

光绪二十六年（1900），正值义和团运动时期，河南省河北道曾有筹防局之设，组成筹防乡勇六营，意在阻止八国侵略联军南下及其经豫西上，同时还需镇压地方上的义和团和土匪活动，以维持该地区社会秩序。李敏修和王锡彤等地方士绅，参与了筹防局的一系列活动。

河北道筹防局的设立与该道所处地理位置及其当时的形势有直接关系。晚清时期，河南省的河北道包括黄河以北的三府即卫辉府、怀庆府、彰德府领属的二十多个州县。其中汲县、延津、滑县、浚县、淇县、辉县、获嘉、封丘、新乡属卫辉府，河内、济源、孟县、温县、武陟、修武、原武、阳武属怀庆府，安阳、内黄、汤阴、临彰、涉县、武安属彰德府（临彰、涉县、武安三县今属河北省）。

光绪二十六年（1900）五月，清廷发布所谓与各国宣战诏谕，并命各省督抚召集义民结团御侮。河南巡抚裕长接到清廷谕旨，选拔马步五营迅速赴京听候调用。裕长在上奏的奏折附片中向清廷说明：

> 豫省为中原枢纽，濒临七省，地势绵阔，边远险峻之区，向多匪踪窜伏。原有豫正十四营，不敷分布，恒有捉襟肘见、纳履踵决之形。河北三府，拱卫畿南；彰德、卫辉府城，又皆设有教堂；其安阳、内黄、浚、滑等县，近接直省边界，杆匪刀匪，飘忽出没。是以沿边各隘，向须重兵弹压。去年荒歉以后，民困未苏，本年入夏以来，天气仍形亢旱，民情浮动，更甚于前。近自义和拳反侧不定，风声转播，时有形迹可疑之党，纠集多人，百十成群，以均粮为名，希图劫掠。叠经各属禀报，请添营队驻防，等语。豫省原有之营，先已不能兼顾，今又抽拔五营，境内尤觉空虚，无可再添之兵。第以河北重镇，屏蔽南北，关系更重。设有不逞之徒，乘机响应，内裹饥民，外联匪党，蔓

延啸聚，震动畿辅，牵制全局，临事张皇，无兵可增，无将可调，其情形何堪设想！[①]

裕长表示，拟将原驻省城勇队抽掉一二营添往河北，沿边屯驻；并拟亲自统带营队，渡河而北，在紧接直隶之彰德府城驻扎，会同河北镇臣相机堵御。裕长这里固然是在为朝廷调河南马步五营赴京叫苦，但所谈河北道动荡复杂局势，并非虚言。

鸦片战争后，西方教会势力在河南蔓延。天主教于道光二十四年（1844）成立河南教区，总教堂设在南阳。随着天主教势力的发展，光绪八年（1882）又以黄河为界，划出卫辉教区，专管河北道诸县教务。该教区总堂初设于林县，光绪二十五年（1899）正式迁至卫辉。可以说，河北道是河南省教会势力最大的两个地区之一。教会势力的渗入，必然在文化观念、经济利益等方面与当地地主士绅发生冲突。早在光绪二十年（1894）正月，彰德府内黄县便出现一些反洋教的告白。“四方乡绅亲友知悉：只因外国洋人雇觅讨饭等穷人，诓拐中国小孩，得一额外赏银数两。拐去小孩将心挖去，不知作何使用，害死小孩无知多数。”“近日淇县南乡新镇有洋人数辈在彼乡赁房居住，不知所办何事。但觅人置买小儿。得一小儿纹银五十两整。今有歹人贪其财利，装扮如乞丐状，于村中见小儿，以手摸其面，小儿即随伊走，回顾则有虎狼在后，左右则沟渎，但能前行。至新镇则卖于洋人，将小儿倒悬半天，即挖其眼睛，取其心肝，亦不知作何所用。”[②]这类告白号召人们对西方传教士的活动倍加警惕，而对于传教士所谓恶行的揭露，则多来自道听途说，如拐骗小孩、挖眼吃心之类。光绪二十二年（1896）四月，卫辉府也贴出《卫辉府绅民告

① 《河南巡抚裕长折》，故宫博物院明清档案部编：《义和团档案史料》上册，中华书局，1959年，第171～172页。

② 王明伦选编：《反洋教书文揭帖选》，齐鲁书社，1984年，第145～146页。

白》，全文如下：

合邑绅民知悉：

情因洋人入境，名为设教，实则坏教；名为通商，实则坏商。始以小利渔人，终恃妖术害众，种种恶端，难以悉数。不料年前有卫辉县蠹民张升堂、李连等不行正道，私通洋人，诓买南门里西小街朱姓、原姓、冯姓庄房三处。其初卖主不知实情，冒与出一草契，并未同经纪丈量。今卖主确切查明，俱各反悔，使过伊钱者情愿如数退还。现将不卖情由禀明县案，并有各绅等公禀在案。

窃思洋人来卫置买房产，原为修盖洋楼设立教堂之计，虽地方官不能预阻，而吾辈可以协力公拒。若不公拒之，恐洋人杂处此土，久而毒害（横）流，谁家保不受其害耶！况洋人已到之地，无识幼童幼女传闻有割心摘目者。似此毒害万不敢袖手旁观，听其盘据此地，致人人切身家性命之忧也。所以绅民俱不甘心，因公同商议，仰各街绅耆通知各街生意俱不准与洋人交易，即店家饭馆沿河村庄无论（如何）不准留洋人居住卖与洋人吃食。即留张升堂等居住，卖与张升堂等吃食，亦系犯公议条规，本街公同责斥。如有不服，合邑攻伐。由是一体严禁，庶使洋人不得入境，祸患不至贻于将来也。谨此，预白。

光绪二十二年四月十五日

汲县绅民同具[①]

该告白表明，卫辉绅商等对西方传教士虽有戒备，但说不上有什么大的冲突。实际上，除豫北教区总堂设于林县小庄时，曾霸占土地，修筑城墙炮楼，引起当地地主士绅与教会关系紧张外，总体而言，在整个河南省

① 《反洋教书文揭帖选》，第146～147页。

河北道，官绅与教会势力的矛盾并不凸显。

义和团在山东、直隶兴起后，陆续传到相毗邻的河南省。当时卫河系重要水上通道，连接豫、直、鲁、津、京。光绪二十六年（1900）年初，黄河以北的河南地界便有义和团活动的记载。据记载，当年三四月间，义和拳在卫辉渐有传习者。盖卫河水通天津，舶载以来。一班愚民翕然向之小儿跳跃者尤多。所降之神名，大抵见于《封神演义》《西游记》《三国演义》《施公案》中的人物，此外便是戏剧中的人物，而以世俗所敬祀之关老爷为多。“恍惚迷离，不值明眼人一瞬。”地方官对此熟视不理，而一些在当地还算有点影响的“先生大人”，则添油加醋夸大其词传述义和拳之“灵异”，谁要是上前一与他们辩论，他们就会给人扣上个“二毛子”的大帽子。还有个笑话，锡彤好友张子鉴的一个门生张文光，见到他自己教的一个小学生也在外边装神弄鬼“作法”，于是将其拽了回来一顿责打，该小学生嗷嗷大叫说：“不敢了，不敢了！”乡民中一时哄笑说：“关老爷怕张文光！”[①]

到了光绪二十六年（1900）六月至七月，北京方面不断传来消息，“黄皮报”上刊登“上谕”，称赞义和团为中国赤子，义和拳民交由端亲王和庄亲王统带。所谓“黄皮报”，是清代民间报房出版发行的报纸。皮上近首印红色“京报”二字，下边写某某报房，都是黄色纸皮，所以又名曰“黄皮报”。它是清代北京的重要报纸，有木活字、胶泥活字、铅活字印本，装帧形式有线装和毛装，内容以各大臣们的奏折和皇帝谕旨为主，是清廷向地方传播朝政信息的工具，也是中外人士了解中国时政的窗口。“黄皮报”上的消息之外，一些私人往来信函中也流传说，北京打开正阳门接纳义和团老团，该团成员红巾裹头，满街上持刀者，多是从前痞棍。遇稍稍富有的人家，就指为“二毛子”，烧其家的房，杀其家中之人。京

① 《抑斋自述》，第73～74页。

官寓所有些被搜查的人叩头乞怜求饶，拳民则向神前上香焚黄纸，纸灰不飘起来的，即被指为通匪，格杀勿论。在这种氛围之下，河南本地河北道的义和团开始活跃，地方上的老百姓惶惶不安。“下等愚民，今日铺坛，明日练拳，祸水滔滔，莫如所届。胆小者多山中觅地为避难计。（卫辉）城内有教堂一所，教士早遁去，留下人司门户。一日，数十小儿噪于门，门者以为打教堂也，哄然奔。附近妇女群往检其弃余。比府县官闻讯往弹压，妇儿辈早逃散，真风声鹤唳皆兵矣。”①

面对此情此景，王锡彤颇为忧愤，又实在无可奈何。正当此时，王锡彤接到河北道道员岑春荣和乡绅王静波的来信，邀请王锡彤与李敏修前去筹议团防事宜。

鉴于河北道的特殊地理位置与社会状况，地方兵力又严重不足，河南当局决定成立筹防局，组织乡勇，以应付不测局面的发生。筹防局的任务有三：一是协助清军抵御八国联军南下；二是收拾从直隶南下的溃兵游勇；三是镇压当地的义和团活动及其他民变，以维持当地治安和民众的利益不受侵害。

第二节　劝捐募勇初见效

光绪二十六年（1900）七月，河北道筹防局成立。该局系河北道道员岑春荣奉河南巡抚之命运作而成。

岑春荣，字泰阶，前云贵总督岑毓英之长子。参与筹防局其事者，官府相关人员外，主要是当地士绅。岑春荣先聘进士浚县人王安澜（字静波）到武陟筹划，并通过王安澜联络一批当地著名士绅如李敏修、王锡彤、史小周、王士志等参与其事。

① 《抑斋自述》，第75页。

七月十三日，王锡彤偕李敏修前往武陟。当时河北道筹防局已经在武陟县设立，办公地点就设在王锡彤曾经任教的致用精舍旧址。筹防局由武陟知县孙亦郊担任提调，局中庭设圆案，道员岑春荣主持会议，每日官绅列坐其中，讨论种种应对办法。其执笔拟稿者、抄写者，皆于圆案旁设长案，议定即拟稿，核定即发行，据说这是仿照岑毓英当年所谓“同堂办公”之法。经过数日商议后，遂决定每府先募兵勇二营，三府共六营。其编制及筹饷章程，皆仿照省“豫正营”。所谓豫正营，是19世纪末改编后的省属地方军队，分左右两路，每路五营，合计十营。省属地方军队，除豫正营外，另有巡防营十营、游缉队一营一哨、毅军三营一哨，共计二十四营二哨。这些军队虽然都使用新式武器，但军队来源成分较杂，加之各路统领又多为旧式武官，战斗力有限。

河北道筹防局岑春荣为统领，士绅主饷，官绅会同劝捐，不准按亩科派。既定稿，乃以文书形式送达河南巡抚批准，刻日照行。

官绅会上，王锡彤建议说：民各有保卫室家之心，官能为之做主，又得正绅主饷，一一不难办到。现在唯有个“致命伤”决须先办，稍一迟回，即万事瓦裂，那就是义和拳。义和拳左道邪术，只能引乱。应当乘其还处于萌芽状态，斩除还算容易，只需一纸文告，即可消弭。如果不当机立断加以严治，万一有怪杰之士乘之以起，那就恐怕不是这筹防六营的兵力所能解决得了的。

道员岑春荣闻听锡彤此言有理，但尚存顾虑，对王锡彤说：如今朝廷都发话了，义和拳是义民，已经奉旨嘉许，如果我们现在查禁，这不就违背朝廷的圣旨了吗？

王锡彤回答说：圣旨是真是假还真不好说。纵使真的有这样的圣旨，我们也可以在通告字面上加以回旋，可以说我们这里的义和拳是“假团”。

岑春荣便让王锡彤起草文告。于是，王锡彤在圆案上挥毫替岑春荣写下了一纸通告：

为严拿假充义和团，以靖地方事，照得前因，中外失和，民教仇杀，近畿一带，有义和团民练习拳勇，不取民间一草一木，曾经奉旨嘉奖。此等义民，至为难得。乃近来风闻河北三府，竟有无知愚民，烧香聚众，名曰学习义和拳，而良莠不齐，地方痞棍，夹杂其中，派费派捐，种种不法，殊堪痛恨。本道职司巡防，义不容视此等乱民扰害闾阎。现已禀请抚宪批准，督饬印委各员，严密梭巡，如有匪徒煽诱情事，拿获到案，讯有确供，即行照章就地正法，以遏乱萌等语。除已将河内县假义和团严提到案，即日办理外，合行示谕各该县民知悉，自示之后，如有匪徒借义和拳之名，烧香聚众，设立坛场，希图敛费肥己者，即系假义和拳，即当照章就地正法，以安良善。本道念切恫瘝，不忍不教而诛，用特剀切劝谕。除现已筹办练军保卫地方，并饬该地方官会同营汛，督同各地保兵役严拿惩办外，合行晓谕云云。①

岑春荣看了王锡彤起草的文告，顿现满意之色，斟酌修改数字之后，立刻下令印行五百张，发至三府二十四县，到处张贴。

告示贴出后，地方文武官员有所遵循，镇压义和团便有恃无恐，河北道属内义和团活动大为收敛。光绪二十六年（1900）七月二日，由清政府“钦命统率义和团王大臣”载勋颁发了所谓的义和团团规，一方面想将义和团的活动约束在清政府当局所允许的范围之内；另一方面则在取缔“假团”的名义下，镇压某些义和团的自发活动。岑春荣、王锡彤等河北道的官绅们，以“假团”名义毫不留情地镇压义和团，同清王朝当局的想法、做法，有不谋而合之处。

① 《抑斋自述》，第76～77页。

一天，有滑县某人到筹防局求见，自称刀枪不入，能避枪炮子弹。王锡彤对岑春荣说：这是义和拳来试探我们了，可以用快枪击之。第二天，官绅集中于筹防局，岑春荣传亲兵携带快枪将自称能作法的人叫来，对他说：你能够抵住枪炮子弹吗？那人大声回应道：能！岑又对那人说：我们现在拿你试试如何？于是作法人袒露胸口，念念有词。亲军二人向该人瞄准开枪射击，只听得“砰”一声，作法人倒地死去。

过了几天筹防局又在武陟县捕获一人，从其身上搜出纸人及红白药粉。初审时该人曰：“穷人骗食耳，安有法术？”加以刑，则喃喃诵咒语，都不可解，颇类疯魔。岑春荣曰：“杀也。此等人罪不必应死，第当此时也，杀一妖人足以警众。”并指示武陟知县：“提出处斩，后补公牍。”在场的当地士绅史小周，曾在刑部直隶司任上掌稿有年，据法力争，认为不应当如此草草结束一个人的生命。岑春荣问王锡彤如何处理，王毫不犹豫地说：“杀也。昔天津教案即此辈人酿成，当其假借神怪烧香治病，实迷拐幼孩，辗转贩卖，而嫁其罪于教堂，致民间与教堂结成不可解之仇。近来谣言藉藉，遍地生风，多出此辈鼓煽，正而诛之，詟愚民习拳之气，杜奸人勾串之源，诚一举而数善备。”于是，筹防局先斩后奏，一面将那个人杀了，一面饬文案造口供材料送达巡抚批准正法。[①]

从以上两例可以看出，筹防局的官绅们对付义和团或举事民众，决不手软。

筹防局成立后的首要任务是募勇、筹饷。王锡彤等士绅积极参与其中，尤其是劝捐，主要由士绅运作，而一些营官，也由地方士绅充任。筹防局在武陟县成立时，怀庆府已有一营，后续募一营，分别命名为怀左营、怀右营。该两营军饷由怀庆府劝募。由马丕瑶儿子彰德士绅马吉森、马吉梅到彰德设立彰德筹防分局，招募两营，名为彰左营、彰右营，并分

① 《抑斋自述》，第77页。

别任左、右营营官。卫辉筹防分局由河南卫辉绅士李敏修主持，招募两营，曰卫左营、卫右营。这样，河北道筹防局共计六营先后组成。

筹防局组建乡勇，以富出财、贫出丁为原则。六营粮饷规定由三府承担。因当时河北道连年灾害严重，1900年初，清廷还曾根据河南巡抚裕长的奏请，命令将本年江浙海运漕粮截留三万石赈济豫北三府灾民。一般老百姓生存都已经成问题了，官府已无法按地亩科派。筹防局的粮饷筹措的具体办法，是由道员岑春荣委派人员向大户劝捐。仅仅经过十天左右的时间，就募得捐款十余万两白银，当地地主富绅之踊跃显而可见。筹防局实行有奖募捐，有捐至三千两白银者，由岑春荣以道员名义赠一匾额。如新乡富人卫鼎臣首捐三千两白银，所赠匾额上书“急公好义”四个大字。能捐至三千两白银者，当然是当地地主富豪，其认捐之目的自然是希望保一方之平安，自己身家性命财产免受侵害。也有情况特殊者。浚县某寨主王玉堂，该氏年老，愿捐白银三千两，条件是请求官府免去其寨主职位。史料上虽未说明王氏为何有此举，但当时社会动荡，在官府、教会、义和团及一般民众之间，如何游走摆平，作为一个寨主来说，殊非易事，于此我们也可看到当时社会的一个侧面。劝捐活动之中，阴暗面也不少。如前述寨主王玉堂捐了三千两白银，只因为要求免去寨主身份，又被委员勒索去了二百两白银。当委员索贿丑闻被一些士绅告发，并请道员岑春荣予以处罚时，岑春荣竟然冷语相向说：“委员索贿，士绅不索贿耶？”岑氏此言虽有不讲理之处，但绅士中确有借筹防而索贿者，时有人揭发，辅佐岑春荣办理筹防局的绅士王锡彤之弟子薛某，即曾打着王锡彤的旗号公然索贿。后查明，仅薛某一人即从王玉堂身上诈取一千七百四十两银子。官绅之腐败，于此可见一斑。

光绪二十六年（1900）八月底，清廷询问河南巡抚裕长防务部署情况，裕长在奏折中提到了筹防六营，其中云：“维时统筹全省大势，仍宜坚守河北，拊背扼喉，以断敌兵来路。而侧驻西北，又不得不分守东南，保护运道，以为根本之计。查河北境内，彰德一府为直隶入境第一要冲，是以先派马步炮队四营全力扼守彰河南北，特设行营翼长一员，与河北镇道督之；其次卫辉府属北路第二要冲，即以原驻一营及天津调回二营分驻其间，以为重关叠锁之计；又次，怀庆府属濒临黄、沁两河，为由北而西第三要冲，则有河北镇标练军与各防营互相联络，以为后路犄角之助。此外，尚有河北道岑春荣就地筹款于所属三府各募乡勇二营，共计六营，参伍错综，择要填札，与防练诸营一气贯注，俾成棋布星罗之势。”[①]

裕长这里将筹防营说得头头是道，好像筹防营和正规部队配合，足以抵御八国联军南下，实则只是应付朝廷而已。河北道筹防局六营，实属仓促招募，枪械不全，杂以刀矛，战斗力极为有限，用王锡彤的话说，“聊以镇压人心而已”。实际上，河北道筹防局成立后，主要“业绩”便是镇压了扰民的零散的义和团。

筹防局之设，一个重要背景是预防八国联军南下，经河南西进，但当时河南巡抚是曾任直隶总督兼北洋大臣的裕禄之弟裕长。据王锡彤自叙年谱中披露，裕长平日养尊处优，不知政治为何事。他有一个募友名叫徐徇，当时曾写过一本书，到处送人。书中竟然说：“中国如天，外夷如地；中国为阳，外国如阴。洋人侵华，是阴干阳位，地居天上，是大不祥，他们应该赶快忏悔收敛，庶几可免凶咎。”如此蔑视洋人的认知，还想以些不伦不类的理论吓唬、劝诫洋人，真是令人啼笑皆非。巡抚裕长视徐徇之辈为友，也可看出他的德行。好在河南的布政使景月汀还算是个比较明白的人。河北道道员岑春荣之所以还敢于有所作为，多亏有景月汀的支持。岑春荣多次嘱托王锡彤拟稿给景月汀，商酌形势，景布政使也有倚重岑春荣的意思，将豫正营在河北道地方的军队，归岑春荣兼统，即由此

① 《河南巡抚裕长折》，故宫博物院明清档案部编：《义和团档案史料》下册，中华书局，1959年，第735～736页。

而来。

光绪二十六年（1900）闰八月后，从北面来的清军溃兵持械南行。为防止其骚扰、危害地方，岑春荣等于九月十五日移驻彰德，防守豫北门户，设卡查巡溃兵。凡持枪来者，给予一定银钱收缴其枪支，并令其回原籍，如有不服从者，即行逮捕。

第三节　王锡彤仁义护友

筹防局设立后，局中日夜制造枪械，配制火药，铸造子弹。岑春荣亲自指挥，王锡彤也参与其左右配合，抽空还到沁河大堤上骑马习武。为了筹防，岑春荣还有意招了些其父亲云贵总督岑毓英的旧部。其中年已六十五岁的原提督蔡标（字锦堂），当众演说传授地营之法，绘制成图后发到各营仿造。1900年10月，王锡彤从武陟县来到彰德，整理筹防局局中案牍。

这时，福建提督程从周奉旨带兵抵达卫辉府。程提督到卫辉后即驻兵不前，省筹防局竟还将豫正营的兵力隶属于程从周，由其指挥。岑春荣感到非常吃惊，因为豫正后营有炮队，尚能稍壮声势，且他与该队头头朱小云公私交情不错，可以依恃。如今豫正营的兵力全归提督程从军统辖，如何是好。当时驻彰德的军队，有余鼎臣统领的浙军，有曹仕祥统领的闽军，有豫军，还有练军。王锡彤力劝岑春荣调和诸军，宴请诸军营官，极意拉拢，但效果不佳。王锡彤默默观察，诸军隔阂特别大，要是真打起仗来，肯定不堪一击。

河北道筹防活动，遇有多种掣肘。王锡彤辅佐道员岑春荣办理营务，又专门办理文书，从中斡旋，煞费苦心，这从他代拟的一封信中可以显见。为了准备抵御八国联军自北京南下的侵扰，王锡彤代替马子明（名吉森，字子明，马丕瑶长子，曾任翰林院待诏、直隶候补道等）给其在京为官的弟弟马吉樟写了一封信，信虽然是以马子明的名义写的，表达的则是王锡彤对河北道筹防局面临的形势的综合分析，也有状告提督程从周的意思，这种情势明显是王锡彤等精心策划而成的。这封信收录于王锡彤的《抑斋文集》卷二，题目为《代马子明致二弟积生太史家书》。马吉樟，光绪九年（1883）进士，翰林院翰林，后曾任湖北省按察使。

王锡彤在信中说，河南省河北道道员岑春荣到任后勤勤恳恳，连日接见下辖三府及各县士绅，咨询利弊，虚心联络，使得官民之情，日益水乳。经商议讨论，沿边军事布置，建议北面扼守漳河，以豫正各营担当。东北一面则以提督程某所率绿营兵负防守之责，自丰乐镇渔阳辛店，迄于内黄。汤阴、浚县、滑县各边要，修建地营，筑堡建垒，联合主客各军为一体，分段扼守，又相互接应。但是，河南提督程军门对岑春荣的上述方案颇不以为然，自己上奏以四营驻彰德，四营驻武陟，其余重兵全部驻扎卫辉，且自诩为居中调度，不亲临豫北调查研究，秣马厉兵，甚至令军队退避邺地（临漳县至河南安阳市北郊一带，时临漳县属河南省管辖）以南二百里。尤其不能容忍的是，程提督乘裕帅病危时，突然发文将豫正七营并归到他的麾下来节制。原来，对豫正七营岑春荣道员有兼节制之权，可以为缓急之用。此时岑公虽大权旁落，并未因此有所退避，与马子明及其三弟商量绘制地营碉垒图式，务求简便易行，只需要将各村村外之菜窖、地窨、壕沟、窑洞等类，略为变通，不日可就。现已绘刊多张，各处分送，又由保甲局遴选得力士绅，亲身劝办。将来果能办成，则处处为营，人人可守，遍地设险，谅八国联军南下之洋人虽狡猾，其如我何？唯是豫省情形，裕帅已逝，东西垣素不晓事，新简于帅清忠直亮，天下钦仰，而龙钟多病，行程迟滞，且刻下尚未到省，即使到省，而豫北情形恐亦未能周知。岑春荣公以一道员，只有新募乡勇六营，分布三府，势不能全驻邺郡，豫正军又为程提督夺去，设有战事，苦无大队劲旅足资策应。幸程军中又派曹镇军统福建两营到郡，谈及与洋人战事，尚是解人，刻与岑道员商酌，已择日大治，具由岑公率绅邀请马子明邀余、曹两统领及浙闽各营官，并豫正军之在邺者为一日之聚期于交欢，文武连接一心，究未知果能应手否。岑公监司一路，朝廷间有准道府专折奏事之例，可否由吉樟设法商之鹿滋帅（鹿传霖）年伯或何润夫副宪奏达宸听，假岑公以督办河北防务之权，准其专折奏事，庶前所言诸公不致再掣其肘，河朔幸甚，大局幸甚，如一时不能办到，或直接由吾弟（马吉樟）联同河北同乡京官具呈堂官代奏圣聪皇太后、皇上，发愤自强，志在中兴，决无不准之理。如此，则兄与同乡诸父老感激多多矣。至程军门九月梢尾曾到彰一次，兄（马子明）谒与谈战事。程提督说什么，洋人若来，吾以马队冲之，再以步队接应，云云。兄听了为之愕然，知军门并未经过与洋人战事，仍守从前剿灭捻军之法，深恐迂地弗良，贻误苍生，奈何奈何！念附闻天气严寒，诸宜保重。行在事宜究系如何，前闻圣驾有回銮之说，汴省已派人赴陕州办差，私心忧殊甚，尚望随时面告为祷。[①]

光绪二十七年（1901），“和议”之后，清廷以岑春荣因有庇护义和团、保护教堂不利之嫌，调其署理河陕汝道。原卫辉府知府于海飘护理河北道，先遣撤卫辉筹防二营，彰德、怀庆四营也陆续裁撤。

1901年新年刚过，王锡彤得到信息，岑春荣调离河北道，署理河陕汝道。王锡彤此时已经知道，庇护义和团的罪名已经加到岑氏身上，其来日命运如何殊难预料，亟思与岑春荣一见。岑春荣也连来数信，邀王锡彤前往。王锡彤因母亲当时病重，稍后才到了彰德，在会晤马子明时，马对王耳语曰：“观察（指岑春荣——引者注）作黄花之游矣。”意思是，岑春荣完了，恐怕不仅仅是调动降职，还会有新的更加严厉的处分。后王锡彤联合部分地方士绅，以当初起草的查拿义和拳的通告文稿为凭，证明岑春荣所谓庇护义和团的罪名系子虚乌有，岑才得以昭雪。

① 《抑斋文集》卷二，1939年印行，第3～4页。

岑春荣去职后，河北道由卫辉府知府于海飌护理。王锡彤返回卫辉，遣撤筹防局卫辉分局的卫左营、卫右营。王锡彤对责任不推不诿，两营营官对王锡彤也有知己之感，一切自然好说好商量，两营乡勇解甲归田，顺利遣散。筹防分局到此算是寿终正寝。

回到卫辉后，王锡彤经数月周旋，调查清楚了与筹防局有关的那件诈骗案原委，追回赃款一千余两白银。至此，王锡彤与河北道筹防局的干系，最终作了了结。但经过这段操劳，年仅三十多岁的王锡彤已经须发渐白，且病了好长一段时间。

第一节　结识袁世凯

王锡彤一生的重大转折，是在1909年结识袁世凯。两人认识数月后，王锡彤成为袁世凯的亲信幕僚，走出河南，活跃在更广阔的历史舞台上。

光绪三十四年（1908）十月二十一日，光绪皇帝去世，溥仪继位，溥仪之父载沣为监国摄政。二十二日，慈禧去世。十一月二十六日，清廷给袁世凯加太子太保衔，腊月二十一日，又令时任军机大臣、外务部尚书的袁世凯开缺回籍。

腊月二十三日（1909年1月14日），从滑县劝募洛潼铁路股的王锡彤回到卫辉，听说政局大变，摄政王变更慈禧太后遗法，撤去了顾命大臣袁世凯。

袁世凯本河南项城人，去职后为什么来到汲县而不是回原籍项城呢？原来项城袁氏是袁甲三四兄弟的母亲率领的一个四世同堂的大家族，到袁世凯这一代，维系家族的老太太去世后，宗法秩序依旧，但各门自立。袁世凯是庶出，而且又过继给叔父袁保庆。待其嗣父死于任上，袁世凯奉嗣母回里，就没有返回项城，而是寓居于河南淮阳。此后，自袁世凯从军直到开缺，二三十年间，他这一门，已经完全离开项城了。1902年，已经任直隶总督的袁世凯护奉恩赏正一品的生母回项城安葬，遭到其二哥袁世敦（嫡传长门）为代表的宗族势力的挫辱，以至于袁世凯发誓，再也不回项城。卫辉的宅第，是袁世凯在这次开缺之前就已经买下，准备作为去官以后的安居之处。

时卫辉铁路通达，水路又有卫河上通天津之便，加之卫辉有较好的人文景观，也确实还算适宜居住。[①]

光绪三十四年腊月十五（1909年1月6日），袁世凯凄然离开北京，南下寄寓在卫辉宅第。到了十二月底，王锡彤接到在北京的好友、袁世凯的信任者王祖同来信，说到袁世凯已经到卫辉，“责以维护之意”，嘱咐王锡彤应该和李敏修一起前往谒见袁世凯，对袁世凯予以关照。来到卫辉的袁世凯，慎守传统上大臣去位后宜闭门思过之道，对于那些前来的无聊政客及报馆记者，一一拒绝。王锡彤与李敏修平素就认为袁世凯是收拾当时中国残局的最合适人选。但当袁在位时，权势炙热，可谓“轰轰烈烈”，王锡彤等自认不宜趋谒，以免有攀附之嫌。如今袁世凯垂翅而归，忧谗畏讥，又是来到卫辉，就是论乡里之谊，也应尽地主之敬。于是找到同里挚友何棪（字芷庭），托其通融。何棪本是袁世凯旧部，曾充任新建陆军粮饷委员，正是他替袁世凯购买了卫辉马市街一座旧典肆为宅，此时也陪袁一起来到卫辉。

宣统元年正月初四（1909年1月23日），王锡彤与李敏修前往马市街袁世凯住处拜见袁。王锡彤看到，五十一岁的袁世凯已经须发尽白，但两眼目光炯炯，精光射人，一副掩盖不住的英雄气概。因为事先约定，此次会面不谈国事，寒暄一阵后只谈到了兴办实业的问题。袁世凯多次询问王锡彤在禹州所办矿务公司的有关事宜，对王锡彤为人有嘉许之意。这便是王锡彤与袁世凯结交的开始。

当年六月初，王锡彤赴彰德——此时袁世凯已经从卫辉移居彰德——谒见袁世凯。这里要说明一下，袁世凯为什么离开卫辉到彰德寓居了呢？其一，袁世凯对在卫辉买的宅第不太满意。他在一封信中写

---

① 刘路生：《彰德养疴时期的袁世凯》，项城市政协编：《百年家族——项城袁氏家族资料汇辑》，河南大学出版社，2012年，第301页。

道，这处宅子“居近市廛，颇嫌嚣杂”，“庐舍窄小，人烟稠杂，不宜养疴”，加之水土不服、天气亢燥，家人多有病者。其二，是一个有点偶然但也是决定性的原因，恰好这个时候，袁世凯的儿女亲家何炳莹在彰德将自己的一块宅第赠给袁世凯，所以袁世凯决定在那里营造房舍，举家迁居彰德。[①]

王锡彤到了彰德，袁让王锡彤住到他的寓邸内，畅谈了好几天。袁世凯说：罢官归田，他无留念。惟实业救国，抱此宗旨久矣。所创之实业概畀之周学熙（字缉之），周现任臬司（按察使），丁忧释服后即当放缺，不定去何省。已办之实业弃之，岂不可惜。前日周学熙前来，专为此事研究数日，苦于难找接替他的人选。君（指王锡彤）幸为我谋之，我知君胜此任也。王锡彤虽有自知之明，恐难以胜任，但念及袁世凯话语殷勤急切，又一时不好作答，只是说，要回家请命于母亲，倘母亲同意，愿意从命。袁世凯说，我知道你是个大孝子，自古有言，求忠臣于孝子之门！随即，命人取官燕两盒作为送给锡彤母亲的礼物，并请向其母亲表达恳求之意。王锡彤于初六日返回卫辉。[②]

之后，王祖同又给正在北京与英国福公司谈判的王锡彤写信，传达袁世凯的信任之情，并敦促锡彤前往为袁办理实业。王锡彤想，数年来自己已经投身矿务、铁路事业之中，早已不是儒师身份。但袁世凯所创立的企业，如京师自来水公司、启新洋灰公司、滦州矿务公司等，都是采用大机器生产，企业规模宏大，自己的经验有限，如何能挑起这样的重担呢？踌躇不决之际，王锡彤便与同去北京参与与英国福公司进行谈判的好友商量，征求他们的意见。结果，几位代表中，只有葛德三赞成王锡彤前往为

---

① 刘路生：《彰德养疴时期的袁世凯》，项城市政协编：《百年家族——项城袁氏家族资料汇辑》，河南大学出版社，2012年，第301页。

② 《抑斋自述》，第148页。

袁办理实业，杜友梅持怀疑态度，胡石青则不置可否。

王锡彤是个有名的孝子，凡遇到比较重要的事情，都要请示母亲定夺。自北京回到家后，曾将袁世凯招募之事向母亲禀报。母亲说：袁世凯是天下豪杰，也是你平日所倾倒之人，现在既然袁让你帮助他办实业，你为什么不前往呢？况且，京津离家虽远，但交通方便，比禹州还近便，坐火车一天就可以到达，何时想我，你何时可归，我想你了也可以给你去电报，有什么可忌惮的呢？母亲的这番话，促使王锡彤下了应募袁世凯的决心。

七月十七日，王锡彤赴彰德谒见袁世凯，禀明其母亲应允之意。袁与锡彤连日畅谈，旁及天下大局，两人谈得十分尽兴。在彰德的几天时间里，王锡彤和袁世凯长子袁克定尤为投契，两个人往往一聊就是到深更半夜。八月十八日，王锡彤再赴彰德。二十日是袁世凯的生日，许多旧日僚属前来祝寿，袁一律不见。张勋提意直接走入上房，众人才哄然随之而入。二十三日，王锡彤与袁克定一起进京，晚上抵达北京，即入住袁宅。

随着北上为袁世凯打理实业，王锡彤与袁氏父子的关系日益密切。

宣统二年（1910）三月二日，清王朝农商部正式批复成立京师自来水公司的文件送达公司，周学熙为公司监督，马学庭为公司总理，王锡彤任公司协理。此时，在北京的袁克定生了重病，吃什么药都不大见效。王锡彤昼夜视之，袁克定一会儿不见王锡彤便很着急。过了几天，倪丹忱推荐了一位七十多岁的天津的金医生来，以药吹喉中，肿消，再服药痊愈。之后，王锡彤又天天关照袁克定饮食，其身体渐渐恢复。交谈中，袁克定每每对王锡彤称“先生”，若见诸纸墨，则称锡彤为“吾师”，王锡彤再三辞谢不得，于是两人决定结拜为兄弟。王锡彤一生中，实际上只与袁克定是正式通兰谱结拜为兄弟的。在老家时，锡彤对李敏修以兄长相待。后到天津晤林墨青，钦其为人，亦约为兄弟。进入民国后，与严范孙、徐友梅、张馨庵等为多年好友，到了民国15年（1926）时，数人一起唱和诗章。张镇芳在逝世之前一年，拿着兰谱来，说非与锡彤通兰谱结拜为兄弟不能瞑目。王锡彤愕然，也不能再说什么，遂以兰谱与之。[①]于此，也可以看出王锡彤与袁克定之特殊关系。

袁世凯对王锡彤看法如何呢？在其给王祖同的一封信中，也有所表白。宣统二年十月初四日（1910年11月5日）袁世凯在《复饶州知府王祖同函稿》中说："承代商鄙人出处，卓识伟论，极深钦佩。至交如小汀诸君，来书相勖，与遵旨略同。"[②]这里，袁世凯已经称王锡彤为"至交"了。

宣统二年腊月十一日（1911年1月11日），王锡彤母亲病逝，何芷庭前来吊唁，转述袁世凯询问王锡彤，遽遭大故，丧事如何办理，其意是愿对王锡彤有所帮助。匆匆之中，锡彤未及回复袁氏。春节过后，他写信给袁世凯，告之自己虽是寒家，父子兄弟，每年也有六七千元之进款，决不忍俭葬其母亲，但也决不敢劳亲友之赙助。袁世凯接信后，于帐联外，送银百两。

袁世凯给王锡彤的唁电稿如下：

小汀仁兄世大人礼右：

昨复寸牋，亮邀詧及。展诵讣启。敬悉太夫人懿德纯行，蔚然女宗。方当矜式乡邦，长承孝养。天不永年，遽归仙岛，可胜惋悼。执事性成至孝，自必悲慕异常。第念大事一切，尚须经理。仍望节哀顺变，勿过毁伤，是所切属。弟村居养疾，不克躬奠慈灵，殊深歉仄。谨寄奉奠敬百金，祭幛一悬，挽联一副，敬祈代荐为荷。耑此奉唁。顺承孝履。

世愚弟袁大功世顿首　正月五日[③]

---

① 《抑斋自述》，第154页。

② 《袁世凯全集》第十八卷，第580页。

③ 《唁王锡彤丁内艰函稿》（宣统三年正月初五日，1911年2月3日），《袁世凯全集》第十八卷，第632页。

宣统三年（1911）三月二十八日，王锡彤赴彰德，谒谢袁世凯并诸僚友。五月二十一日，王锡彤再赴彰德见袁世凯。起因是袁世凯打算报请清王朝开采罗山银洞冲银矿，嘱周学熙与王锡彤拟定开采方案。八月三日，回到卫辉的王锡彤接袁世凯来电说周学熙已经来到彰德；四日，王锡彤赶赴到彰德，连日与袁世凯商酌开办罗山银矿的章程文稿，以便报送商部审批。袁世凯对文稿字斟句酌，反复推敲。

当时，袁世凯锐意创办罗山银矿，请王锡彤领衔向商部呈递报告。王锡彤回答说，按照清朝惯例，此类报告领衔者必须是达官，草茅之士领衔恐怕不合适。袁世凯说，现在清政府正在办赈捐，你可通过捐赈获奖一个郎中头衔，岂不就是个京官了吗？于是，在呈递商部的文稿上，便注明领衔者王锡彤的官衔是注册候选郎中。既然已经在文件上注明了是候选郎中，王锡彤回到北京后，就不能不去具体运作此事。他托人打听了一下，作为他一个拔贡注直隶州州判的身份，要想得郎中衔要出多少两银子。得知直隶州州判加捐六千两银子可得郎中，因为是赈灾捐纳，可以打个七折，捐上四千二百两就算足额。这样，王锡彤便借款捐了个郎中。这里要说明一下，清朝行捐纳制度，捐官的情况是常有的事，捐若干钱，就可以得到一个相应的官职——当然多是虚名、候补之类，并非实授，长此以往，捐纳成了清王朝历代当权者增加财政收入的重要手段，而一些地主和商人、名士，通过出资，也为进入仕途赢得某种身份。王锡彤捐得个郎中，从级别上来说，属正五品，在尚书、侍郎之下，实授者在中央各部和理藩院中掌各司事务。

闰六月初，杨小亭、杨立斋由河南罗山勘察银矿回到北京，递上报告一份，云罗山银洞冲矿石化验结果是，含银砂量仅为百分之一。此事后来不见下文，大概办矿事由于辛亥革命爆发而终止。

第二节　筹划河南“请愿共和不独立”事件

宣统三年（1911）八月十八日，王锡彤赴彰德谒袁世凯，二十日，为袁祝寿。二十一日，听说武昌有乱事——武昌起义爆发，人心惶惶。这时大家都料定袁世凯必将受到朝廷的起用，果然，清廷任命袁世凯为湖广总督，前往湖北弹压武昌起义军。二十三日，庆亲王奕劻派阮忠枢持其手简到彰德见袁世凯，劝袁赶快赴任。革命党方面，则有杨度前来，劝阻袁世凯赴湖北镇压，杨度说：革命刚刚起势，你袁世凯督师前往镇压，必一鼓平之。这样的话，清朝政治上的改善，就没有一点希望了。王锡彤和袁克定两人力挺杨度的意见，主张不能应清廷之命。而在场的其他人则坚决响应奕劻，支持袁世凯赴命湖北。双方互相阐述自己的见解，迭次向袁世凯劝谏。袁世凯表面上持中庸态度，似乎包容两方面的意见，实际上还是准备出山。

王锡彤曾心平气和地问袁世凯：“公之出山，为救国也。清廷亲贵用事，贿赂公行，即无鄂祸，国能救乎？”袁说：“不能，天之所废，谁能兴之？”王锡彤说：“既然如此，你为什么又受命于清廷，去湖北镇压革命党呢？”袁世凯说：“托孤受命，鞠躬尽瘁。”意思是说，大清王朝对我有恩，危急时刻，不能不尽力驱驰。王锡彤反复强调，专制之国，不容有大臣功高震主，如此大臣自己命运堪忧不说，家族亦不能保，历朝历代，这样的例子实在太多了。袁世凯对王锡彤的说法颇为不满，愤愤地大声说道：“余不能做革命党，余且不愿子孙做革命党！”言外之意，暗指王锡彤有挑唆袁克定从革命党之嫌。其实当时幕僚中，早已有这样的传言，想必也传到袁世凯的耳朵里了。王锡彤热心讨了个大没趣，想说什么又觉得说什么都不好，自知以渺小之身难以改变格局，于是从袁宅退了出来，回到乡里卫辉。九月一日，袁世凯又打电报召王锡彤到彰德，温和地对王说：“余稳当人也，余到鄂当以文明对待民党，子请放心。京中相烦之事甚多，子姑至京可乎？”意思是，你放心吧，我是个稳当人，到了湖北，我不会对革命党乱用武力，会温和对待革命党的。北京方面我委托你办实业的事情很多，你能否赶快回到北京去呢？于是，王锡彤便回到北京的自来水公司。湖北武昌起义的消息传到京城后，京官眷属出京者途为之塞。初八日，王锡彤偕袁克定再次前往彰德，为袁世凯督师南下赴鄂送行。在京汉火车上，人群拥挤不堪，妇孺尤多。北京武昌远隔三千里，而逃难者已如此之多，大体上人们心里都明白，这次大清朝运数肯定是要完结了。王锡彤偕袁克定坐的是一等包间，听说赵秉钧在车厢工作人员房间里，而齐耀琳心神不定地在包间外无处可坐，于是邀请他俩一起到一等包间。

后来友人张祖厚曾对王锡彤说：袁世凯要杀你等！王锡彤愕然问：你怎么知道的？张祖厚回答：是幕僚沈祖宪告诉我的。沈说他和你及董元春，实际上有引导袁克定于不义之嫌，以袁氏父子之天性，将来必杀你们三个人以谢清廷！王锡彤听完大笑，完全不相信会有此事。他认为，袁克定天资英迈，智计筹思均非常人所及，哪有听从我王锡彤左右之理？不过是袁世凯老谋深算，另有打算而已。[①]

其间，袁世凯委任王锡彤“随办营务”，但实际上并不南下随办，也无具体事项可办，然而可以此名目领取一份薪水。九月初九日，袁世凯南行，行前袁世凯还单独召王锡彤上车，询问还有什么再叮嘱的，王锡彤说：凡事留有余地。袁世凯听了点头称是。初十日，王锡彤偕袁克定返回北京。[②]

1911年武昌起义爆发后，革命浪潮迅速波及全国。继湖北之后，湖南、陕西、云南、江西等省先后宣布独立，脱离清王朝的统治。一个多月后，又有上海、贵州、江苏、浙江、安徽、广东、四川等地先后宣布独

---

① 《抑斋自述》，第226～227页。

② 《抑斋自述》，第171～173页。

立，脱离清廷。在这种大背景下，河南也出现了要求独立的舆论与行动。革命党人始则企图劝说领兵大员率部反正，脱离清朝统治，建立河南军政府。继而去外州县活动，计划四路举事，最后夺取省城。张钟端在开封组织武装起义，因有人告密而失败。[①]在巡抚齐耀琳镇压了革命党人张钟端等组织的武装起义后，河南演出了一场所谓“请愿共和不独立”的闹剧，致使辛亥革命大潮中，河南省连形式上的独立也未曾出现。“请愿共和不独立”这出闹剧的策划、表演者是河南部分官绅和资产阶级立宪派，王锡彤也是主角之一，而幕后的总导演则无疑是袁世凯。

袁世凯绝非是个旧派人物。别的且不说，他编练新军，又曾在天津试办过地方自治，也说过不少宪政的好处，后来他能当上中华民国大总统，这方面是一个重要原因。武昌起义爆发后，袁世凯几经和清王朝的掌权者讨价还价，终于“出山”了。为了窃取大权，他翻云覆雨。为了向清廷施加压力，迫其交权，他指使其党羽在山东策划了所谓的“独立”，而一旦袁氏正式组阁，掌握了清朝的大权之后，历时仅十二天的山东“独立”便被取消了。实际上这是一场货真价实的假独立。河南省的“请愿共和不独立”，同山东省的“独立”一样，也是袁世凯一手策划的滑稽剧。

十月初，袁世凯回京出任内阁总理。汉口前敌部队交冯国璋统率。此时，齐耀琳即将巡抚河南，初六日王锡彤偕同乡京官一起公宴齐耀琳于河南京师会馆嵩云草堂。

十七日，王锡彤偕袁仲云赴彰德。时河南危机四伏，留学日本归来的学生殆无一不主张革命者。张钟端（1879—1911），字裕厚，河南许昌人。1905年留学日本，不久加入同盟会，创办《河南》杂志。1911年归国。武昌起义后，张钟端到豫东仁义会谋求响应。旋返回开封，与王庚先

① 冯自由：《河南志士与革命运动》，《革命逸史》（中），新星出版社，2009年，第569～571页。

等组织秘密机关，被推为河南都督（一说河南军政府总司令兼参谋长），准备发动起义，事泄被巡抚齐耀琳抓捕，英勇牺牲。张钟端是王锡彤次子王泽攽留学日本时的大学同班同学，其举事时王锡彤长子王泽敷也曾参与预谋起义，侥幸未被追究。十月二十一日，王锡彤自北京返回故里省视。二十九日，又回到彰德。当时袁世凯宅邸中的两位家庭女教师也都请假了，拟去参与革命。王锡彤感叹道：看来革命之风已经沁入青年男女头脑中矣！清军南下，曾捕获革命党人曾昭文。曾昭文，河南光山县南新集（现属新县）人，字可楼，1904年由北京练兵处考送日本留学，中国同盟会成立前即参加兴中会。1905年同盟会在日本东京成立，曾昭文为书记之一。后1912年1月1日，孙中山就任临时大总统，曾昭文曾任军需总监，1913年8月病逝。曾昭文既是王泽攽的留日同学，又是中国同盟会会员。清军南下镇压武昌起义时，曾昭文为北军所获。曾昭文诡称是王锡彤召见他——其实当时王锡彤并不知情。北军遂将其送到彰德。曾昭文来到彰德后，王锡彤仔细向他询问了关于革命军方面的种种情况，并将这些情况转告袁克定，两人商量后，将曾昭文放归南方，其意将来必要时，可以通过曾昭文与南军通信息。

宣统三年（1911）十一月三日，王锡彤返回自来水公司。次日谒见袁世凯。此时摄政王载沣已经革去摄政名义，政权一归内阁，袁世凯掌握了大权。

清军南下汉口，袁世凯亲自督训的北洋二、四两镇作战最力。这时主战派锐意渡江作战，袁世凯亲自打长途电话勒令制止。当日议论纷纷，有各种不同的意见。王锡彤对袁世凯说："革命之气已盈海内，若再以兵力蹂之，后患方长。况为袁公计，亦殊不值得。盖专制国之大臣，立不世之奇功，结果只有两路可走：一为岳武穆，身死而国危；一为曹孟德，风利而不得泊也。此二者，非君杀臣，则臣弑君，将何以处袁公乎？"闻听王锡彤口出此语者，无不咋舌，有人益加称呼王锡彤是革命党。[①]

这时，旅沪河南革命党人组织的河南北伐军支部（发起人中有王锡彤的儿子王泽攽）发布《河南北伐军宣言》，号召人民起来，光复河南。河南北伐军在沪成立后，也致电河南省谘议局“急速独立”。

1912年1月10日，豫籍京官齐集京师豫学堂，提出速谋河南独立。这些京官的举动有两个原因：一方面是因为全国形势飞速发展，人们看到清王朝已经朝不保夕；另一方面他们也揣摩袁世凯的心思，虽然袁氏出山时“固抱定君主立宪之旨”，但此刻因大势所趋，袁“似已改变主意，亦有趋向共和之意”。他们认为，乘此时机宣布河南“独立”，“既可为吾汴省同乡之光荣，而日后亦不至见弃于同胞”。[②]

冯国璋从汉口回到北京，任京城禁卫军总统。段祺瑞接任其在汉口的军队统率之任。张镇芳主持后路粮台，设局于南横街，邀王祖同助之。王锡彤与李敏修日夜过从，论及河南局势，王锡彤极力主张独立，李敏修也表示赞成，他俩一致认为河南应该及早独立，争取主动。这时只有从江西巡抚任上跑回来的王祖同坚决反对河南独立，他说：独立是件非常危险的事，我刚刚从江西回来，对形势知道得特别详细。盖既然独立，必须与中央断绝关系，各处土匪乘机纷起，假借革命者，不能不认为同志。地方官逃者逃、换者换，民居必遭其扰，社会秩序难保，非桑梓河南之福！众人议论数日不决，最后想出来一个所谓“请愿共和不独立”的方案，先授意上海报纸鼓吹之，继令同志往来奔走。胡石青、王抟沙、刘孚若、张世甫等，各处奔走阐明旨意，“请愿共和不独立”的时机渐渐成熟。[③]

河南是袁世凯的老巢，很大程度上受到袁世凯的控制。河南省谘议

① 《抑斋自述》，第176～177页。

② 《申报》1912年1月12日。

③ 《抑斋自述》，第177页。

局，本一直掌握在官绅和资产阶级立宪派手里，但因谘议局的代表曾参加17省代表在南京选举孙中山为临时大总统一事，且曾两次电袁早定民主政体，为袁世凯所不容，1912年1月7日被电令解散。1月14日，河南巡抚齐耀琳领衔，擅用全省官、绅、谘议局及商学各界的名义，致电袁世凯表示拥戴，内称“临时大总统一事，非公莫属”。16日河南、直隶两省谘议局会电孙中山，询问三件事：一、清帝退位后，能否推举袁世凯为总统；二、共和国成立后，接管清廷所有，北方军队能否不追既往，与南军一律对待；三、优待皇室及旗民生计，能否先协定条件。[①]实际上是强迫孙中山答应在清帝退位后将大总统职位让给袁世凯。

尽管如此，袁世凯对河南的局势仍不十分放心。1月29日午夜，袁打电话给在京的王锡彤，约其次日晨至袁邸会晤。会见中，袁世凯针对河南共和独立的议论，言不由衷地试探说：“尔在河南久有筹划，即归河南做去可也。”王锡彤急忙解释说：“近数日我辈宗旨变矣。”袁世凯诧异地问：“何故？”王锡彤回答：“河南，公桑梓邦也，决不能独立。独立则损公威望。况河南即独立，山东独立虽撤销，亦仍是独立，直隶亦要独立，果省省独立，纵京城能保，而号令不出都门，公之声名将一败涂地。故决不敢独立也。”听到此，袁世凯自然十分高兴，“首肯者再”，说“诚然，诚然”。并问：“河南不独立，又采取什么策略呢？”王答曰：“近日与肖庭（王祖同）、馨庵（张镇芳）、敏修（李敏修）已研究出一种办法，请愿共和却不独立。直隶、山东、河南皆照此办法做去矣。”袁世凯对这个方案十分赞赏，并当场决定让王锡彤回河南照此计办理。王锡彤说：“此种滑稽办法当然由河南大官领衔。”并以自己从未做过官，不宜即任河南封疆为由，力辞。王锡彤向袁世凯推荐王祖同去办理，袁表示“所举得人”。但又说，王祖同要是不肯去干怎么办呢？王锡彤表示自己“愿往强

---

① 《申报》1912年1月17日。

之，必使应命”。袁世凯便让他去寻找已到天津的王祖同面商一切。

1月31日，王锡彤即电约在天津的王祖同来京。时王祖同正为初署直隶总督的张镇芳筹划调度，没有答应王锡彤的要求。2月1日，王锡彤乘早车驰往天津，与张镇芳、王祖同磋商再三，并答应由胡石青、方干周等协助王祖同。张镇芳还给河南巡抚齐耀琳写了一封说明总体计划的亲笔信，交由王祖同带回河南。商量妥当后，王锡彤与王祖同乘当日晚火车急返北京，坐上已在车站等候的袁世凯派的专车径入袁邸。在袁世凯官邸，他们就王祖同回汴之后的种种具体做法进行了精心策划和安排。袁世凯的意思是由王祖同取代齐耀琳任巡抚，执行“请愿共和不独立”之计划。王祖同则认为自己回汴后担任巡抚并不合适，他说“临敌易帅，古人所忌。齐巡抚（齐耀琳）当留任”，由自己任藩司（布政使）即可。对王祖同这一意见，袁世凯表示同意。王祖同又提出，为了把事情办得更妥当，最好让王锡彤送他到开封。对此，袁世凯、王锡彤表示同意。

2月2日，王锡彤和王祖同、方干周等一行自京返豫，途经彰德时又面见袁克定，向其“备述一切”，并由袁克定“授意前敌将士，照请愿共和不独立之策进行”。2月3日，王锡彤一行抵达河南省省会开封，入住开封高等学堂。晚上即去见齐耀琳说明来意。时齐耀琳已经接到袁世凯密电，告以“派极有势力之豫绅来汴”，此豫绅即指王锡彤，袁世凯也认为王锡彤与革命党有特殊关系。也难怪，当时河南奔走革命的人，不是与王锡彤的长子王泽敷有关，即与王次子王泽攽是同志，为中国同盟会会员。王泽敷与张钟端举事还有关联。而那些王泽攽的同乡同志，如胡石青（汝麟）、王抟沙（敬芳）、王月波（印川），往来京津时，曾多次与王锡彤会面交谈。因此，有的人将王锡彤看成“民党”，虽然系妄加猜测，却也算是事出有因。当晚齐耀琳听说王锡彤前来，有点惊讶，也有点紧张，还特意传巡防营派兵设防，而后请见。王锡彤与王祖同则按旧礼制，先到司道官员厅候见。过了好大一会儿，齐耀琳弄清楚了王锡彤与王祖同只两人而来才算放下心来。见面后，王锡彤向齐耀琳谈了“请愿共和不独立”之意及实施计划，齐耀琳自然不敢说半个不字，表示同意，只是强调必须由豫绅联名呈请，才能由他代奏清廷。王锡彤表示承担所谓联名承请之责。

2月4日，王锡彤分别会见省城的官绅及立宪党人，向他们说明“请愿共和不独立”的理由。与会者认为，“宗旨既定，祸乱可弭”，欣然同意而去。方干周庆幸地对王锡彤说：“幸而吾辈适来，若再迟几日，张钟端之祸不知又演几次矣！”接着，王锡彤等就炮制了一件所谓请愿共和的公呈交由齐耀琳代奏。

2月6日，王祖同接河南布政使印，署理河南布政使司，齐耀琳向清廷出奏所谓谘议局请愿共和之书，敦请清廷即时宣布共和。这样，辛亥革命后河南连形式上的独立局面也未曾出现。次日，王锡彤便乘车北返，王祖同对王锡彤颇为依恋，但王锡彤决然北返，不肯留汴助之，当晚抵卫辉老家。在家停留五天后至彰德。27日，回自来水公司。28日，谒见袁世凯，报告到开封一切情形。[①]

2月9日时，张镇芳、段祺瑞等联衔电奏清廷，请“速降明谕，宣布共和，悉以政权公诸国民”。12日，清帝便宣布退位，袁世凯任临时大总统。王锡彤认为：“其所以如此之速者，得力于段祺瑞率前敌将士一电，请愿共和最有力者也。”实际上，段祺瑞早已接到袁克定的通知，知悉了袁世凯首肯并策划的“请愿共和不独立”方案，并极力照行。

不难看出，袁世凯等紧锣密鼓地策划河南“请愿共和不独立”，其目的有二：一是不独立，稳住了河南的局势，可以使时任清内阁总理大臣的袁世凯保住对北方各省的指挥权，不至于出现“号令不出都门”的状况，也加重了和南方谈判的筹码；二是请求共和，可进一步施加压力于清廷，迫使清帝及早退位，使袁世凯早日登上民国大总统的宝座。事实上，袁世

① 《抑斋自述》，第178～179页。

凯的这两个目的都如愿以偿。当然，所谓“请愿共和不独立”，实即一切仍听从袁世凯调遣。而“共和”则不过是一块招牌。王锡彤也曾毫不掩饰地对袁世凯说，这里演的是一出“滑稽戏”。

关于河南“请愿共和不独立”事，王锡彤在1925年为王祖同撰写的《纪德碑》一文中作了回顾，下面截取部分，以资和上文互为参照。

清之季世，朝政不纲。亲贵用事，货贿滋炽。天下嚣然以革命排满为职，志士之游学日本者渐染新锐，几无人不加入同盟会。各省练军以留学生为导师，亦靡然信响。岁在辛亥，武昌爆发，逐总督据会垣，举黄陂黎公为首，天下云集景从。旬日间至十余省。河南虽中土，素谨愿。自留学日本诸生归，浸淫既久，内地各校师生日读《扬州十日记》。裂眦愤怒，冀得一当以报夙仇，咸跃跃思动。齐公耀琳巡抚河南，廉得张生钟端诸人革命状，捕得杀之。张生本留学日本方归者，各校师生俱大怒，纷纷归其乡招致绿林豪（杰）谋大举。今陕西督军刘公镇华，即其中一人也。余两子，一自保定学校卒业，一在日本留学。余则教授乡里有年，两河英俊，半列门墙。中州设学，余又谋始，当然与革命诸生多瓜李嫌。且项城袁公当国，云台公子又独厚善余。当袁公持重与民党周旋之际，云台公子开东阁招致天下贤豪，与谋政体得当。辄趋庭几谏，力言民意不可违。袁公对幕僚或谯之，于是朝士窃窃指目。余故人张君祖厚告余曰：袁公以君教云台革命，将杀君。余笑谢之。吾友肖庭适自江西归，肖庭因与余信张镇芳、李敏修交莫逆，酒酣耳热，指天画地罔有忌讳者也。论及革命汹汹状，余颇右诸生，以齐襄复九世之仇春秋大义。肖庭曰：不然。余旧江西知府，知江西。请以江西往事对：革命必独立，独立必逐官，逐官必承认土匪为民军，官去则地方瓦解。土匪胜则争斗将起，饷糈难继。

况河南我辈桑梓乡，一旦扰之，穷年累月不得宁，将胡以对祖宗丘陇？余曰：共和之局，天下所趋，我宁能逆其潮流？肖庭曰：上书朝廷，请愿共和仍隶中央，不标示独立，则官不可更，土匪将亡用矣。余瞿然心折其言。后数日为辛亥之十二月十三日，袁公独召余密室，告之曰：昨日封侯，君知之乎？对曰知之。公曰：奈何？锡对曰：下武汉不封，今日封，为恩为仇不明白耶。公曰：事已至此，君归河南行君所志可耳。十四日往天津，即夕返京，袁公已饬车候于路，至则张鋋款接，要约明白。遂至汴，暂寓高等学校，各校师生皆欢呼迎谢，不敢再有他意。时张坤为高等校长，杜严为师范校长，方贞为谘议局长。胡汝麟、王敬芳、张嘉谋往来京汉传达语言，咸大谅解。巡抚齐公本廉节吏，前杀张钟端，职责所在，义不容辞。见余与肖庭至，知天使不可违，人心不能阻，亦大赞许。于是官民相洽。余回京，肖庭为布政使，齐公为巡抚，据河南士民公意上书朝廷，请行共和。直隶和之，山东和之。逮段公祺瑞率武汉各军奏请共和，而中华民国开始矣。夫河南四战之地也，历代改革之际，河南被兵最惨，甚至千里为墟，城邑榛莽亡虑一二数。民国缔造之初，各省雷轰飙起，大致以学校师生造其端。始引海陆军，继召山林亡命，喋血都市，毒痡荐绅。河南独不兴一卒、不发一弹而大基以定，百姓之元气未失。使非天相肖庭以牖余衷，俾得进言袁公，消弭巨祸，则余或负万世之罪未可知。甚或身败家灭，河南涂炭，反博得伟人名，亦未可知。[1]

① 《抑斋自述》，第338～339页。

第三节　沟通南北，辛亥后笃力平衅隙

武昌起义取得胜利后，新建立的湖北军政府曾发布《檄河南文》，号召北方的近邻河南人民起义推翻清朝统治。在全国形势的影响和推动下，河南革命党人岂肯甘居人后，进行了多种努力，以谋求河南的独立。其斗争大体分为三个阶段。开始时企望说动清方领兵大员反正，脱离清王朝的统治，建立河南军政府。继则在河南省城开封之处的州县活动，计划分四路军——西路军、南路军、北路军和东路军起事，如果得手，即由中路军大举进攻省城开封。各路军相继失败后，又在开封组织一次武装起义，以张钟端为总司令，相约十一月初举事。但由于有人告密，巡抚齐耀琳派兵包围革命军部司令部办公处所在的师范学堂，后将张钟端等十一人杀害，革命派策划河南独立没有成功，河南同盟会也元气大伤。

河南省谘议局中的立宪派在武昌起义后态度不一，有的继续持反对革命的态度，有些则倾向于反清且谋求河南独立。谘议局议长杜岩、副议长杨凌阁曾召开会议商议河南独立之事，但未通知军学各界。他们听闻巡抚不满，已经派防营加以“保护”，两人害怕了，潜逃归里，正、副议长易人。而社会上的一些立宪派的绅商，一些人也谋划过河南独立，但最终却选择了“请愿共和不独立”这条路，演出了一场“滑稽戏”。[①]

当“请愿共和不独立”的一幕上演的时候，身在上海的河南籍革命党人，还在为谋求河南独立而进行着武装斗争，上海北伐军中就有王锡彤的次子王泽攽。

河南革命党人在省内组织起义谋取河南“独立”、脱离清王朝的努力失败后，转而在外省活动，谋划在已经独立的省份组织武装，从外部打入河南。苏、杭、沪等地的军政府成立后，深知河南省战略地位的重要。上

---

① 王天奖编：《河南辛亥革命史事长编》，河南人民出版社，1986年，第118～165页。

海军政府支持在沪河南志士组织了威武军和河南北伐军。河南北伐军于1911年11月下旬组建，《民立报》1911年11月28日刊登的《河南北伐军支部广告》如下：

河南北伐军支部现设（上海）六马路祥和里。凡旅沪同乡速来报名，以便本周间开会筹商一切。但报名者，须有介绍人。

河南北伐军支部贺升平、王泽攽、陈景南、刘基炎、陈庆明、杨曾昭、曾蔚武等叩。①

列名北伐军支部的第二名王泽攽，就是留日学生、中国同盟会会员、王锡彤的二儿子。

同一天《民立报》还刊登了河南北伐队致河南谘议局的电报及其致袁世凯的电报。电文如下：

河南北伐队致开封谘议局电报：全国均持民主立宪。现组织共和政体，各省代表已到鄂，请汴速举代表前往。今已决议，明暗数路北伐，河南首速独立，可免涂炭。急复。

河南北伐队致袁世凯电：河南同乡熟审全局时机，为公决最后一言：今南北党风，统持民主立宪。请公发大决心，先机力成。倘再提清君主三字，立为全国所攻击。且前为怨府者皇室，今天下明明皆知是公也。战局多持一日，则公之名誉日落万丈，恐将来意见更深。清廷既无再存在之理，公已全负亡国之责，至此时再维大局，公亦无斡旋之余地。今各国论公者日趋厌恶，同乡等私情曲谅。公原达者，特部下一呼百诺，助公自雄，不见全局，各为私利，全国涂炭，公为罪魁，不亦可笑！至为谓共和或足肇纷争崩裂，尤为过虑。今各省联军，共志北伐，足见一斑。请公即持民主，以定大局，幸甚！明白电复。

---

① 《民立报》1911年11月28日。

沪上北伐军还发表了《河南北伐军宣言》。其中说："此次武汉事起，我河南蜷伏于异族恶劣政府之下，沉沉酣睡，不闻有一成之众、一旅之师起而反抗，受同胞之唾骂，为外人所轻蔑。加之认夷狄为君父之袁世凯，忘其祖宗之仇，切身之痛，为满清效死力，阻我义旗，即此不肖之子孙，更足遗人以口实。""然而河南铁路直贯全境，北自彰德，南抵信阳，尽为虏军盘踞，四面受敌，举动为艰。而伪抚宝芬，本非同种。助桀为虐，以视各省之独立，诚非易易。我伯叔兄弟所以持重不发之故，当为更进一步所共谅。虽然，不冒险不能成功，不破坏不能建立，难之一字，未足以困英雄。""今设河南北伐军支部，为我豫民军机关，以期大集运筹帷幄，荷戟从戎之士，洗尽胡儿腥秽，还我汉室山河，皆将于群策群力是赖。嗟乎，谁非炎黄子孙？谁无国民责任？河南不急起独立，使他人越俎代谋，则我豫二千七百万之同胞，将何颜以立于大地乎？伯叔兄弟，其勿观望徘徊，失此千载一时之机会，则幸甚！"①

当时在上海成立的是两支军队，北伐队由豫籍革命党人刘基炎率领北上烟台，王泽攽就在这支队伍之中。后袁世凯任大总统，在袁克定叮嘱下，王锡彤召唤时在山东蓬莱的王泽攽回北京来，云大局已定。3月22日（二月初四日）王泽攽自山东到北京，北伐先锋队司令刘基炎亦来京。经王锡彤介绍，刘基炎谒见袁世凯，其所统率的沪军北伐先锋队后被袁世凯解散。

前此，另一支由在沪的河南留日学生组织的北伐武装威武军，1911年11月在沪组成后，由南京渡江入安徽，后分两路北伐，一路至安徽颍上，另一路至河南信阳，及南北议和，宣布解散。1912年3月，威武军的代表李捷三、夏述唐来京，二人均为王泽攽的留日同学。经王锡彤介绍，与大

① 上海社会科学院历史研究所编：《辛亥革命上海史料选辑》，上海人民出版社，1966年，第601～602页。

总统袁世凯相见。王锡彤说："自是民党策士、民军将帅多介余谒总统者，总统亦乐与相见。余则应酬之费、佽助之费达数千金，总统亦微知之。"[①]

辛亥革命后，河南是少数几个未曾独立的省份之一。河南《自由报》1912年10月8日发表的社论说："民国成立，共和告成（河南各处）财产未受损伤，人民未受蹂躏，他人以铁血力争之幸福，河南则从容谈笑而坐享之。"这种观点几乎和王锡彤一样。王锡彤常常为其参与策划河南"请愿共和不独立"而自诩，引以为豪，但事情没有那么简单，"请愿共和不独立"的最大受益者无疑是袁世凯。此外，河南省未经"破坏"，看来是好事，但旧的社会秩序没有受到较激烈的冲击，旧的事物依然如故。诚如1913年3月7日的《时事豫报》所言，豫省"以未经破坏之故，凡事多出亡清之故辙"。据1912年7月24日《大中华报》及5月28日《强国公报》报道，河南都督府里，所有当差人员脑后仍都拖着长长的辫子，前巡抚衙门所设置的礼、户、吏各机构依然保存，旧衙门书吏依然充塞其中，衙署外面一对旗杆、两面鼓吹也依然如故，大堂上照样悬挂着清朝帝后颁赐的福寿匾额，印架之上仍然高捧圣旨。各地州县官吏也大多穿着旧衣褂，更有甚者，竟然捕杀剪辫之人，所出告示上仍加"钦命""巴图鲁"等字样。张镇芳以河南都督名义送湖北的文书中，依然恪守原清朝定例，遇有"国史馆""奉旨依议""钦命大臣"等字样时，均照旧前清格式，单抬或双抬书写。[②]

如此现象，我们固然不能一股脑归因于"请愿共和不独立"，但若说王锡彤等津津乐道的这场闹剧给河南省带来了莫大好处，恐怕难以令人接受。至于王锡彤的次子、留学过日本的革命党人、曾积极参加过北伐的

① 《抑斋自述》，第186页。

② 王天奖编：《河南辛亥革命史事长编》，第178～181页。

中国同盟会会员王泽攽，究竟对此事是怎么看的，就不得而知了。

1912年（民国元年）2月18日，王锡彤谒见已经当上大总统的袁世凯。袁留其一起进午餐。在座者，仅袁世凯、袁克定及王锡彤三人而已，他们三个随意纵论天下大势。王锡彤认为，如今国体已更，伏莽甚多，中国历史改革之际率多杀戮，今竟安危坐以致之，恐部下许多“健儿”热血未洒，仍要生事，宜扒其锋使之外向。王锡彤曾见自武汉归来之清兵沿途滋事，京城中剧园、饭馆、娼寮，也多有此辈滋闹情事发生，但不好明言，只好以此微言劝告袁世凯。袁世凯听了却大不以为然，说：“我终欲煦妪（爱抚之意——引者注）之，不愿用武力也。”其时，京中已遭兵乱，富家大族不少逃往天津，总统府僚友亦有去者。王锡彤每晚至总统府陪伴袁克定，天明后再回自来水公司办公。数天内，保定兵变、天津兵变消息接踵而来，河南方面也有人蠢蠢欲动。王锡彤连续接到弟弟王锡龄及长子王泽敷从河南发来的汇报情况的电报，他将这些电报呈之袁世凯，袁由彰德调兵至卫辉镇压，十天后局面始渐渐平稳。[①]

1912年3月，南北议和，蔡元培率团来到北京，其成员中有曾昭文。南方革命党人提出了迁都南京、大总统到南京就职等钳制袁世凯的多项要求。曾昭文因与王泽攽有同学之谊，则屡次前去拜谒王锡彤。时京津冀相继发生兵变，王锡彤对曾昭文说：“南方以总统至南京就职为词，其理由未为不正。第北方民心惶惑，乱兵乘之，遂肇大祸。今各处蔓延殆未遽了，非速予收拾殆不可为。且建国之始，外交为重。今各国公使麇集北京，使馆建筑华丽，费各不赀。京都迁则使馆亦当迁，恐非外人所乐许。南方何苦争此虚名，受许多实祸耶？”曾昭文回答：“诺，吾当与代表言之。”后数日，南方代表果然不再坚执袁世凯南京就任大总统之议。[②]

---

① 《抑斋自述》，第184~185页。

② 《抑斋自述》，第185页。

鉴于王锡彤系袁世凯亲信幕僚，又与革命党人方面有联系，此后民党方面重要人物来京，多与王锡彤有所接触。王尤与于右任、张继过从较多。唐绍仪内阁解散之后，王锡彤预感到民党方面会与袁氏政权开战。为调和民党与袁世凯之间的关系，避免战事爆发，王锡彤曾询问张继。张继认为此事非于右任不能担其责。王锡彤电邀于右任来京，于不肯来。于右任的朋友王靖芳告诉王锡彤，若能任命于右任出任总长，其肯定能速来北京。王锡彤将此信息汇报给袁世凯，袁世凯说可以考虑在农林部或工商部给予一席。王靖芳说，于右任意在担任交通总长。此事因之作梗。王锡彤曾邀请张继谈到午夜时分，详述自己观点，即中国正处于危亡之秋，不要内部启衅开战。张继感慨地说：此意吾早知之。当革命初起时，革命党人人欢迎这个意见，非但欢迎，也怕出现这种局面。但当世局渐定，则当权者会觉得革命党是祸害，此殆公例不可逃。王锡彤说："君自命不作官吏，不作议员，诚高士，非争利禄。余亦布衣，窃愿助君。今当革命党与中央启衅之际，一失调则革命党之公例立见，曷如及其未作，预为之防乎？"张亦欣然同意此意见，请王锡彤辅佐大总统袁世凯朝此方向努力，自己则负责在革命党一方运动，促成其事。王锡彤次日见了袁世凯，详细汇报此事，袁世凯立即表示同意。而此后张继则不见面了。过了三天，张继打来电话告诉王锡彤，谓事不可为。很快，二次革命相继在江西、安徽爆发。[①]

其后，王锡彤作为袁世凯的幕僚，活动频繁。

5月23日，王锡彤介绍于右任谒见袁世凯。于右任，同盟会会员，1912年任南京临时政府交通部次长。

6月3日，王锡彤介绍景耀月谒见袁世凯。景耀月，留日学生，同盟会会员。1912年被孙中山任命为南京临时政府教育次长（代总长）兼南京政

---

① 《抑斋自述》，第228页。

法大学校长。

6月10日，王锡彤介绍张继谒见袁世凯。张继于1904年与黄兴在长沙创办华兴会。1905年参加组织中国同盟会。

6月12日，王锡彤介绍河南张忠夫谒见袁世凯。

7月18日，受袁世凯委托，王锡彤赴河南开封与都督张镇芳有面谈之事。19日起程。27日返回途中到彰德探望病中的袁克定。28日回京，29日见袁世凯汇报情况。

8月11日，王锡彤谒见袁世凯。时袁克定移京治疗，渐有起色。

8月12日，王锡彤谒见袁世凯。袁命王赴河南查办事件，并要其与刚由内务总长升为内阁总理的赵秉钧面谈查办事宜。王锡彤乘人力车前往赵宅，途中遭遇雨淋，归来后病倒。袁世凯派人来问候，知王锡彤实在不能前往河南，于是改派他人赴河南查办。

河南洛潼铁路，本为河南商办。民国后陇海铁路局成立，议接收洛潼一段。袁世凯考虑到王锡彤为洛潼铁路创办人之一，拟派其往河南设法收结。王锡彤顾及铁路收结中转移款项为多，腥膻之场人多指视，揽之于自身并非明智。于是致函洛潼铁路总理刘绍岩、协理彭右文来京，与交通部的派员直接面谈，王锡彤仅作为介绍人，不参与其谈判之事。①

8月21日，王锡彤经由京汉线赴彰德探望病中的袁克定。23日祝袁世凯夫人寿。25日回京。

1913年1月21日，王锡彤经由京汉线从老家北返，在彰德下车，次日与袁克定晤谈。

11月8日，王锡彤接到两个儿子来信，河南阎子固之案牵及王书樵。王抟沙等上书大总统袁世凯，请王锡彤转呈，为王书樵力保，请释冤诬。王锡彤将其上书转呈，并数次见袁世凯，陈明一切。袁世凯致电河南都

---

① 《抑斋自述》，第190页。

督，事情得以解决。

11月10日，袁世凯正式就职大总统。

12月31日，新历岁除，新的一年中华民国将实行总统制。对此，王锡彤持不同意见，曾力谏袁世凯实行内阁制，并力陈明代不任相之失。袁世凯不接受王锡彤意见不说，还明确地要求王锡彤以后不要过问政治了。[①]

第四节　理念相左，心灰意冷不入政坛

1914年1月10日，报载大总统明令解散国会。王锡彤认为，这是袁世凯政权失人心之始。时国民党人与政府为难不假，但进步党的政见与袁世凯政府本来是接近的。如此一律对待，解散国会，能不令人心寒吗?

王锡彤是主张实行宪政的。他说，国会未解散之先，已经有政治会议。国会解散之后，又有所谓约法会议，而宪法之修，有赖于立法院，看来立宪还是遥遥无期。参政院之参政是以命令擢授的，实给以代行立法院之权。不意宵小窥伺，于是有了什么“筹安会”之设。盖政府所用之大老，皆一班清末实施所谓“预备立宪”之旧人，故所行仍是“预备立宪”之故伎重演。殊不知“预备立宪”四个字，实是促成清室之亡的重要原因之一。天下人看到清政府毫无立宪之意，以预备立宪之名行无限拖延立宪之实，不惜拼死抗争，才有了清王朝的垮台、中华民国的建立。奈何今天旧梦重温，重蹈覆辙就是在所难免的事了。

1914年1月13日，王肖庭来天津，声言完全脱离河南政界。王锡彤庆幸自己不入政界的决定，也更加坚定了这样做的决心。2月17日，因白朗起义等因引咎辞职的张镇芳来天津，王锡彤前往访谈，感叹宦海诚不易

① 童坤厚：《王筱汀先生年谱》，1939年铅印本，第37页。

哉！[①]

1914年2月25日，送袁克定南旋，并送田文烈（字焕庭）赴河南任民政长。时各省、各县议会一律取消，各官吏亦逐渐回避本省。田文烈，湖北人，教职起家，曾任道员、总兵，王锡彤认为田是北洋派中的骨干，曾屡次密荐于袁世凯，这次由山东调任河南，王锡彤深望其为桑梓造福。[②]

早在1912年5月时，王锡彤次子王泽攽便在北京创办了《大自由报》，系报社主办人，1914年7月25日，《大自由报》忽然被官厅禁止，并被诬为乱党机关。王锡彤询之总统府中人，始知陆军总长密呈查封，实为陆军次长徐树铮所为。他令王泽攽将《大自由报》上关于约法文章的内容一一剪出，送到总统府转送袁世凯，经袁世凯指示，问题始得解决。后又经张镇芳干预，《大自由报》于8月12日重新出版。

王锡彤为《大自由报》被封事件非常伤心，曾嘱咐王泽攽停业，但反对停业的人不少，一时未能遽止。但王锡彤决心已定：不仅此生不准再办报社，就是后世子孙，也决不愿意他们再从事此种事业！[③]

1914年8月24日，袁世凯为第四公子娶亲，邀请王锡彤坐陪媒妁。

1914年9月，从媒体上得知，大总统招揽人才，到北京考知事的有数千人，以知事资格送验者数千人，加之政治议员、约法议员，率皆前清耆宿。一班清流名士，搜访无遗，可谓极盛。面对此情此景，王锡彤激愤地写道："吾每独居深念，民国成立，断脰绝腹万死不辞者何人？清帝退位，虽仰赖当局阴阳捭阖之妙，而实借民党发扬蹈厉之势，乃可恫喝而成功。今大局渐定，一班青年志士死者死，逃者逃，中央不一顾及，乃搜求一班亡国之清流为座上客，又甄录一班嗜进无耻、热衷利禄之恒流以充塞

① 《抑斋自述》，第198页。

② 《抑斋自述》，第299页。

③ 《抑斋自述》，第202页。

庶位，欲以勤求治理，殆其难哉！”[①]这里，王锡彤明确肯定了革命党人在推翻清王朝的大变革中的历史功绩。

1915年，日本向中国提出“二十一条”要求。4月4日，王锡彤偕言仲远谒见袁世凯。王锡彤向袁世凯问起与日本国交涉问题，袁世凯说：“子尚记得童生小考时事乎？愈是枯窘题，愈易得好文章，余此时正作此枯窘也。”言毕大笑。王锡彤在日记中写道：“此老惯作壮语，余默然无以为答。”[②]

1915年8月，时北京有“筹安会”之设。王锡彤拜访张镇芳询问实情，知所谓“筹安会”一帮人，正在酝酿实行帝制。王锡彤认为，明太祖之所以得天下，功在驱胡。汉人蜷伏于异族者将近百年，明太祖为伸其气，故人心倾向，遂有天下者几三百年。清之有天下，则在于“永不加赋”一招，为足系汉人之心，而慰其明末重赋苛征之苦，故天下也亦有二百六十余年。今民国纪元而后，验契有费，公债派钱，且一切新税正在议行者，尤不知凡几，民间纵然以为加赋。且每与日本交涉失败，薄海志士罔不短气。当此时而铺张功德，谋称尊号，得毋非其时乎？颇思乘间密陈袁世凯大总统，以报知己。但王锡彤又立刻想到：自从劝说袁世凯不要行总统制而实行责任内阁制之时，袁世凯已经有劝说王锡彤不要过问政治的话。念及自己“奉有不管政治之命”，况复辟帝制之“筹安会”等一班人正在激烈活动，远非自己区区之言所能挽救！[③]

1915年8月9日，王锡彤在天津拜访严修，向其询问帝制事。严修回答说他就此事已经密陈袁世凯，但袁世凯只是说些官话，甚至让他有什么意见，到“筹安会”那里去说。王锡彤闻听此话，益感悚然。

---

① 《抑斋自述》，第203页。

② 《抑斋自述》，第207页。

③ 《抑斋自述》，第211页。

1915年10月22日，李敏修为征辑中州文献到了京津，与王锡彤见面时，谈及帝制，苦劝王锡彤谨言慎行。李敏修历数反对帝制之人，当道者袁世凯"率以乱党相待"。张钫的父亲张子温来京，也告诫王锡彤言论慎重。并说，张钫在陕西时所发议论，和王锡彤相同，并非反对袁总统做皇帝，实在是此做法与时世不和，无益有损。结果被军警当局"懔懔"监视，视为异类。所以他这次自请来京，也是表白自己不是背叛袁世凯。且其子张钫力掌军权，任陕军第二镇统制、师长，以老父做人质在京师，也有表明对袁没有反叛之心。王锡彤出于对袁世凯知遇之恩的感激，心里异常矛盾，他想："夫以余受大总统知遇不为不深，当此大祸临头，群儿踞此公于炉火之上，我不出一言以救之，殊呼负负！"[①]

1915年10月25日，听说上边有令，任王锡彤为参政院参政。王锡彤急忙从天津到北京谒见大总统袁世凯表示感谢之意，并以二儿子王泽攽续娶要举办婚礼为由，请假五天，迅速返回天津。婚礼期间，袁世凯叔父袁保龄之子袁述之前来贺喜，私下对王锡彤说：人家说你反对帝制，忘恩负义！并告之此话是锡彤好友王祖同说的。王锡彤回答说：王祖同是个明白人，我不相信他能说这样的话。但是要说到忘恩负义，确确实实有人，那就是"筹安会"那些人。袁述之说："诚然。"

1915年10月30日，王锡彤到参政院拜访林长民秘书长，又拜谒汪大燮副院长，又前去拜谒正院长黎元洪副总统，后到总统府销假，听说蔡锷已经出京。

1915年11月1日，参政院副院长汪伯唐带领王锡彤、言仲远与周实之，谒见大总统袁世凯，袁世凯笑着对王锡彤说："到参政院亦有趣否？"王锡彤愕然不知所对。因为他有志不入政海，在有些人看来有轻视官位之心。等到"筹安会"事起后，凡于袁世凯有知遇之恩者奔走不遑，独有王

---

① 《抑斋自述》，第212页。

锡彤多居在天津，漠然好像不知道有这回事似的。但他在外面发表的那些反对帝制的言论，袁世凯或许多少也有耳闻，难道是故意给他个闲官，试试他不做官的宗旨是否真心？王锡彤认为自己反对帝制，正是期望不负袁世凯知遇之恩。他写道："夫余之反对帝制，敢指天日，谓天下莫如我爱袁公者，耿耿此心，期不负知己而已。"2日至9日，锡彤在参政院开会，会后返回天津。

1915年11月10日，王锡彤赴参政院开会。时各行省纷纷设立筹安分会。请愿帝制者，率上书于参政院。其实云南、四川已在兴师反对袁世凯称帝，中央派兵讨伐，然而兵不用命，将帅观望成败，不肯用力。而大典筹备处仍然兴高采烈为袁世凯登基做准备。

1915年12月11日，参政院开会通过帝制议案。事前总统府秘书长梁士诒一个个地找各位参政致意，嘱托大家一定赞成帝制。等到议案宣读后，孙毓筠、胡瑛等带头大呼皇帝万岁，和者却很少。议毕，梁士诒遍邀诸同人举杯，以示谢意。[①]

1915年12月13日，参政院参政同各部各衙门简任官，赴新华门觐贺新皇帝。排班既定，新皇帝袁世凯来到中庭南面而立，各官均北面而立，行三鞠躬礼。袁世凯即席讲话云："余向以舍身救国，今诸君又逼我做皇帝，是舍家救国矣。从古至今，几见有皇帝子孙有好结果者！"王锡彤闻听此言，十分惊愕。他想前些天自己想向袁世凯进言的话也不过如此。而在现场诸人，对新皇帝的"不祥之言"，竟然没有一个人发话以宽慰。大概是因为事前酬对之言未尝排演，也没料到新皇帝竟然说出这样不吉利的话语，实出人意料，不好作答。散会归途中，王锡彤问周学熙："新皇帝今日出此不祥语，诸公在前排侍立者，为何竟然没有一个人进宽慰之词？"周学熙愤愤说："有何可对语？若必欲置对，只好曰：诚如圣谕而

① 《抑斋自述》，第215页。

已。”王锡彤不禁感叹：“此种气象，哪里像开国时一体之群臣！复辟帝制肯定长不了！”①

1916年元旦，王锡彤随众人入新华宫觐贺新君。时袁世凯虽未正式即位，已大封功臣。5日，新皇帝袁世凯在新华宫赐宴，王锡彤出席。袁世凯正中设席，特任、简任官依次排列。宴会开始前，皇帝居中，南面而立，各官三鞠躬入座。宴毕又三鞠躬而退，并由参政院领到福、寿字各一方，宛然前清遗制。唯当局宣言，新国有三事异于前朝：一立宪，一永远废除跪拜礼，一永不用阉宦。

1916年1月30日，王锡彤偕言仲远等拜访在北海养病的周学熙。锡彤听有人私下说，因为对于行帝制持反对意见的财政总长周学熙不愿意如以往那样赴部签字办公，于是有人向当局进谗言，说周学熙勾引国民党人，潜谋不轨。周闻讯后气得吐血一口，于是称病请假，并移居北海，一则为辞职做准备，一则北海紧挨着中海，方便请当局派人监视，以明心迹。周学熙受袁世凯知遇几十年，且两家早已结为儿女亲家，一旦政见不同便蒙此遭际，让王锡彤感叹数月来不可测之风云。又如沈祖宪（字吕生，浙江人），袁世凯幕府中的笔杆子，在小站练兵之前即入袁世凯幕府，素行规谨。袁氏开缺回豫时，沈祖宪也挂冠，跟随袁世凯从卫辉至彰德。1916年元月，沈吕生遭人告发，说其谋反，于是家中被大肆搜查，居室中被掘地三尺，渺无所得。沈愤急欲死。后袁克定亲自前往安抚，再三宽慰，才算了事。帝制一行，到处疑神疑鬼，竟然到此。政场如此险恶，对王锡彤自然也是个警告。所以此后数月中，王锡彤多住天津，少见要人，意在避免横生枝节，殃及自己。

1916年2月26日，参政院开会，此时各省反对帝制者渐多。29日，参政院代行立法院，召开闭会式，补授之参政代民选议员之职。议长相率称

---

① 《抑斋自述》，第215~216页。

病，各参政亦风流云散。[1]

1916年3月，社会上反对帝制声浪日高，参政院开会。25日参政院又开会时，接到政府当局公文，取消洪宪年号，一切帝制准备取消，恢复民国5年原制。

1916年5月1日，大总统袁世凯传见王锡彤。当时人言籍籍，皆谓大总统有病。等到见面后，王锡彤见袁世凯虽然面色略显清癯，似无大病。询问病状，袁世凯回答只是食偶不慎而已，并无大苦。袁世凯的案头放置着一个清单，所有存钱、股票等共约二百万元。袁指着这些对王锡彤说："余之家产尽在于斯。请告以君所管公司之状况。"王锡彤将袁世凯在公司的款项略为报告。当时，王锡彤并不知道袁世凯这些举动是什么意思。于是换转话题，询问冯国璋近状究系如何，因为报纸所传都说冯国璋处于怅惘、失意之中。袁世凯拿起案头上冯国璋给他的一封电报相示，内容全是感激袁世凯知己、誓以死报等一类的话语。王锡彤唯唯而退。他完全没料想到，这一次谒见，竟成为与袁世凯的终身之别。盖当帝制行后，除觐贺外，王锡彤始终未尝再私谒袁世凯。王锡彤实在是认为言语之间不好置对，称臣吧，则皇帝并未即位，未免近于迎合；不称臣吧，则袁世凯的近侍诸人均已日日称臣了，自己一个人怎么好跟那些人不同呢？等到帝制取消后，更不好见面，深感慰藉之词与宽譬之语，都极难说出口。[2]

1916年6月6日，袁世凯病逝。8日，王锡彤偕王祖同到袁世凯棺前叩奠痛哭。28日上午11点，送袁世凯灵榇至前门外上京汉线火车。8月23日，王锡彤前往送袁世凯遗体葬于彰德洹水北岸。

"新人恶其旧，旧人恶其新。"当初，王锡彤主张河南"请愿共和不独立"，自然是始终对袁世凯抱有感恩之心，处事要为袁世凯着想。另

---

① 《抑斋自述》，第233页。

② 《抑斋自述》，第235页。

外，王锡彤也看到，武昌起义后，各省纷纷独立，出现了乱象。独立各省的首脑改称都督，有的省称兵拥立都督，甚至出现一省数都督的状况，陕西省就出现了六个。都督争夺战在多省出现，湖南发生了，江西省也发生了，安徽省抢夺都督的闹剧更加热闹。

对于这种乱象，王锡彤有自己的思考，他在1915年写的《知非自叙》中说，1912年，中华民国元年，“袁公受任大总统。一时同被知遇者多为大官，独余以无才商贾如故，然实不得不心感大总统知遇也。当乱世之殷，各省称兵拥立都督，甚至一省数都督，地方治安惊扰滋甚。河南独立之谋亦骎骎不可遏，张钟端虽死，踵起者愈多。大抵勾结剧盗，为作文字附会兴汉灭满诸名称以相号召。清廷名以大政归袁公，心又疑之”。当时王锡彤正请命归里，袁世凯急忙找其谈话。袁世凯说：“时局如斯，殆天意不可挽。君到河南速即自谋，无他望矣。”王锡彤回答说：“此事余与张馨庵、王肖庭、李敏修诸同人筹议久，公欲维护清室，而各省纷纷独立，声言与中央脱离关系。外之，盗贼滋起，苦害民生；内之，损公威望。河南为公桑梓地，万不宜再蹈此辙。当易为请愿共和，何如？”袁世凯说：“甚善，君即日往。”王锡彤坦率地说出他当时策划“请愿共和不独立”时的感受：“当是时，大总统信任之专，可调言无不听，计无不从，无如余太迂腐，不能裨补高深，致可惜耳。”[①]

王锡彤提出“请愿共和不独立”，也许还有更深层次的原因，那就是他对中国当时国情的认识。1908年慈禧太后去世后，王锡彤曾感慨：“又或问：戊戌政变使太后不为阻挠，中国可坐致富强乎？曰：是未可知也。世界文明，曩例以赤铁得之。大陆国民又不比岛国富于冒险性者，凡祖宗家法、圣贤彝训，左右贞良直谏之臣，远近忠君爱上之民，举足阻新政之进行，不仅护持权利，决不让之宵小也。……使光绪帝果一意孤行，纵无

---

① 《抑斋自述》，第227页。

太后阻之，亦恐别生纷扰，甚至祸生肘腋，反较幽闭更甚者。果之生摘者不适于口，余盖从阅历中而深信不疑也。”[①]

王锡彤由一介寒士，一个乡里授徒的先生，结识袁世凯是一生的一大转折。自此，进入袁世凯幕府，成为其亲信幕僚，赞襄政务，有机会在高层社会中周旋；自此，才有机会受袁世凯之托，与周学熙一起经营北京自来水公司、启新洋灰公司，创办华新纺织公司等大型企业，成为著名的实业家。他虽然在政治方面与袁世凯多有歧见，比如坚决主张共和，反对帝制，但他一生感谢袁世凯的知遇之恩，对袁世凯始终有一种深厚的情感。他认为，袁世凯立身行事尚鲜记载，其已有的撰述者，“非失之诬即失之伪。余自己酉春初识公于卫辉，觉公之缜密、详审实大过于人。即一文札之间，而字斟句酌，务求妥适。比计议既定，即毅然行之，绝不退缩。其大过人处在肩头有力，绝不诿过于人。凡一材一艺一经甄录，即各从其才所堪而委。以力之所能胜，不求备于一人，亦不望人以分外。一事而成，则奖借不遑；不成则自任其咎，不使人分谤。此其所以群流归仰，天下英雄咸乐为之尽死也。其生平于政治之外无嗜好，一切伙食、衣服绝不讲求。未明求衣，夜深方息，日日惟国计民生是谋。以破烂不堪之民国，至三四年间，天下大势得以粗安，工艺、商业逐渐发达，国库渐丰，民生渐遂有由来矣。特中国习染之污已不可湔，四围空气异常恶劣。地位愈高者，左右趋承愈重，献媚希荣之术百出不穷，稍一松懈，辄为牵动”[②]。这就是王锡彤对袁世凯的评价，溢美之词有之，将恢复帝制归结于社会环境及一班利禄宵小之人的蛊惑的外因，也明显有为袁世凯推脱责任之嫌。但王锡彤毕竟对袁世凯了解至深，对袁的为人处世的评价，恐怕亦不无一点参考价值。

王锡彤对自己民国初年这段政治生涯，有一个简短的概括和反思。他

---

① 《抑斋自述》，第140～141页。

② 《抑斋自述》，第237～238页。

写道：“民国之兴，创中国未有之局，窃妄预于冀幸之一人。比其成立，乃立法、行政两途全不与焉，宜当时同人多以为不情也。其实，内揣其才，决不合于世用；外观当世，亦与平昔所期望者绝远。明知不试则已，试则必踬，故宁终其身于商贾，免蹈身败名裂之祸而已。逮今思之，觉昔日辜负时会，不能杜绝乱源者甚多。此数年中无以名之，名之曰‘民国闲人’，以志吾过。”[①]这就是王锡彤将其这一时段的日记整理成《抑斋自述》之四名曰《民国闲人》的由来。

话虽如此，王锡彤对民国初年的一段经历还是非常在意的。1935年，他七十岁时，给其儿子写下一篇较长的《身后预言》，详细告知将来办理自己身后之事时应遵从的古代礼仪诸事。此外，在谈到对他将来“神主”（供奉祖先或死者的小木牌）上书写什么，也有具体指示，他写道：“我则在清实未受官，所得京外衔名，或以振济，或以保举，仅见明文，未及实历。至民国之参政院参政，无论是法非法，当时到过院、支过俸，不能谓无其事。三等嘉禾章、二等嘉禾章，河南政府、中央政府均有案且实有此物。将来神主书中华民国二等嘉禾章、参政院参政，似无疑义。”就是说，他对以拔贡注直隶州州判及捐赈获奖候补郎中等头衔可以不太在意，那毕竟是个虚衔，并非实授，没有做官行事的实历，但曾任参政院之参政，既有档案文件，又亲身参与过参政院议事，还支有薪俸，民国初年曾获政府表彰其奉献的三等、二等嘉禾章各一枚，这既有档案可寻，又存有大奖章的实物，这些都是真实存在的。不管人们如何评价参政这一职务和嘉禾章的奖项，是合法，还是非法，有这样的历史事实是不容置疑的。所以王锡彤对儿孙们说，将来他去世后的“神主”上，可以书写上：中华民国二等嘉禾章、参政院参政。[②]

---

① 《民国闲人小引》，《抑斋自述》，第182页。

② 王锡彤：《抑斋文集》卷五，1939年线装铅印本，第21页。

第一节 受命协理自来水公司

作为著名的实业家，京师自来水公司任上的王锡彤，值得人们关注。

近代中国公用事业史上，清末民初的京师自来水公司占有很重要的位置，它比较有效地解决了北京市区的用水问题。在京师自来水事业发展过程中，王锡彤起了重要作用。在相当长的时间内，作为该公司的主要管理者，他殚精竭虑，苦心经营，使得京师自来水公司在政局动荡之中蹒跚前进。

进入20世纪，一些受到洋务运动和维新思潮影响的人，多次向清廷的农工商部建议在京师兴建自来水厂。光绪三十四年（1908）三月十八日，农工商部大臣溥廷页、熙彦和杨士琦等给慈禧太后和光绪皇帝上奏折云：“京师自来水一事，于卫生、消防关系最要，迭经商民在臣部禀请承办，……为京师切要之图，亟宜设法筹办。”接到慈禧太后同意兴办京师自来水公司的“圣旨”后，农工商部于当年三月二十八日再次上奏折，请示了筹办京师自来水公司的大致办法，建议公司的名称为“京师自来水有限公司”，性质为官督商办，任命周学熙为公司总理。公司运行一切按照大清公司商律办理，股本总额银洋三百万元，计三十万股，每股十元，只招记名华股，并由天津官银号担任招股收款事宜，在股本未收齐之前，先行垫款五十万两为开办经费。公司的建立，之所以得到了叶赫那拉氏的批准，说来这与袁世凯有关。“自来水之源起，本袁（世凯）公在军机时所创，当日慈禧太后以京中屡有火灾，疑革命党所为，问防火有何善政，袁公以自来水对，即责成袁公主办，袁公饬周辑之筹之，订机购地，正在举行而慈禧崩、袁公去位，幸以列入筹备宪政内得不废。”周学熙的后人周叔媜也有类似的记载：“吾祖既丁内艰去北洋，嗣人都为农工商部上行走，项城亦入阁。适慈禧太后以京师火灾迭起，问袁公以防火善政，因以自来水对。并举吾祖任之。”[①]1908年，周学熙筹办京师自来水股份有限公司，经清廷批准招商开办，企业性质系官督商办。民国后，公司曾更名为北京自来水股份有限公司。

自来水公司总理周学熙，字缉之，号止庵，曾在农工商部供职，又曾任直隶按察使和长芦盐运使。公司协理初为孙多森（字荫庭），坐办为马学庭。这三个人都曾是袁世凯的部下，屡经“宫保（袁世凯）提携”，领“宫保指示”来经办京师自来水公司。此外，公司中的“所有应用工程员司”，也“择要由北洋各局所商调借用”。而且，袁世凯还多次向慈禧太后奏明京师自来水厂的施工进展情况。由此可见，京师自来水事业一开始就受到了原直隶总督兼北洋大臣、时任军机大臣兼外务部尚书袁世凯的关注与控制。在自来水公司的发展过程中，袁世凯将其亲信幕僚王锡彤推上了主要的管理位置。

宣统元年（1909）八月十八日，王锡彤来到彰德，二十三日和袁克定一起进京，当晚入住袁府。九月初，会晤周学熙、孙多森。在诸多实业中，周学熙与孙多森都担任领导职务。时值京师自来水公司方在创办中，九月初五日，第一次股东会召开，王锡彤被推举为董事。按照京师自来水公司用人办事章程规定，担任公司董事的条件是：甲、年已愈冠，有本公司一千股以上者。乙、品行端正，毫无嗜好者。丙、才识优长，明白事理

---

① 周叔媜：《周止庵（学熙）先生别传》，沈云龙主编《近代中国史料丛刊》第一辑，（台北）文海出版社，1966年影印本，第41页。《周学熙自述》第21页。

者。丁、办理实业卓著成效或熟习商业情形者。[①]这些条件中，有一条王锡彤当时并不具备，那就是拥有该公司股份一千股以上者。王锡彤担任董事，是袁世凯的提议，且行使了袁世凯在公司股份的权利。

接着，王锡彤和孙多森到天津，转赴滦州开平视察煤矿，并到唐山视察启新公司洋灰厂。返京后，十月二日王锡彤迁居自来水公司，会见公司负责日常事务的坐办马学庭，王锡彤开始介入京师自来水公司的管理工作。

京师自来水公司，列入了清末筹备立宪清单，性质为官督商办，股款虽为商人集资，但三年内由政府保息八厘。总理、协理由商人推举，即由股东会推选，但要经由农商部札委，即要有官府委派差使的公文。另外农商部还要于丞参内派一人为监督。所谓丞参，是清末新官制，于各部尚书、侍郎以下设左右丞和左右参议，统称丞参。因之，丞参也指辅佐人员。宣统二年二月二十一日（1910年3月31日），京师自来水公司开股东会，推举王锡彤为协理。周学熙自叙年谱中有如下记载：1910年二月，京师自来水公司开股东成立会，举马蓒（字学庭）为总理，王筱汀（锡彤）为协理，而周学熙原为公司筹办大员，至此奉农商部奏派为公司监督。[②]

作为协理的王锡彤，在自来水公司的职责是什么呢？宣统元年九月二十日（1909年11月2日），京师自来水有限公司为拟定用人办事章程事致农工商部呈文中明确写道："协理助总理筹办公司一切日行事件，以辅其所不及。凡总理权限以内之事，协理均有赞襄之责。总理因事他出，以承总理之付托，照章执行总理一切事权。"[③]三月二日，农商部札委的公

---

① 北京市档案馆、北京市自来水公司、中国人民大学档案系文献编纂学教研室编：《北京自来水公司档案史料》，北京燕山出版社，1986年，第36页。

② 周小鹃编：《周学熙传记汇编》，甘肃文化出版社，1997年，第32页。

③ 《北京自来水公司档案史料》，第42页。

文发到自来水公司，已任农商部丞参的周学熙为监督，原公司创办时的坐办（清制，非常设机构中负责日常事务的称为坐办，地位略次于总办、会办）马学庭为总理，王锡彤为协理。原任自来水公司总理的周学熙，因兼有多种职务，公务繁多，改为监督。原协理孙多森已经外放直隶劝业道道员。王锡彤当选为公司协理，实际上成为公司日常事务的主要管理者之一。

1912年，周学熙任财政总长时，王锡彤曾经代理公司总理职务，并负法律责任。自此到民国11年（1922）6月辞去自来水公司协理、董事之职，王锡彤经营自来水公司达十三年之久。

京师自来水公司自光绪三十四年（1908）四月开始筹建，建立了总公司及十个分局，筹集资金，购置器材，勘测水源，建设水厂，铺设管线，用了二十二个月的时间，为保证施工进度及工作效率，周学熙等人颇费心思。

宣统元年（1910）十二月二十日起，自来水公司在《爱国报》《北京日报》《帝国日报》上刊登广告，宣布二十二日（1910年2月10日）起分段正式向北京城内供水，在一个星期之内，不论是否购买了水票，一律免费赠送用水。[①]

京师自来水公司开办伊始，就遭遇到了重重困难。首先是资金不够充足。公司的性质是官督商办，但是“官本一文不名，商本仅三百万，实则不过二百七十万，盖有十股加一股之虚数在内，故运用殊难充足”。另外，一种新事物的诞生，不免会受到一些人的怀疑、反对甚至造谣中伤。据史料记载，该公司“比一开办，内城满人以为洋水，疑畏不敢饮”。对此，自来水公司于1910年年初在致《白话报》主笔等的函件上写道：“敝公司开办自来水，系禀遵先朝（指光绪朝——引者注）谕旨，为卫生、消

---

① 《北京自来水公司档案史料》，第60页。

防起见，所集者华人之股，办事者亦皆中国之人，久在洞鉴之中。开市以来，消防之功，有目共睹，毋庸再赘。”“而怀疑观望者，当不免为谣言所惑。”希望媒体刊登广告，发表论说，鼓吹文明。随函附录的“白话广告”，有如下内容：

诸位街坊台鉴：

我们公司办这个自来水，是奉皇上旨意办的，全集的是中国股，全用的是中国人，不是净为图利啊。只因水这个东西，是人人不可离的，一个不干净，就要闹病，天气暑热，更是要紧。所以开市以后，凡是明白人，没有不喜欢这个水的。又有一种不明白的人，愣造谣言，说是洋水啦，洋胰子水啦，我们傻同胞，也就有信的，龙头安到门口，也是不要。唉，京城地面，还是这样不开通，那也没有法子。

介绍自来水概况的广告中，说明自来水刚从水龙头流出时，因管内压力冲击会有水泡现象，但很快就消失，绝非“洋胰子”（肥皂）水。广告对自来水检验的各种化学成分进行了详细公示，说明其水质“于人的卫生上极为有益，大家吃着，没有身体不强健的”，“将来能够人人信用这个自来水，可就人人同登寿域了”。[①]

自来水公司招收学徒，报名者倒是很踊跃。四月初七考试，应考者达四百多名，第二天复试，录取十六名，素质还算不错。公司虽面临许多困难，但同人关系十分和谐，所用之人也还算谨慎尽职尽责，服从指挥。

经过宣传与试用，自来水这个新生事物逐渐被人们接受，很快，市民购水踊跃。但是，自来水的兴起与繁荣引起了一些既得利益者的不满。“北京全城人民饮水向归井屋供送，由来久矣。惟各井屋皆为山东人所经营，则此项事业不啻为山东人所专有，团结甚固，垄断居奇，对于用户时

① 《北京自来水公司档案史料》，第60～61页。

有强横举动，居民受欺忍痛已非一日，有力者多改用自来水……”一些把持着城内大大小小水井的“水阀”，“结党居奇，对于用户待遇极苛”，稍不如意，即以断水相威胁。用户“不敢深较，人人切齿，无如之何”。自来水普及后，抢了这些人的生意，他们“动辄纠合徒众横肆阻挠”。公司一方面请官方弹压，一方面又为缓解矛盾，安置了失业的原来的水夫，雇用他们为市民送水到家。

宣统二年（1911）十二月初十，王锡彤的母亲病故。王锡彤回卫辉办理母亲丧事。因考虑要为母亲守丧时日较长的实际情况，便写信向袁世凯表示辞去自来水公司协理一职。宣统三年（1912）正月初三，袁世凯给王锡彤回复手稿内容如下：

小汀仁兄大人礼右：

客腊闻太夫人之丧，不胜骇愕。曾致薄奠，只增颜汗。承示已致函缉之，拟辞自来水公司协理一职。鄙意似可不必。执事百日期内，尽可经营葬事。公司事尚无多，百日后再行到差，当无妨碍。定儿明日旋京，已令其往告缉之，毋庸另举协理矣。手此，奉复。顺承孝履。

愚弟袁大功世顿首　正月初三日

复王老爷素启。用素纸。

【手批】：缮。交来人。[①]

次年二月初，周学熙、马学庭写信，请王锡彤回京到公司处理有关事宜。王锡彤回复，因为母亲守丧，不能前往。并表示，如果公司事务不允许他久在卫辉，可以另外派人接替他的职务和工作。因前有袁世凯来信的意见，王锡彤的自来水公司协理职务未变。

---

① 袁世凯：《复王锡彤函稿》（宣统三年正月初三日，1911年2月1日），《袁世凯全集》第十八卷，第623页。

1912年2月清帝溥仪退位，袁世凯任临时大总统。进入民国后，京师自来水有限公司更名为北京自来水股份有限公司，其机构与体制仍沿袭旧制，归北洋政府农商部管辖，王锡彤仍任协理。此间全市对自来水的需求量激增，但生产能力并未扩大，加上救火及清道洒水用水量越来越多，公司多次呈文农商部，希望得到一些补贴。但是在当时军阀混战、政局动荡的情况下，政府的经费拮据，对此无能为力，公司的营业也每况愈下。

第二节　开源节流，自来水公司艰难发展

京师自来水公司因为水源过远、干线太长，加之为了防火，不论远近街道都要埋设两条管线，遍设龙头，成本太高，以至于营业亏损严重。四月七日，自来水公司开股东会，鉴于营业赔累，商议是否将公司交由洋商代办，周学熙、马学庭、王锡彤一律辞职。这个意见一提出，舆论哗然，遭到大部分股东的反对。王锡彤在股东会上再三调停解释无效，只好决定延期再开股东会议。

王锡彤为此事夜不能寐，反复思量。他想到，清末成立自来水公司之初衷，本来是为了消防和保障市民饮水卫生。正因如此，虽然当局并未出官款，但为了投资人的利益，国家保息三年，去年又格外加息一年。如今大清已亡民国建立，国体已变，国穷已极，论理论法，都没有再请国家保息之理。但如果将股东血本付之外商，将来大权操纵在外国人手里，恐怕流弊更多，股东们的担心和反对意见自有其道理。然而公司之所以毅然打算走这步棋，并不是断送，只是包办性质。唯一让人忧虑的是，如果这样做，每年要付给洋商七千元为经常费，万一公司若每年赢余不到七千元，也仍然必须挖本金付之。与其这样，还不如以这七千元包归自办。采取裁员、减薪等措施，免去原来监督一职，总理、协理、董事均不支薪，这样从全部财物支出中节省下一部分，估计一年内可不赔本。以后营业渐进，

赚一厘分给股东一厘，赚二厘分给股东二厘，大约年四厘可望办到，想再多恐怕不太可能了。因为公司初办时，预算有问题，遗留的问题现在补救实在不易。

于是，王锡彤撰写了情况说明，他带着写好的文件到天津去见周学熙详细面谈。周学熙说：总理、协理不支薪水，总理马学庭赔不起，你能赔得起吗？王锡彤回答说：如果您担任总理，我可以协理名义协助您，但我决不支薪水。周学熙问：你不支薪水，靠什么养家？况且京城居住太不容易，应酬又广，无薪水怎么应付得了？王锡彤回答说：这些事我都翻来覆去想好了。纵然我辞去自来水公司协理职务，恐怕回老家也颇不容易，袁公子（袁克定）也决不放我回去。我有当初袁世凯委派随办营务薪水百两，兼任启新洋灰公司董事每月可得数十两，两项相加有二百元，足够用了。况且我在自来水公司任义务协理，吃住在公司，不用另外租赁寓所，又有饭可吃，有人可用，有电话可使，这不便利许多吗？周学熙说：只要我当总理，自然没有问题，我肯定与你同尽义务。但是我的事情太多，自来水公司的工作，一切就由你偏劳了！于是议定，以公司的最大股东天津银号名义出头，提出此方案。王锡彤4月12日返回北京，13日召开董事会议决，15日续开股东会，提出署名天津银号的议案，结果是全体股东赞成。于是，周学熙任自来水公司总理，王锡彤为协理，一切开支照预定办法办理。实际上，实行裁员、减薪，阻力很大，全靠周学熙毅然坚持，会上始得通过。

1912年8月6日，王锡彤奉袁世凯之命，赴天津劝周学熙就任民国财政总长。周学熙放心不下自来水公司和启新洋灰公司事宜，王锡彤慨允代办，实际上公司事务仍要请示周学熙，但在法律上王锡彤负责任。而且，总理的花红等收入，仍归周学熙。两人“相孚以道义，彼此均无隔阂也”。自此，到1913年5月周学熙辞去财政总长职务，自来水公司、启新洋灰公司两企业的总理职务由王锡彤代办，此前，王锡彤已经于1912年5月

10日接任天津启新洋灰公司协理职务，洋灰公司水泥厂在唐山，总部设在天津。

1913年2月19日王锡彤回自来水公司时，公司股东因公司营业无利，怨言牢骚颇盛，怂恿实行国有，以便收回股本。于是王锡彤前往谒见内务总长赵秉钧（字智庵，河南汝州人）、内务次长言仲远及时任财务总长的周学熙，商酌想以国库券给股东，股东们认为国库券不是现金，不可靠，不予接受。

1913年11月10日，自来水公司第四次股东会上，公布了由总理周学熙、协理王锡彤及董事会董事联署的营业报告，对近年工作诸如宣传自来水、裁员减薪以至应对政局动荡等做了总结，报告中还有全年营收事项：

> 综核全年，自壬子正月初一日起，至十一月二十三日即阳历年底止，名曰一周年，实计只十个月零十八日。考核街市售出水数共计一千八百二十九万余担，包月水价共计收洋七千三百余元，与上届相计，即专营一项，较多获洋五千余元。按之专管，此年未安之数，即如此按部就班，犹达二百余户，若更克已招徕，不计料价，设法普安，当必更有起色。此事甚为关要。另有提议一案，顷即宣布，兹不赘述。然是年出款既如此骤减，入款又不无稍增，揆之出入，虽尚未两抵，而其相亏之数，已较向年大有霄壤之别，未始非公司进步之佳境也。
>
> 至于上年特别会期股东之所提议国有补助一案，公司曾据呈无效，其详期已另案报告，因俟斯案解决，以致会期迁延。前本拟于八月举行，又适赣宁事起，交通梗阻，南中股东势难远来，因又缓期，而韶光如矢，今岁又将一年矣。兹观现今已往之年期售水情形，较之去年，进步又增，似此日新月盛，岁有不同，其发达景象，不出数年，可操左券，私衷庆幸，当亦众股东所期望，以冀达此目的者也。

这次股东会上，又讨论了国有补助的问题，仍然没有结果。

1914年1月31日，王锡彤致信内务总长朱启钤（字桂莘），谈北京自来水公司国有的问题。2月2日，又拜访朱启钤，面谈自来水公司事宜。4月12日，自来水公司召开股东会。会上有股东质询公司是否国有的问题，王锡彤回答说，已屡次与内务部交涉，朱总长力言并无国有其事。唯公司营业虽然渐有起色，但利润甚微，未能分给股东。①

1914年7月30日，王锡彤回北京自来水公司。时因张勋复辟围城，北京城中乱作一团。王锡彤回到公司后，抚慰在张勋辫子军围城中饱受惊恐的公司各位同人，设宴款待，并给予有关人员每人加薪一月。②

1915年4月18日，自来水公司召开股东会，报告公司运营情况，大体如下：自从王锡彤实行裁员减薪，总协理、董事、查账员均尽义务，不支车马费、薪水后，本届盈余二万余元。按股可分一厘之息，虽为数甚微，而股东之希望渐生。开会时，有人说，股东所得利息，实际上是总理、协理的薪水分给了股东。王锡彤意识到，这些措施只是节流，重要的是还要开源，要节流与开源两项并举。熟筹商业关键之要，不外开源、节流两端。为了进一步扩大生产规模，王锡彤吸收天津银号为最大股东后，局面有了很大的改观。王锡彤还曾打算向外国借债一百万元华币，但借款各国乘机提出苛刻条件，要求控制自来水公司，董事们和王锡彤断然拒绝。公司上下齐心协力，营业渐有起色，王锡彤未雨而绸缪，从每年的盈余中提取公积金若干，用于扩大再生产。这样，在没有借一分钱外债的情况下，公司规模日渐扩大。

1916年3月，自来水公司新造水池竣工，公司原有蓄水池是铁梁结构的。王锡彤督同工匠人等，经过几个月的反复研究试验，改用钢筋水泥制

---

① 《抑斋自述》，第200页。

② 《抑斋自述》，第248页。

造，又将新设计图纸送往唐山启新洋灰公司，请该公司负责人及工程技术人员修改完善，至此，用钢筋水泥制作的蓄水池终于大功告成。使用钢筋水泥建设蓄水池，造价便宜，且更结实耐用，效果很好。据此，身兼启新洋灰公司协理的王锡彤也判定，将来洋灰（水泥）的使用量会大大扩充，洋灰业前景大好，可望发达。①

1918年4月21日，在自来水公司股东会上，王锡彤提出辞去协理一职，股东们苦苦挽留不放。提出辞职的原因，是王锡彤觉得，自来水公司营业不发达，股东所得股利仅一分二厘，实在愧对股东。又加上当时他身兼自来水公司协理与启新洋灰公司协理两个要职，不可能常在一处办公，总觉得这样两头担任职务终非长久之计。

5月2日，王锡彤回到北京自来水公司，发现有一位经理私自开除同人，添派私人，任意干预员司各事。王锡彤对该经理进行严肃质问、批评，该经理引咎辞职。在当时，王锡彤这个做法是要承担点风险的，该经理本为总理周学熙所任命，周学熙是否会有不同意见呢？幸好周学熙并没反对锡彤的处置。此事件后，公司进行了人员调整，董事陈静涵兼任代经理，并将各局、所司事者调整，重新委派。王锡彤还特约旧友李夔堂任自来水公司稽核，以厘清公司各岗位负责人之权限，循名责实，便于考核。②

1919年4月20日，自来水公司召开董事会。会上报告年度营利，比上年稍有进步，但也不过四厘，比原额定八厘差了一半，此业绩虽然和王锡彤制定的预算相符合，仍与股东们的期望有不小差距。于是王锡彤在董事会上断然决定：此后，公司总理、协理薪水，董事、监察人的车马费，仍然一律不支，但提议发给民国元年义务债票一年，支出的总数也不过数千

---

① 《抑斋自述》，第234页。

② 《抑斋自述》，第254页。

元而已。[①]

1919年5月5日，老友、原自来水公司创办人、协理孙荫庭出殡，王锡彤送挽联曰：

风雨赋同舟，前于后喁，共仰纡筹真远大；

津沽惊恶耗，王朝千古，独悲创业太艰辛。[②]

挽联中的“喁”字，本意是鱼嘴向上露出水面的样子，形容众人景仰归向。此挽联既是送老友，也真实地表达了王锡彤自己内心的无限感慨。孙荫庭开始辅佐周学熙创办启新公司、北京自来水公司，均担任协理，王锡彤实继其后任。后通惠公司成立，孙荫庭为总裁，王锡彤为董事。再后成立的兴华资本团，两人同为创办人，华新纺织公司则同为董事。每与荫庭谈起创办一事，王锡彤感慨几经周折与磨难，实在太不容易。没想到荫庭刚刚过五十岁，便一病不起。物伤其类，荫庭的去世，使锡彤深悟“人生朝露”，不觉凄然。这也更加坚定他要辞去一些任职的决心。

自来水公司原来的售水方法分两种：一为安装水表计量收费，一为包额（包额也安装水表计数）。后因第一次世界大战爆发，从海外购置水表数量受到各方面的限制，遂将包额变通为包月。但包月的流弊也很大。因为京城住宅用水户按月收水费，但用水量无法限制，往往有以一个水龙头供应好几家用水的。

1920年9月6日，王锡彤召集公司各分局及两水厂同人，研究实行专门管道分别安装水表之法。受当时生产条件限制，本来就出水量不足，而包月售水流弊太大，所以商议以此作为补救之法。而此举，不可避免地又引起了轩然大波。北京市民邓熔致函市政公所，指出自来水公司对市民“虐待”种种，部分众议院议员也致函内务总长，痛斥自来水公司“压迫我内

---

① 《抑斋自述》，第265页。

② 《抑斋自述》，第268页。

地同胞”。自来水公司据理力争，后又不得不做出让步，答应每家应装水表均由本公司免费安装一只，如果超出，则另外收费，这样，此事方告一段落。历经种种困难，王锡彤不禁慨叹道：“营业之难殆不可为!”在举步维艰的环境中，王锡彤殚精竭虑，自来水公司一度也是惨淡经营。

1920年4月，自来水公司召开股东会，由周学熙、王锡彤、言仲远报告营业情况，说明营业利润较上年有所增加，每股派息三厘。

5月25日，王锡彤偕沙某及王某两稽查，出西直门沿玉泉河两岸勘视水源。因为自来水公司水量供应不足，周学熙日前有引玉泉山水的提议。经过王锡彤踏勘，知道玉泉山之水汇为颐和园之昆明湖，又浇灌园外稻田、莲池。其流向京城过程中沿途设闸，大约数十步即设有一个水闸，到德胜门外引入城中，历经积水潭、什刹海，流入宫中，注为三海。如果以玉泉河为水源，用抽水机一抽，上述各处会立即断流，看来此方案断不可行。26日，王锡彤又到东直门水厂，与陈静涵及两稽查详细察看研究，拟以水厂增添抽水机的方案解决供水不足的问题。9月6日，再次召集会议，研究专管安装办法，因当时水量不足，而包月销售自来水的流弊太大，故多次商议补救办法。9日，与西洋技师施陀尔到东直门水厂察看机器。

1921年1月8日，王锡彤回自来水公司，继续商讨专管安装水表的具体办法。2月5日，自来水公司有一件致大总统、内务总长及各督道的呈文。①

自来水公司致大总统、内务总长及各督道呈文

（1921年2月5日）

台鉴：

案查各国暨本国各埠自来水，均系按表售水，本公司开办之初，亦系安装水表，嗣因欧战发生，购表不到，始从权订有

① 以下两呈文均见《北京自来水公司档案史料》，第108页。

包月用水暂行简章，当于上年五月，业经登报取消。现在水表运到，是以布告用户，实行安表，本系恢复原状，并非格外行为。乃市民不察，曾有公民五六名赴市政公所呈诉，蒙公所转行警察厅，饬知暂缓前来。

查本公司无表售水，本系暂时从权，现时照章安表，实系自来水普通营业，况已经认可安表者达二千四百余家，似不能依照五六人之呈请，阻碍二千四百家之进行。拟恳鉴察，准予先尽认可之家安表，其不愿安各户随后再为解说，庶商业民情两无滞碍，不胜感祷。所具节略是实。呈

总统、内务总长暨各督道

2月10日，自来水公司又有一件致大总统的呈文。

自来水公司致大总统呈文

（1921年2月10日）

窃查自来水安表是中外各埠最普通、最公道办法，现住户愿安者已二千数百家，外人尤咸乐从，公司系遵商律组织，为法人营业，政府当予维持。而市政公所仅据少数人一纸朦禀，无理取闹，并不查询公司实情，遽请警厅布告停安，摧残实业，破坏商律。京师首善之区，中外观瞻所系，应请大总统发下农商部，秉公查办，以维商法。呈

大总统

3月11日，王锡彤从天津回到北京自来水公司，因为安装水表事又生出风潮。原北京用水户，按月收费，用水无限制。往往有装上一个水龙头供数家之用。现在一下子要装水表加以限制，这些用户感到不方便了，于是风潮骤起，市政公所也对公司安装水表一事加以干涉。董事中当日曾同意安装水表的，至此也暗中梗阻，公司营业越发困难。15日王锡彤找到总统府秘书长吴世缃、庶务长朱铁林，托他们出面疏解市政公所的阻挠，结

果仍不令人满意。[①]

5月16日，自来水公司股东会，议决事项有：改组股本为五百万元，以历年欠发股东定利补为乙种股；董事定额增加两人，查账员改称为监察人；总理、协理在董事中推举。这最后一条规定的出台，王锡彤是有用意的，是自己打了个小算盘。因为他知道原总理、协理由股东推举，而股东们又决不会同意王锡彤辞去职务。修改章程后，股东仅有选举董事权，无权决定总理、协理的任命，这无疑给锡彤日后辞去协理职务扫清点障碍。这次会上，王锡彤仍然被选为董事。会上还讨论了市政公所干涉自来水公司安装水表一事，王锡彤认为，公司营业权不能由官厅限定，提议以前安装水表者俱不收费，后安装者收初装费。这样看来眼前公司要吃点亏，但营业不会被官方剥夺，股东会上通过了这一意见。

1921年5月，由周学熙、王锡彤签署的第十三年度报告营业进展，称比上年度更有进步，售水共收入三十四万一千五百元，比上年增加五万零一百元，除去各项开支，纯利润十七万九千四百元。再提取五万元机器设备折旧费外，净余之款可给股东每股派息四厘。数目虽然依然无多，但当此标本并顾之日，能够循级而进，想也能够为股东所谅解，也可以令人对前景感到乐观。况且上届常会时，拟借款扩充西城干管及添建东水厂水池两大工程，已于去岁一律竣工，并于孙河水厂加筑一同水池，三项工程共用洋九万四千余元。此项基础已立，上年虽因池工未竣，水力未充，未敢尽力装安专管，仅安至三百余户，然总计专管家数已达五千多户。此后营业方针，重在就此已有户数一律改装水表，又经数年经营擘画，因欧战未能达到计划的水表，已分批运抵到京，想此后依序进行，营业前途定可日渐趋于正轨。[②]

---

① 《抑斋自述》，第299、300页。

② 《北京自来水公司档案史料》，第97页。

6月1日，自来水公司开董事会，仍然没有批准王锡彤辞去协理一事，但另推举陈静涵为专务董事，以便王锡彤回天津承办启新洋灰公司等其他企业事务时，董事中有负责之人。王锡彤在《致自来水公司董事会书》中，力陈辞职之理由及推举陈静涵代行协理之职。现将这封信全文抄录如下，以见当时经历之事与王锡彤的心境。

致自来水公司董事会书

敬启者：

窃锡彤滥竽协理十有余年，于公司毫无裨补，徒以众股东委托之殷，诸君子推毂之雅，未敢于营业困难之时恝然求去。所幸者周总理主持于上，自民国七年又得陈董事静涵之君担任经理一职，公司事始渐有进步。此后用户普安水表，收款当然加多。惟内政外交当然日益烦难，非有法律上负责之人常川坐镇，其中难免不滋贻误。况总理总其大成，遥制可也。协理本事务员，安有遥制之理？本年股东会中沥诚恳辞职，斯之故。又恐众股东以锡彤效力有年未支薪水，不忍于公司稍有起色之时遽予放免，是以于众股东之前曾以种种不能兼顾之由详细声诉，并预告以新章实行或另推总协理，或本总协理委托之代理人，均可支半薪等语，实预为今日地步。昨日董事会乃仍蒙推为协理，叠承宠任，益复悚惶。诸君子皆多年老交，谊同金石，视锡彤鬓发如霜，精神耗竭，安忍过加驱策，徒以爱之过甚遂忘其昏眊耳。然锡彤反复自思，当其年少气盛，材力本不如人，近年马齿日增，且兼职日众，长此不已，一己之生命不足惜，如偾事何？惟有仍恳诸君子另推协理，常川驻在公司，于公于私均为有益。如必不见谅，请即以陈君静涵代行协理职务并照股东会中宣布之言给协理半薪。将来呈部文中锡彤仍可列名，即将来新股票发行，锡彤亦可仍行签章。庶对外一方面锡彤负责，内部诸事不至往返请命，耽误事机。此实锡彤最后力求圆融办法，万乞俯允备案为幸。

与此同时，王锡彤还给周学熙写了一封信，信的内容如下：

致自来水公司总理周缉之书

自来水公司股东会已过，并照新章于董事会中，推定钧座总理，锡彤仍厕协理之列，想书记已当呈告。窃惟总理创办此局，内而股东及同人，外而政府及各交际场，视线全注总理，其不能辞者，理也，亦势也。协理为事务员，既不能常川到京躬亲营业，亦复长此遥制，殊属不成事体。应即履行在津侍坐之约，以陈董事静涵代理此职。倘以股东会中业已挽留，董事会上大众推举不能私相授受，则对外之事仍由锡彤负责。如政府递呈股票签章，则协理名下仍以锡彤之名行之。董事会中，亦可列席。惟公司内部则由静涵直接商之总理，不再过锡彤之门，庶公事直接处理，稍觉圆活。倘邀俞允，并应照锡彤在股东会所宣言，支给协理半薪。至经理一职，仍由静涵兼代，自应兼薪，否则百五十元之协理半薪不足酬应。或另给交际费亦可，并请筹酌示下为荷。

王锡彤在致陈静涵的信中说："自来水公司自得公经理其事，始有今日。此非弟一人私言，众股东之公言也。""弟已函致董事会，再为控辞并声明，如不相谅，即以阁下代理。此为最后力求圆融办法，务祈俯鉴下忱，惠允照行，俾私心稍安，实为感纫。"①

1921年7月6日，自来水公司董事会上，议再召集股东临时会议。27日，股东临时会通过送安装专管水表事并以后添加由孙河至东直门水厂主干管线一道。

① 上述三封信，见《抑斋自述》，第309～310页。

1922年6月5日，五十七岁的王锡彤致函自来水公司董事部，再次请辞协理。

敬启者：

鄙人承乏本公司协理以来，已十有三载。虽竭蹶从公。幸无陨越，然事业发达之后，非有重要职员坐镇其间，实业前途即有可虑之处。鄙人衰病之躯，曾于上年股东会中竭诚控辞，未蒙允准。忽忽又是一年，且复公推前职。鄙人所领之启新公司协理，近来添机愈多，应付愈繁，计旷职之日既多，丛咎之处愈重。若复长此恋栈，实属内疚神明，外惭清议。应请董事诸君俯鉴下忱，准予辞退，另推年力富强可以常川在公之人担任此席，鄙人谨馨香祷祀求之。特此上布，敬恳董事诸君照准为荷。[①]

6月7日，自来水公司董事会开会，经过再三讨论，终于同意周学熙、王锡彤辞去总理、协理之职，但仍为公司董事，参加董事会。总理、协理，由傅沅叔、林子有继任。

1922年7月，总理周学熙、协理王锡彤签署的第十四届年度报告中称，年度总收入三十二万二千三百元，除去开支，纯利润十五万四千五百元，可派发老股股息三厘，新股股息一厘五。之所以营业效益未能优于上届，原因有二：一是铜圆比价低落。上年铜圆价骤低自十五六吊甚至十七吊以上，实为最近一些年来所罕见，这样按市价折合成洋钱暗亏甚巨；二是初次改水表，交涉频繁，实行之期已至五六月，次第改设直至年底尚未完全完工，重重阻碍，莫可言宣，施工直接间接受到很大影响，致使改表计划不能完成。

在这次年度报告开篇，周学熙、王锡彤便指出，本公司营业已经到第

① 《抑斋自述》，第316页。

十四年度了，公司投入资本之巨，水质之优，供给京城地方之广，惠及人物之盛，生产出此有关人民健康饮料之自来水，他们没有理由不将公司搞好，但迄今公司未能发达，实非当初意料所及。近年虽然说稍有起色，但也是蝇头小利，不足为慰。他们任职多年，惭愧至极。上年修改公司章程开始，他们期待去职让贤，但仍承董事会公举为总理、协理，不得不力任其难，以冀将公司营业达于比较理想的境界，以告慰诸位股东。无如事与愿违，难奏速效。报告的最后，周学熙、王锡彤再次强调，公司事务既烦且重，要求总理、协理必须常川驻京主持，而他们二人均因天津方面事多不克分身，已于前月函请董事会另推新任总理、协理，退而只任公司董事，期望时局敉平，营业日增，公司能够如同人们期望的那样得到顺利发展。[①]

1924年11月24日，王锡彤有《致陈静涵辞自来水公司董事书》，再辞董事。信中说：

> 兹有恳者：自来水公司董事一职，弟前函请辞，昨接来函仍不获命，仲远先生亦复敦劝。弟何敢固执前言，再三哓渎。惟当日受董事之始，实存一借此下台之心。若竟长此因循，实觉神明内疚。且公亦知周四先生（指周学熙——引者注）坚辞总理之意乎。当改包月为安表之始，因弟一人主张而总理未加制止，遂出纠纷。故周四先生引咎辞职，其借迁居为名者，留弟局面也。今失察者辞职已去，主动者腼颜仍留，不惟非周四先生功罪分明之心，亦违弟平日循名核实之意。公身在局中，前后情形了了于胸，当知弟言非伪。虽傅、林两公过加关注，其如良心之督责何？兹特将公司挽留之函送归尊处，祈婉告傅、

① 《北京自来水公司档案史料》，第99页。

林两公收回成命，勿再垂爱。肺腑之言，当蒙鉴察。[①]

1925年7月3日，自来水公司开董事会，议决陈静涵代理协理。12月3日，王锡彤辞北京自来水公司董事。他在《辞北京自来水公司董事书》中写道："窃鄙人年老多病，对于本公司董事一职屡经辞退，亦屡经挽留。惟诸公之属望虽殷，而鄙人之年华已暮。近日将启新、华新两公司各项职守均已辞谢，则本公司董事一职当然不能再留。即请准予辞退，万勿再行维縶为何。此上董事诸公查照。"[②]

袁世凯去世后，军阀在京轮番执政，战争连绵不绝。大大小小的军阀多把自来水公司看成一块肥肉，利用各种手段横征暴敛，肆意搜刮，动荡的时局直接影响了公司的正常运作。1924年4月15日，直、奉两军于孙河镇激战，奉军两连骑兵将孙河水厂包围，"枪炮交加约半时许，小机器房微受弹伤数处，钢水罐亦受流弹数处"。同时，奉军进入孙河水厂搜查直军，未搜到直军，倒将水厂"缮校的眼镜一架掠去"。此后，奉军又开始开炮，水厂附近的百姓"闻风心惶更色，立即纷纷来厂避难，约有四百余人，厂内不过供给柴水两项，亦无其他可供。每日均有军人来厂，加意恭维"。[③]王锡彤的心里很明白，北京自来水公司任职期间，"中经危难，外侮迭起，强欲退避又迹近畏葸，虎狼政府已可以少数填其欲壑，若再不坚辞，恐遂无脱身之日也。"

王锡彤1909年任北京自来水公司董事，1910年担任公司协理。1912年，周学熙任财政总长时，王锡彤以协理代理公司总理职务，并负法律责任。直到1922年6月辞去自来水公司协理之职时，王锡彤经营自来水公司

---

① 《抑斋自述》，第327页。

② 《抑斋自述》，第345页。

③ 郑永福、谷银波：《王锡彤与京师自来水公司》，《中州今古》2002年第2期。贾熟村：《袁世凯与北京自来水公司》，《衡阳师范学院学报》2013年第4期。

达十三年之久。他在北京自来水公司的十几年的管理工作中，兢兢业业，尽职尽责，特别是在公司扩大基本建设及改进营销手段等“开源”方面，取得了一系列的业绩，得到了公司上下领导和员工们的认可。而在“节流”方面，精打细算，“款无巨细较及锱铢”，王锡彤自己带头不拿薪水，又规定部分管理人员也不拿薪水，不仅降低了企业运作的成本，更赢得了人们的尊敬，增强了企业内部的向心力。这些都是在企业面临困境时，得以正常运行的重要原因，也显现了王锡彤作为一名实业家的管理才能。

第一节　初任启新履职责

王锡彤于1912年起作为协理，为经营启新洋灰公司，付出了巨大的努力，并有不凡业绩。王锡彤次子王泽攽，曾在1927年后长时期担任公司董事，并曾任副经理，在启新洋灰公司的领导层中，也占据一定地位。所以，有人称王锡彤为“洋灰王”，其在北京香山植物园内的王氏墓，也有人称之为“洋灰王之墓”。但由此演绎说王锡彤是中国近代史上的“洋灰大王”，则要慎重。因为创办启新公司的是周学熙，周学熙是公司总理，王锡彤任协理，只是在周学熙两度担任财政总长时，短时期内代理过总理职务。王锡彤一生行事谨慎求实，如果知道后人称其为“洋灰大王”，想必他不仅不会同意，还会深感不安。他自己也曾说，1912年接任启新洋灰公司协理，“自是往来京津，皆秉承周缉之总理行赞助之职”[①]。

《启新洋灰公司史料》一书，根据历届股东常会案卷汇编的公司历任总理（后更名为总经理、经理）、协理（后更名为副总经理、副经理）及启新历届董事人名表，收录了王锡彤父子在启新洋灰公司任职情况，整理如下：

王锡彤及其子王泽攽担任领导职务情况：

1912—1927年，周学熙任总理，王锡

① 《抑斋自述》，第189页。

彤任协理。

1932—1933 年，李希明任经理，袁心武、王泽攽任副经理。

1933—1945 年，袁心武任经理，王泽攽、陈范有任副经理。

1945—1948 年，周叔弢任总经理，姒南笙任副总经理。

王锡彤及其子王泽攽任董事情况：

1909—1911 年，王锡彤任董事。

1927—1938 年，王锡彤任董事。

1927—1943 年，王泽攽任董事。[①]

王锡彤在启新洋灰公司占有的股份是多少呢？据启新公司第七届股东常会卷载，1918年3月，实注本身姓名有被选为董事之资格股东记名股数名单中有卢木斋8490股、李颂臣7290股、李希明4864股、周实之（周学熙之弟）3252股等，其中还不见有王锡彤的名字。

1920年启新公司第八届股东常会卷载：

兹将现任董事协理董事曾充董事会被举为总协理之资格者开列于左：周缉之（学熙）4800 股、陈一甫（维壬）4044 股、王筱汀（锡彤）3300 股、李伯芝（士伟）3000 股。

1921年5月，启新公司第200号卷上有如下王锡彤的简介：

王筱汀君：名锡彤，河南汲县人，前清丁酉拔贡，安徽赈捐案内蒙奖，以郎中双月选用，历保三品衔，分部尽先补用郎中，二品顶戴，分省补用道。曾任公府咨议，参政院参政，三等嘉禾章，历充河南清政学堂监督，实业学堂监督，北京豫学堂教务长，京师自来水公司协理，华新纺织公司董事，兼唐厂专务

① 南开大学经济研究所、南开大学经济系编：《启新洋灰公司史料》，三联书店，1963年，第174～175页。

董事，通惠实业公司董事，天津造胰公司董事，本公司协理。[①]

关于王锡彤的这个介绍，在此需要稍加一点说明。所谓“安徽赈捐案内蒙奖”，系在安徽受灾朝廷赈灾行捐纳筹款时，王锡彤以注直隶州判名义捐银四千余两捐了个候补郎中。清朝制度，间有每年逢双月选任官吏，称双月选，才有“以郎中双月选用”一说。

清光绪十五年（1889），中国近代历史上著名的洋行买办、清末洋务运动的积极参加者、开平矿务局总办唐廷枢，开办了唐山细绵土厂，这便是中国第一家水泥厂，也是后来启新水泥厂的前身。初建时的细绵土厂，原料取之广东香山县，要用开平煤船运至塘沽转厂，成本很高。加之窑磨容量小，造灰又不得法，生产销售数量有限，亏累不堪，遂于光绪十九年（1893）被迫停产。到了光绪二十六年（1900），开平矿务局会办、近代中国著名实业家周学熙，着手恢复细绵土厂，就原旧厂重新试办。聘请德国技师昆德，就唐山附近的黏土、石灰石悉心化验，取得上等洋灰之原料。同年，由于开平矿务局被英国资本家骗占，细绵土厂也落入英国资本家之手。1906年8月，周学熙从英人手中收回细绵土厂产权时，原股本亏损已尽，周学熙遂将该厂之固定资产作价偿还给股东结案，重新集资开办。1906年11月，开始募集商股一百万元。最初投资人，主要是周学熙、袁世凯、李世铭、卢木斋四大户。光绪三十三年（1907），唐山细绵土厂更名为“唐山启新洋灰股份有限公司”[②]。水泥商标定为“龙马负太极图”牌，俗称马牌。周学熙创办了唐山洋灰股份有限公司，并任公司总理二十年，为股东同人所推重。

1911年，启新水泥获意大利都朗博览会优等奖。1912年，启新洋灰公司向美国洛杉矶出口水泥一万余桶，一桶为一百七十公斤。这是我国第一

① 《启新洋灰公司史料》，第42～43页。

② 周叔媜：《周止庵（学熙）先生别传》，第14、28页。

次出口水泥。1915年，启新水泥获巴拿马国赛会头奖、农商部国货展览会特等奖。1919年，启新洋灰公司在国内所销售的水泥，占全国销售总量的92.02%，成为当时中国名副其实的最大的水泥厂。

应袁世凯之邀，1909年王锡彤自河南北上，成为袁世凯的幕僚，协助周学熙经营自来水公司，代行袁世凯在唐山水泥公司的股份，参与经营启新洋灰公司。

宣统元年（1909）九月初，王锡彤来到北京，会晤周学熙（字缉之）、孙多森（字荫庭）。十一日，到天津，拜访已经升为长芦盐运使的张镇芳（字馨庵），留住在张镇芳的盐运使公署中。

九月十四日，王锡彤偕孙多森赴滦州，视察滦州煤矿，同行者有陈一甫（名惟壬）。至开平，会晤李希明（名士鉴）。这三个人都是周学熙兴办实业的重要辅佐。到矿厂后，会见矿务局的监督孙稺筠及总稽察赵幼梅。孙稺筠系孙荫庭的叔父，名传棡，老成而不迂腐；赵幼梅名元礼，天津名士。王锡彤连日察看了马家沟、赵各庄、石佛寺、开平、古冶各矿后，来到唐山察看启新洋灰厂。十八日回天津，仍住在长芦盐运使公署。二十四日返回北京袁世凯宅。见袁甲三（袁世凯叔父，谥端敏公）之孙袁述之，袁述之将祖父的《端敏公集》及父亲的《文诚公集》委托王锡彤校正。

十月十一日，王锡彤在天津拜访周学熙。周学熙给予王锡彤滦州矿务公司副稽查一职，王锡彤辞而不就。

七月十一日王锡彤赴天津，到启新洋灰公司总部，出席公司召开的董事会。十四日，到唐山察看新建机器厂。当年，唐山水泥厂向丹麦史密斯公司购买旋转窑两台及生料磨和水泥磨各一台，采用半湿法生产，公司内部称之为内厂。十一月二十二日，王锡彤到天津启新洋灰公司开股东会，公司改造成完全商股，王锡彤被推举为清理人，次日签字接收。二十四日，滦州矿务公司召开特别会议，决定开平、滦州两矿合并为中英公司。[①]

1912年即中华民国元年，4月中旬，天津启新洋灰公司召开股东大会，王锡彤并未与会，但被推举为公司协理。启新公司原为官督商办，清时，其总理、协理是由直隶总督札派。至此，改组为完全商办公司，周学熙被股东推举为公司总理，王锡彤被推举为协理，这是股东行使职权之始。王锡彤任协理，月支薪三百银圆，因此前王锡彤在北京自来水公司已经不支薪水，可说是“得失相抵”。王锡彤说，这是袁世凯所推荐的结果，也有赖于周学熙的提携。启新洋灰公司总部设在天津，5月10日，王锡彤赴天津接启新洋灰公司协理任。用王锡彤的话说，他“自是往来京津，皆秉承周缉之总理行赞助之职”。19日，王锡彤回到北京，拜见袁世凯大总统，并汇报了启新洋灰公司及滦州矿务公司的有关情况。[②]

6月后，王锡彤几乎每月必赴天津公司总部处理相关事宜，或清理批阅公牍，或参加股东会、董事会。8月6日，王锡彤赴天津启新洋灰公司清理公牍，并奉袁世凯之命劝说周学熙出任财政总长。周学熙挂念自来水公司和启新洋灰公司两个公司的总理职责问题，王锡彤慨然允诺代理总理职务，有事仍然请示周学熙，但由王负法律责任，且总理一职的花红、薪水，仍然归周学熙所有。[③]

第二节　治理启新效绩显著

1913年2月7日，王锡彤到天津启新公司处理积牍。16日，参加天津造胰公司股东会，他被股东们选举为董事。造胰公司，即以近代工业方式生

① 《抑斋自述》，第176页。

② 《抑斋自述》，第188页。

③ 《抑斋自述》，第190页。

产肥皂的公司。3月15日，赴天津启新洋灰公司开董事会。

5月13日，王锡彤到启新洋灰公司办事。时周学熙已经辞去财政总长职务回天津养病，王锡彤代理总理职务也就此终止。

10月1日，王锡彤到天津启新洋灰公司办公，并参加滦州矿务公司股东会。6日，袁世凯临时大总统成为正式大总统，并于10日就职。

11月2日，王锡彤回天津，由启新公司寓居处迁居到法国租界新宅，5日启新公司召开董事会议。16日，到启新公司办公，由华丰兴业社借款给启新代办湖北水泥厂一事定案。这里还需说明一句，中国近代开始制造水泥的工厂，只有两家：一是唐山启新公司，一是湖北水泥厂。湖北水泥厂历年亏损，欠日本商人白银七十万两，濒于破产，有被日商吞并之势。这时由启新公司供给湖北厂白银一百四十万两，除清偿日方债务及其他零星小债外，剩余者作为流动资金。此笔钱系由启新厂产业担保，发行二百万元债票，年息八厘。[①]30日，启新洋灰公司在天津法租界14号路的新办公楼落成，公司移入办公。

1914年3月28日，启新公司开股东会，王锡彤带病出席。公司营业虽然不见优裕，然而每股票面百元仍分得赢利六元，老股一股作两股，则有一分二厘之息。故对于股东，信用上尚为满意。7月启新公司开董事会，讨论招募公债事宜。

1915年1月2日，王锡彤到启新公司办公。4日，拜访周学熙，传达袁世凯信息，邀请周学熙再次出任财政总长。时值周学熙到唐山去了，王锡彤马上赶赴唐山，力劝周学熙再次出任财政总长。23日，王锡彤介绍启新公司经理陈一甫、李希明拜见袁世凯。

3月5日，周学熙再任财政总长，王锡彤任启新洋灰公司、北京自来水公司两个公司的总理。12月1日，赴唐山启新工厂察看机器厂。

---

① 《抑斋自述》，第196页。

1916年3月，天津造胰公司开会，举王锡彤为董事。4月2日，启新公司在天津召开股东会，股东投票选举公司总理与协理，周学熙当选为总理，王锡彤当选为协理。[①]

1916年启新洋灰公司股东会上，王锡彤作为协理在工作报告中阐述公司运营前景时，特别强调水泥业面临国际竞争特别是日本商家竞争的局面，应该设法抵制。他指出，在此期间，轮船运输除无德国轮船行驶外，英、法及中立国船只，多数已各调回自用，而日本猛求水泥拓销市场，尤以大连之乌如大灰厂为最。盖大连港是个不冻港，海运到达上海，也仅仅用两昼夜的时间，轮船运输方便，运输成本也比较低廉。且日本轮船优先装运日本厂家生产的水泥，又得到日本国政府及船行的辅助，于是日本货乘势拥入，并压低价格，竞争售出。启新公司虽然设法抵制，但困难重重。[②]王锡彤讲这番话的目的，是提请诸同人要有强烈的危机感。

王锡彤报告中所讲的国际竞争情况确实不假。1915年以前，日本水泥虽然每年都有出口到中国，但数量有限，启新洋灰公司年产量也有限，而当时中国市场容量较大，进口水泥一时对启新公司的冲击还不算大。1915年起，进口的日产水泥数量迅速增加，启新公司的销售市场渐被蚕食，双方矛盾开始激化。早在1915年年初，启新公司就曾在上北洋政府税务处的禀稿中请求北洋政府税务处在税收方面给予优惠，征税时按照实际出售价格征收，减轻企业负担，同时也反映出当时市场竞争之大环境的急迫。王锡彤在股东会报告中提请同人关注市场竞争，增强忧患意识，是非常有头脑，也是非常必要的。

1919年12月18日，王锡彤为创办华新纺织公司到无锡、上海等地考察、办理购买纺纱机械设备相关事宜后，自上海抵达南京，又从南京乘轮

---

① 《抑斋自述》，第234页。

② 《启新洋灰公司史料》，第53～54页。

船出发赴湖北，考察并处理湖北大冶水泥厂有关事宜。

启新洋灰公司和湖北水泥厂，是当时中国制造洋灰仅有的两个厂家。湖北水泥厂因历年亏损，欠日商七十万两巨债，濒于破产，有将厂业折归债权转给日本的危险。经权衡、商议，由启新水泥公司以厂业担保发行兴业债票二百万，所得款项一百多万借给湖北水泥厂，清偿债务，并由启新接管经营湖北水泥厂，以保全国产，且任命周学熙的族叔周谦（字吉如）为该厂管理。地处湖北大冶黄石港明家嘴的大冶湖北水泥厂，于光绪三十三年（1907）开始创办。该厂由福建清华实业公司总经理程祖福，根据当时湖广总督张之洞的指示招商，集股白银三十万两开办的，1909年5月2日建成投产。1914年4月，大冶湖北水泥厂将经营管理权让渡给河北唐山启新洋灰公司，并且更名为“华记湖北水泥厂”，同年10月被启新洋灰公司正式兼并。王锡彤此次湖北之行的目的，是以协理名义前去视察水泥厂，处理相关事宜。

王锡彤一行于1919年12月22日抵达汉口，次日乘小火轮到大冶水泥厂。24日，察看工厂、码头和库房。水泥厂管理周学熙族叔周吉如宴请了王锡彤一行。25日，王锡彤拜访了日本大冶铁厂债权之监督人西泽公雄及其助手小野，又晤见日方在华经理季冠山及黄绍山、魏兰孙。晚间宴请诸人，并邀请海关关员葡萄牙人伊米拉出席。该海关系汉口海关派出，专门督察铁厂、水泥厂之出口税。27日，乘京汉铁路火车北行。31日赶回天津。①

此行，王锡彤写有《大冶杂感二首》②，原诗如下：

其一

大冶山岩铁质良，高轮巨舶运东洋。

---

① 《抑斋自述》，第277页。

② 《抑斋自述》，第284页。

洪炉我乏烧丹妙，利器人夸铸剑忙。
二百万元真卖国，六州一错悔通商。
残峰断岭应羞死，不作中朝百炼钢。

其二

大局九牛剩一毛，水泥事业属吾曹。
扼喉据吭人犹在，补缺拾遗我独劳。
仰面天骄增感喟，伤心地瘠尚訾嗷。
热腾腾血何方洒，四面云山助郁陶。

诗中表达了王锡彤对自通商以来外人把持中国资源及中国工业产业之悲愤，也流露出将启新水泥事业办好而尽自己努力的决心，同时也针对当时兴办企业的不良环境抒发出心中无比的郁闷。

1920年3月12日，启新公司召开第八届股东会，王锡彤在会议上特别指出，现在最可怕的就是日本水泥的输入量越来越大，日方运到中国的水泥总量，已经与启新公司运往南方各地的总量相同。据统计，1917年中国从日本本土进口的水泥为306,060担，1918年增长到591,114担，而到了1919年则高达1，056,255担。且日货水泥除从日本本土外，还间接从其他国家和地区向中国输出，实际上，日本水泥在中国进口水泥中已经占据了第一位的位置。①

1921年，启新水泥公司销售势头大好，这一年度为启新公司极盛之时，每股票面百分之十四利息。旧股一股折算两股，利息为二分八厘。于是股票价格骤涨，每股百元的票面，价值增加到一百三十元。

为解决湖北水泥厂的有关问题，王锡彤特又再赴湖北考察。1921年6月2日晚，王锡彤乘京汉路火车赴汉口，启新水泥公司技师德国人昆德一同前行。6月4日上午9点抵达汉口，湖北分销宝昌公司经理丁梅亭接站，

① 《启新洋灰公司史料》，第48～49页。

住福昌旅馆。午后渡江游览黄鹤楼，王锡彤赋诗一首：

登黄鹤楼有感[①]

何日仙人跨鹤游，岩城终古建高楼。

江流东去波涛壮，汉水北来气概遒。

为叹中原空逐鹿，谁怜逝水有浮鸥。

尘容俗状吾将老，愁对青青鹦鹉洲。

诗中反映了王锡彤面对国家命运的感叹，也透露出面对自己老之将至的无奈。王锡彤在湖北数日的行程，可谓时间安排紧凑，公务十分繁忙。

5日一早，王锡彤即乘汉冶萍公司小火轮赴大冶，丁梅亭偕行。午后至黄石港下船，周吉如及诸同人来接，住大冶水泥厂。6日，察看机器及库房。访日本方西泽公雄。晚周吉如邀请德国技师昆德及同人聚餐。7日，王锡彤带领昆德技师勘察江岸码头地况，认为该地环境条件适宜，打算设法购买。大冶铁厂经理季寇山、黄绍山宴请。8日，邀请日本方西泽公雄、小野医生及昆德技师、丹麦技师瑞满，还有大冶铁厂及启新水泥厂方面的同人周吉如等聚餐。晚8点乘大冶小火轮返回汉口。次日早9点至汉口下船，才知道武昌发生了兵变，烧抢一夜，汉口宾馆避难者人满为患。丁梅亭邀请王锡彤一行住到其宝昌公司。京汉路一度梗阻不通车。

10日早，王锡彤乘京汉铁路火车北行。过孝感时见被击毙的大兵尸体累累，道路左侧红十字会正在收尸掩埋。据了解是昨日兵变后，湖北督军将兵变人等引诱至孝感，一律枪毙。王锡彤见此悲惨情景，不禁伤心感慨，写诗纪之如下：

过孝感见击毙变兵横尸路旁，不觉慨然为诗吊之[②]

都是燕齐侠少年，曾扬威武佐戎旃。

---

① 《抑斋自述》，第308页。

② 《抑斋自述》，第311页。

忽闻瘈狗当都邑，竟作贪狼横市廛。

幕府沈机图陷阱，健儿亡命葬硝烟。

累累道左皆雄鬼，过客伤心为慨然。

1921年8月8日，王锡彤偕李希明等到启新公司唐山工厂，全天一直下雨。9日察看新建洋灰厂工程和启新公司投资兴建的华新纺织公司唐山纱厂工程。

这一年，启新公司唐山水泥厂进行了第二次大的改造，新购买丹麦史密斯公司生产的大型旋转窑两台，四台生料磨，两台水泥磨，公司前已经有了甲、乙两厂，新建立的两个厂称作丙厂、丁厂。

第三节　应对罢工刚柔兼用

1922年9月24日，王锡彤到唐山水泥厂视察新添置的工厂工程进展情况。次日，察看新式洋灰灰栈及机器修理厂。午后回天津。

10月22日，开滦煤矿工人罢工。与此同时，唐山水泥厂工人也于10月28日开始罢工。王锡彤连日奔走唐山当局，谋求解决办法，并致函直隶省省长请求帮助。直隶省警察厅厅长杨某到唐山弹压数日，“恩威并用”，直到11月17日工人才开始复工。开滦矿务局损失很大，唐山水泥厂损失也实为不浅。王锡彤是滦矿股东，又是唐山水泥厂和华新纺织公司唐山纱厂及唐山水泥公司的负责人，立场站在资方，感叹“中国工艺未兴而工潮先闹，好出风头者实阶之厉”[①]。而工人劳动条件、生活状况如何，为什么要罢工，王锡彤的日记中只字未提。

为全面了解当时情况，这里有必要对这次大罢工作一简要介绍。

1922年10月，河北唐山开滦煤矿工人为争取自身权益举行了大罢工。

---

① 《抑斋自述》，第315页。

开滦煤矿包括唐山、赵各庄、林西、马家沟、唐家庄五个矿，矿工共约五万人。年产煤400余万吨，占当时全国煤产量的20%。开滦煤矿创办于光绪四年（1878），是中国最早使用机器开采的规模最大的煤矿之一。起初由中国官僚资本经办，后因资金不足借贷英款，变为中英合办，实际上成为英国资本控制的企业。开滦煤矿工人大罢工，是为要求增加工资和改善待遇。在1922年全国工运罢工高潮中，开滦煤矿工人特别受到了唐山、山海关两处铁路工人罢工胜利的鼓舞。中国劳动组合书记部在唐山工人中的宣传工作和组织工作，为这次大罢工进行了思想上和组织上的准备。开滦矿工所遭受的压迫剥削，较其他各业工人，更为残酷和严重。矿井生产条件恶劣，工人生命没有保障，工作时间名为8小时，实则16小时，煤矿工人因遭受中外资本家双重压榨，必须每天连作两班工方能勉强维持生活。开滦煤矿和当时国内其他矿山一样，一般都采用包工制。工人出卖劳力，却不能与资本家直接交易，矿局每日给工人工资仅合银圆两角，中间还要经过包工头的盘剥。此外，矿工们还经常遭受一些军警的敲诈勒索和洋人的凌辱欺侮。

中国共产党自成立时起，就对开滦煤矿工人予以极大的关注。中国劳动组合书记部曾先后派邓中夏等到唐山工人中进行宣传组织工作。10月上旬，京奉铁路山海关铁工厂罢工取得完全胜利。中共唐山区组织为推动唐山地区工人运动迅速走向高潮，于10月10日召开京奉路山海关铁工厂罢工胜利祝捷大会。开滦煤矿工人也派出代表参加大会。会后，代表积极联络工人群众准备成立工会。10月13日，京奉铁路唐山制造厂三千多名工人宣布罢工。

随着唐山工运形势的发展，开滦矿工也开始为提高工资、改善待遇而斗争。结果遭到矿局资方拒绝。同时矿方得到直隶省警务处支持，由天津增派二百多名警察开往唐山，负责保护各矿，镇压工人运动。10月19日，开滦矿工在唐山召开大会，正式宣布成立五矿工人俱乐部。10月21日，京奉路唐山制造厂工人罢工取得完全胜利。开滦工人受到极大鼓舞，纷纷要求组织罢工。林西矿工人俱乐部派代表向矿方提出了五项福利待遇的补充要求，再次遭到矿方拒绝。并且有六名工人代表被矿方监禁。22日，中国劳动组合书记部特派员彭礼和、唐山共产党组织负责人邓培召集会议，决定于23日早晨6点，开滦五矿举行同盟总罢工。在罢工期间，动员唐山铁路、唐山华新纱厂、唐山水泥厂工人及交通大学等校学生，援助开滦工人的正义行动。这样，开滦煤矿工人的反帝大罢工终于全面爆发。24日，罢工总指挥部进一步向矿方提出四项要求：（1）开滦矿务局应承认五矿工人俱乐部有权利代表全体工人。（2）以后厂矿中雇用工人及开除工人，必须经职工会委员会即工人俱乐部通过。（3）罢工期间工资照发。（4）每年应给工人两星期假日，每三年应给予两个月假日。休假时应发付全部工资。同日，五矿俱乐部发表了开滦三万多工人总同盟罢工宣言，诉说矿工的悲惨生活和资本家虐待工人的罪恶，呼吁全国各界声援和支持，很快得到全国各地响应。唐山铁路工人、启新洋灰公司工人、交通大学学生等纷纷援助。开滦煤矿大罢工使整个开滦生产停顿，矿局惊恐万分。26日，英国各舰调遣军队，唐山警察局出动保安队镇压罢工，警察逮捕七名纠察队员，随后工人集合在警察局门前进行抗议，要求立即释放被捕的工人。双方发生冲突。警察开枪打死工人一名，重伤七名，轻伤五十七名，造成流血惨案。当日，罢工总指挥部发出五矿工人同盟罢工第二次宣言，揭露了矿局资本家指使警察制造流血事件的罪行，呼吁全国同胞“主持公道”，给以援助。10月28日，启新洋灰公司八千余工人举行了声援开滦工人的同情总罢工。不久，唐山交通大学全体学生举行罢课，支持开滦工人的罢工斗争。由于罢工规模越来越大，北洋政府决定予以镇压。军警陆续调往唐山，至10月底，总数共达三千余人。同时，资本家为尽快将罢工镇压下去，还使用饥饿手段迫使工人复工，矿方不再供应集体伙食。11月4日晚，直隶全省警务处派员封闭了五矿工人俱乐部和启新洋灰公司工会，劫走了各地援助的经费、物资和文件，逮捕了中国劳动组合书记部特派员彭礼和，并解散了工人纠察队。在这紧急关头，中国劳动组合书记部主任邓中夏亲赴开滦，深入工人群众，宣传罢工意义。矿工们坚持斗争，并组织代表团进京请愿。鉴于罢工持续时间较长，资本家利益受到影响，并且迫于外压内讧种种原因，厂方不得不放弃强硬手段，寻求妥协以结束罢工。矿局资本家还与包工头勾结，在工人中进行欺骗活动，诱劝部分工人复工。此外，工人坚持罢工20多天，生活已经十分困难，复工人数日渐增多。11月15日，开滦矿务局及直隶省警务处贴出布告，公布了工资百元以下的上涨十分之一和罢工期间发给7日工资的退让条件，并威胁工人如再不复工，矿上就另招新工。各矿驻军的军官出面调停。林西和赵各庄矿出现了罢工委员会的复工布告，赵各庄矿宣布将于16日复工，17日林西矿也复工。随后，唐山等矿也分别在19日前复工。至此，坚持了25天的开滦五矿同盟总罢工宣告结束。

启新洋灰公司的工人，分为里工和外工两种。里工是公司直接雇用的工人，1922年前工人工资很低。里工依工作性质不同，分属于九牌，即相当于九个车间，如一牌为原动车间的原动工、二牌为制造车间的制造工等。一般技术工人每日工资有四五角，普通工人的工资则只有二角二分，工作满一年后，如果工头认为成绩良好，日工资可以增加二分，但以增至三角二分为上限。至于外工，实际就是外包工。厂方根本不承认是启新的工人。启新公司将诸如采运石料、烤土、推堆灰块、挖运土、修理破车、运煤运砖等工作包给大包工头，大包工头再把工作分给小把头，之后招雇工人来干活。外工的工资即完全由包工头任意决定，其境遇更加不堪。启新公司工人工时通常每天十小时，冬天每天减少一小时，但要扣除十分之二的工钱。如果工人因工受伤，厂方不但不给药费，还要开除工人。其实，早在1921年中国共产党成立以前，启新洋灰公司的工人因为生活贫困、不堪忍受厂家的残酷剥削与压榨，已经有向资本家要求提高工资等的自发斗争。如1920年4月启新洋灰公司洋灰楼二牌六百余名工友，因工资低，停工三小时以示抗议。先是将锅炉熄火，然后包围公事房大楼。当时的启新公司总办李希明出来讲话，声言政府禁止罢工，工人罢工不合理，不能涨钱，如涨钱得上天津总公司，在唐山不能解决。工友们要求涨一角钱，李也不答应。工人集合准备进一步行动，李希明给当地军警打电话，来了三百多名军警进行镇压，捆绑了三十多名工人。在这种态势下，工人被迫复工。①

1922年大罢工风潮中，启新工人于10月28日上午11点三刻，全厂停止生产。九千人参加，后来有的职员、巡察、打更的、听差的也加入停工队伍。工会组织领导人对工友们说："我们要守秩序，保护机器，防备资本家给我们扣帽子。"罢工得到社会上一些人的支持，有个小贩联系同街上的饭铺，用排子车给罢工工人送馒头。罢工第三天，工人提出了十一个条件，由工友董玉露递给资方。条件是：

1.每人每天增加一角，不分大小工。

2.工人因公受伤在家休养，病愈后不准停工。

3.工人无故不犯厂规，不许辞退；工人自己可以辞。

4.礼拜日要休息，礼拜日上班给双工资。

5.一年增加一次工资。

6.外工改里工，取消包工。

7.冬天不准抽点，抽点不抽钱。（当时冬天由10小时减为9小时，少干一点钟，但扣工资二分二，小工一天赚二角二分，只乘一角九分八厘）

8.罢工期间工资照发。

9.工头不准打骂工人。

10.要求发给年终花红。（原来情况一年欠10班给一个月工钱，欠11

---

① 《启新洋灰公司史料》，第275页，第315～316页。

班给20天，欠一个月一文没有。要求一年欠30班的给一个月，欠35班给20天，欠40班给10天，欠60班给5天）

11.过节给双工资。（五月节要两个双工资。八月节一个双工资，阳历年发一份双工资，阴历年发6个双工资，上班给双工资，不上班给单工资）

罢工持续到11月17日才结束。

唐山水泥厂档案中有启新洋灰公司协理王锡彤致李士鉴（字希明）在工人罢工风潮中来往的信函，李希明在11月5日给王锡彤的一封信的内容如下：①

协理大鉴：昨晚由邮局寄上快信计约台鉴。

查我厂职工会会馆前在山东会馆聚会，经唐山警察局嘱其等迁移他处，不准在该会馆内聚众演说，该会始移至新立街三条胡同内，昨日下午四点警察局派人往抄，拿住职工会司帐员高朗照（此人是在三牌石头坑做工），现在拘留警察局内，并抄出会员名册一本及各项传单多张，册内载有正会长杜玉田（每日工资七角五分机匠）、副会长王占一（化学房小工，即王九奎）及各队工人列名甚多。惟只获住高朗照一人，其余均逃避他处。并抄出现洋一百余元，铜子六千余枚，存折一扣，该存折其存现洋七百元，已经由工会取用洋一百余元，尚有五百余元在天庆德布铺内，该款经警察局派人取出，已将全卷移送警务处杨处长矣。闻开滦局今早有五名里工入厂作工，补职工会各罚五元。我厂工人仍不敢进厂，职工会仍派人在各路口截拦，其气焰正盛，到处散布传单，聚众演说，煽惑工人。殷镇守使每日

① 以下几封信函见启新水泥厂历史档案，录自唐山市总工会工运史志研究室《唐山工运史资料汇辑》第四辑，第420～422页。

来唐，惟其过恃和平，恐不易了结。且闻职工会之后身北京上海大有赞成过激党之人暗中赞助，于各报制造空气，颠倒是非。职工会更加有恃无恐。将来演至如何情形当不可知，甚可虑也。专此奉闻，余容续告。此颂

台鉴

李士鉴谨上

十一月五日

11月6日，王锡彤回复如下：

希明仁兄大人鉴：

接五日来函，敬悉警局既无抄拿职工会机关，拿获高朗照一人并会册款项等件移送杨处长，此项办法实为使其团体涣散，如果能畏惧而上工恢复原状，诚为至幸。倘仍如大函所云拦路演说，良善上工者尚被苛罚，蔓延一日则多一日损失，可虑孰甚。驾驭之法，不外刚柔两途，设法兼用，收效或可较速。兄有何筹拟能使早日就范之法，尚希示及为祷。专复顺送大祺

弟王锡彤启

十一月六日

11月6日，李希明又致函王锡彤，文字如下：

协理大鉴：

昨夜快函想已收阅。矿局事内容太复杂，而杨、殷、董三公意见时有出入，即如该机关已查封，获有凭证，告示已出，不准聚众，何以任其横行，实不可解。所以工人云，伊等之会长比杨处长殷镇守使一样大也。上工工人，长官不能保护，不加奖赏，被工团拦阻，拿获可以任意罚办，则无怪其云然也。闻我处之乱首杜玉田已在逃，王占一，殷镇守使已允拿押，工人邪气稍退，自当设法开导，由监工头许以代求加薪缓缓归入

规道也。附上工人许宪忠、周勤祝工友总会正副会长名誉白话一纸，祈

查阅。专此敬颂

台祺

李士鉴谨上

十一月六日

附上抄单一纸（略）

11月7日接到李希明来函后，王锡彤回复如下：

希明仁兄大人鉴：

接六日来函诚悉，此事似已有一线曙光，应如何进行，请卓筹办理，总以能及早恢复原状，至为盼祷。专复顺颂大祺

弟王锡彤启

十一月七日

经当局和总办李希明等“刚柔并济”，作出一些让步之后，工人复工，罢工风潮过去。

第四节　“洋灰王”实至名归

1923年1月6日和8日，启新公司两次开董事会和临时股东会。由于清末启新公司的带有垄断性的专利案，进入民国后已经归于无效。又鉴于水泥畅销，各处纷纷建厂，竞争日渐增多。此次会议是针对这种形势，筹划应对方针。

这一年6月初，王锡彤赴唐山连续视察了瓷厂石坑，察看新建电机厂、洋灰栈及其新扩充的机器厂，视察花砖厂。7日才回到天津启新公司办公。这里所说的瓷厂、砖厂，原是启新洋灰公司的一部分，其厂址就是洋灰公司的旧址，名为老厂。民国初年洋灰公司扩充新厂，老厂遂废弃不

用。1921年聘请中外技师就地改创为瓷厂，经数年筹办和改制，生产电用瓷器器件、卫生洁具及普通瓷器。[①]

1924年2月，周学熙将由其直接领导的滦州矿务公司、启新洋灰公司、华新纺织公司（天津青岛唐山卫辉四纱厂）及其周学熙其子周叔迦管理的普育公司（机器制造厂）联合组成实业总汇处，当月拟定了《实业总汇处试办章程》，规定实业总汇处由滦矿公司、启新公司、普育公司、华新津青唐卫四厂各领导人共同组成。该处以联合团体发展实业为宗旨，负有总体筹划及考核之责，其执行之权仍属于各公司领袖，人各负责任。该处由各公司领袖人中公推理事一人，再由理事中互选理事长一人，主持本处一切事务，并推常驻理事一人驻处办事。

实业总汇处成立一年左右就改组为实业联合会（亦称实业协会）。周学熙自称年老多病提出辞职，而实业总汇处考虑到总汇处为团体中各项实业综核之所，不宜中辍，因而主张改组继续办理，于是成立实业协会。各公司董事联席会公举会长一人、副会长二人，周学熙仍被推举担任正会长，王锡彤、李伯芝被推举为副会长。《实业联合会章程草案》规定，各公司一切事宜，悉按原有规定照旧办理，但公司根本之计划、公司干部之人选、公司重要之议案、公司金融之调剂、公司重要职员之进退，得与实业联合会协商行之。1927年1月，实业协会处改为实业学会。实业学会与实业协会性质不同，已经无设机关之必要，到2月底实业协会停办。[②]

5月3日，启新公司开董事会。5月6日，启新公司开股东会，周学熙拟辞去总理职务，五十九岁的王锡彤也拟辞去协理职务，结果都未如愿，仍被选中。5月18日，郭啸秋拿着同人花红名单请王锡彤审批。原来，周学熙拟辞去总理职务，股东恳切挽留并再补选中，但他坚决不再批阅公事文

---

① 陈真、姚洛主编：《中国近代工业史资料》第三册，三联书店，1961年，第336页。

② 《启新洋灰公司史料》，第179～185页。

件，所以郭啸秋拿着名单来找王锡彤。王锡彤考虑事关公事，不宜耽搁，于是只好代行审批。

5月19日，王锡彤有难得的闲暇，偕妻子游览北京香山各处名胜及颐和园等，赋诗多首，其中两首录于下：

碧云寺[①]

横今绝古委忠贤，死后长留塔刺天。
鬼斧神工标玉柱，琳宫梵宇奉金仙。
一湾流水清炎暑，万树松涛护暮烟。
明社可怜无片土，直令阉寺至今传。

卧佛寺

镇日闲中高卧，阅尽古今往来。
檐前云聚云散，门外花谢花开。

1925年，王锡彤六十岁。他在元旦的日记中写道："自去冬购得五局刻二十四史全部，遂由《史记》阅起。至本年起，每日阅史虽不能强记，然默数废书不读已十余年，今年已六十，拟陆续将商业辞退，补读从前未竟之书，亦娱老之一法也。"[②]所谓五局刻本，系清同治年间官书局刻本。

1月5日，王锡彤到启新公司办公。14日，启新公司开董事会。17日，王锡彤邀叶文樵、言仲远、李希明、周志俊、杨味云、陈一甫在一起会议。22日，启新公司又召开董事会。27日，言仲远来谈，告知周学熙以言仲远代行启新洋灰公司总理职务一事。

8月18日，启新公司召开股东会，通过抽签，还公债本金。9月23日，王锡彤偕言仲远赴唐山察看启新工厂化钢炉。宿于工厂时，与李希明、周

---

① 《碧云寺》《卧佛寺》两诗见于《抑斋自述》，第326页。

② 《抑斋自述》，第331页。

叔弢谈话。24日，察看造灰机、库房、栈房、瓷厂、砖厂、石坑。27日，邀集启新工厂同人午饭。王锡彤的用意是：一方面借此场合介绍代理总理的言仲远遍识同人，以方便其行使总理之职；另一方面也为自己到年终时得以辞职做好铺垫。

11月19日，王锡彤再次提出辞去启新洋灰公司协理职务。12月14日，王锡彤第四次提出辞呈。

王锡彤先后四次致启新洋灰有限公司的请辞书，录于下：

辞启新公司协理书①

敬启者：

窃鄙人年老多病，早思引退。惟当周总理辞职之始，言总理代办以来，正在过渡之关，未敢引身而去。且言总理多年旧雨未获同舟，于公谊既有未安，于私交亦有未协。坐此迁延，几同顾恋。今年八月初旬，偕言总理唐山视厂，归途即郑重声明，至迟以阳历年终为度，决不敢再尸此位。前言在耳，岂容遽忘。乃近来时事所迫，竟有不能再待之势。鄙人一向畏寒，去年大病即在冬初。今未交小雪，即已不敢出门。再逾几日，其狼狈可想。伏念同一辞也，辞于阳历年终与辞于今日，相差不过月余。以病废之身多日恋栈，徒启同人惶惑之端，实重不才贻误之罪。用特具函请即日辞谢协理职任，伏乞迅开会议决兼代之人，俟股东大会再实行选举继任。此后，衰朽余生，得优游岁月，皆出仁人之赐也。此上董事诸君台照。

辞启新公司协理第二书

仲远、一甫仁兄大人阁下：

日昨辱承枉顾，厚谊隆情，感铭脏腑。公事三件，已一一

① 以下四封辞呈见于《抑斋自述》，第343～346页。

遵照签阅。惟弟辞职原件，仍掷还寒舍，思之至今，总觉不妥。两公以为若行收受，有默许之嫌；然弟仍自收回，岂不有儿戏之嫌？两公致函大连，系遵照实业协会章程“公司重要职员之进退”一条，弟则只盼有人接替，决非常参班里说归休，都作寒暄好话头也。所有辞职之文，兹仍送上。万祈勿再客气，是荷。

辞启新公司协理第三书

原件掷还，惟清皇帝对于臣下有之。两公似不应施之下走，且董事信两公以何全权掷还？我辈皆至亲厚友，幸勿作此世故周旋也。

辞启新公司协理第四书

敬启者：

本日程会计长枉顾，始知诸公有挽留之信。病中禁阅书函，今始检出，乃知厚谊。第孟僧已破，朱水难收。虽有隆情，只铭心版。鄙人之不能再任协理，如死者之不可复生。惟望怜而赦之，亦敝帷敝盖之仁也。此上董事诸公台鉴。

1926年1月18日，周学熙亲自到王锡彤家来商谈，拟以金伯平任启新公司经理，公司实行经理制，嘱王锡彤为此签订合约，以便周辞职后公司有负责之人。王答应了。28日，周学熙又来王锡彤家，当面拟定了合约的底稿及经理制办事规则。2月16日即正月初四，王锡彤邀请卢木斋、周学熙、言仲远、李伯芝、陈一甫、李希明、叶文樵到家春宴，并开实业协会，签订金伯平经理合同。王锡彤有病不能出门，所以在王家开会。

2月22日，王锡彤复启新公司董事部函，声明不能久任虚名协理之职务。全文如下：

复启新公司董事部函[1]

敬复者：

接奉大函并议案印底两件、规则印案两件，领悉一一。鄙人以年老多病，函请辞职，决无复任之理。惟修改公司办事规则、聘任总经理，关系大局，为本公司命脉所在，不敢不牺牲一部分意见。是以前日董事会曾经声明，虚名之事可以担任。总经理合同签字、两专董通知书签名，至总经理未就职以前，日行公事依然不能批阅。务祈迅催总经理就职，以便随同总理暨两专董办理交替一切事宜。盖鄙人之担任虚名，亦只能至本公司寻常股东会之前一日为止也。此复启新公司董事部。

4月3日，启新公司开董事会。5月7日，王锡彤再复启新公司董事部书，声明不能任事。内容如下：

复启新公司董事部书[2]

敬复者：

接奉大函，猥承众股东推爱之意，既感且惭。溯查内部改组发议之始，荷蒙周总理惠临病榻，诲示周详。诚以改组一事，大局安危所关，签名定议，谊不容以病辞。徘徊瞻恋，遂至今日。众股东顾全血本，以挽留周总理为惟一之主张。鄙人亦有血本关系，且与众股东安危共命已历十五年之久，何忍一旦置身事外，自应勉随其后以挽留周总理为归宿。惟自揣精力远不如前，若交涉官场应酬、饮食均有敬谢不敏之势。唯有请两专董多多偏劳，一切秉承周总理办理，并遇事会同总经理切实维持。鄙人只有董事会时追随其后，托求庇荫为幸。此复董事部。

---

① 《抑斋自述》，第353页。

② 《抑斋自述》，第356页。

5月8日，龚仙舟找王锡彤商谈，其因是言仲远辞职，又拟以龚仙舟代办。5月16日、22日，6月7日、30日，启新公司召开董事会。7月8日，李芗珊从河南来。因为发现启新公司董事部负责管理股票的人营私舞弊，王锡彤以李芗珊取代该人专门负责股票之事。

因体制有所变化，启新公司董事会频频召开，9月6日，启新公司召开董事会，原因是直隶省政府异想天开，忽然声言开滦、启新两公司所购买的土地为官有，委派其信赖的人为查办开滦、启新两公司的大员。鱼肉商人无奇不有，无非是勒索钱财。公司董事会开会，商讨斋舍办法。王锡彤感叹："处此虎狼政府下，真棘地荆天也。"自8月7日起，启新公司董事会天天开会，一直到13日，董事们将公司所有地亩案卷全部检查一遍，毫无疑义。于是派人与查办大员疏通。大员们竟直白地说："吾亦明知无弊，只是督办要钱，公等但出钱而已，不必论是非也。"又透露此事系启新公司内部有人与省府勾串而为之。王锡彤在自述中直呼"这真是魑魅魍魉的世界啊！"①

10月30日，王锡彤赴唐山，因其侄子王泽斌娶李希明三女儿举行婚礼。启新、华新两公司同人及在两公司的洋人前来祝贺。次日，王锡彤早起视察洋灰厂。12月9日，到患病的李伯芝家开启新公司董事会，议题还是为了应对查办大员的事。26日，李伯芝病故，王锡彤前往吊唁哭奠。李伯芝开始并无大病，只因为查办大员无理取闹，他绞尽脑汁应付，最后让开滦矿局担保公债二百万元。启新公司近年亏损，但也不可避免要分担一部分公债。本来李伯芝已经积劳成疾，此时忧愤而死，令人哀痛。王锡彤的挽联写道：

我久病不死，公一病而亡，世道茫茫月黑风高疏雁影；

① 《抑斋自述》，第349页。

私以哭友朋，公则哭天下，人寰落落霜寒雪重剩鹃啼。[①]

王锡彤在日记中写道：李伯芝由寒士起家，历任中国银行总裁，创办中国实业银行。又为滦矿、启新两公司董事，谨慎小心，从不肯冒险以行。徐世昌任大总统，请他出任财政总长，李苦辞不受。结果年龄还不到五十岁，竟被恶劣官吏侵凌侘傺以死，人生修短可胜叹哉！

1927年元旦，王锡彤再辞启新公司协理职务。此前一年，王锡彤已经辞职，本也不想接受挽留。但周学熙对王锡彤说，聘请总经理，必须有法律上的负责人签约，才能有效，作为协理尚不能退。王锡彤认为周说得有道理，只好屈从。王锡彤明白启新公司为周学熙一手创办，所以总理一职非周学熙不可，于是随众股东挽留周仍任总理，而锡彤的协理也便顺带继续协理职务。又是一年下来，虽勉力撑拄，但病势益增。同时，王锡彤又想到查办大员勒索之事未了，深感虎狼政府之欲壑难填，自己如果再不坚辞，恐遂无脱身之日，于是元旦当天再递辞呈，并决心自此以后，无论公司任何公事，自己不再批阅，一任代办总理龚仙舟处理，静候开股东会时，正式解职。辞职书内容如下：

辞启新公司协理书[②]

敬启者：

零落不全之董事部，风波迭起之本公司，瞬届一年矣。周缉之先生既再度坚辞，李伯芝先生复一瞑不视，鄙人本不生不灭之身，抱时重时轻之病，一交冬令即畏寒不敢出门，比入严冬更喘息无能为役。夫以几及千万之商业而领袖无人，以年将望七之衰翁而恋栈不去，纵欲假忍辱负重之名，究何预扶危定倾之事？际此新年元旦，谨特摅实控辞鄙人启新协理一职，即于是日停止，

① 《抑斋自述》，第351页。

② 《抑斋自述》，第369页。

无论如何不再继续。务祈迅即转致实业协会，斟酌替人，并择日开临时股东会，选举任事。庶几新来贤智补救失著之残棋，毋再牵率老盲故作临池之瞎马。万千之幸，祷盼不遑。

后王锡彤见董事会议案中于协理一条下面仍然列有自己的名字。于是再致函董事部，内容如下：

再致启新公司董事部书

敬启者：

昨见议案于协理下仍列鄙名，思维再三，惶悚千万。夫名者，实之宾也；职者，权所寄也。以辞职之人列现任之职，扑朔迷离，观听易惑，万一启人疑谤，横肆讥弹，既辜友朋见爱之心，复非袍泽推诚之意。思前绎后，梦疚神惭。伏乞查照前函，迅予定断。或仿兼代总理之制，早择继任协理之人，责任分明，指挥若定。庶几壁垒一新，可壮元戎之气。毋俾葫芦再画，仍参老朽之名。百拜以求，千祈勿吝。

元月末，连日为查办大员事与郭啸秋筹划应付办法，结果认购债票并慈善捐各若干元，这一风波才算了结。查办大员也予以回文，证明启新公司没有占用官地事。

6月，启新公司召开股东会，王锡彤到会，声明辞去协理职务，并推举龚仙舟为总理、陈一甫为协理。但股东选举结果，则推举王锡彤为总理。王锡彤只得再次力辞，有《复启新公司书辞协理》一函如下：

复启新公司书辞协理

敬启者：

奉到来函，以本届股东大会投票选举总理，鄙人得票最多，嘱即任事等因。鄙人不能担任协理之故，股东会已经恳切言之，安有职居襄赞，方以不能胜任而力辞，忽然众意提携，竟若加之勉强而可受？回还思绎，感愧弗惶。仍本素诚，特辞新命。

查股东会经众股东要求，本有备补总理之议，业已大多数通过，应请查照成案，即以龚仙舟先生补任。尤有进者，鄙人本届股东会场业贡，鄙诚愿推龚仙舟先生总理即真，并以陈一甫先生任协理，李希明先生任专董，营业工作各担责成，经验才能俱臻妥恰，多数股东均已赞成，照案施行，决无扞格。鄙人获得践言，公司实所利赖。特再申述，务望鉴谅。原件奉缴，诸乞谅照。

此次股东会开会之前，言明一条：如果总理不就任，依得票多少的次序递补。由于王锡彤坚决不就任，于是其他股东力劝龚仙舟任总理，费了两三天的口舌，才算定了下来。王锡彤在启新公司的协理职务到此才算真正解除。①

自1909年起，王锡彤担任启新洋灰公司董事，1912年担任公司协理，1927年卸任协理职务，但王锡彤是启新洋灰公司大股东之一，此后仍然担任公司的董事，一直到1938年去世。他以董事和协理身份经营这个全国最大的水泥公司凡三十个年头，"洋灰王"一说，是对王锡彤在启新洋灰公司任职期间，致力于发展中国近代水泥工业所做出的贡献的肯定与赞许。

---

① 《抑斋自述》，第363~364页。

第一节　筹划华新纺织公司

王锡彤在回顾自己的工商经历时，这样写道："始由钧台陷入商行，犹冒为人师。至推举北京自来水公司协理、天津启新公司协理，始正商名。然步步趋趋，非自立者也。至华新纱厂成，予之责遂重。津厂冒险最大，卫厂出力最多，唐厂则本职也，精神智慧为之耗竭。"[①]

古钧台，在河南省禹州南。王锡彤跻身工商界，是从禹州南三峰山开始的，但当时名称上还应是聘禹州三峰书院山长，不过在聘书上又加上了一句，兼管理三峰煤矿公司。直到1909年后，应袁世凯之邀，他北上办实业，先后被推举为北京自来水公司协理、天津启新洋灰公司协理，名副其实成为一个商人了。即使这样，在这两个公司任职时，由于实际经验的缺乏，也是步步趋趋，随着有经验者特别是周学熙集团的高层管理者边干边学，逐渐积累企业管理经验。等到华新纺织股份有限公司四个纺纱厂建成，他肩上承担的责任更重大了。所谓"津厂冒险最大"，是指王锡彤在管理天津纺纱厂等的各项事务，尤其是在贷款投资事务上，冒了极大的风险。"卫厂出力最多"，是指王锡彤为了造福桑梓，克服重重阻力，力排众议，终于争得在家乡创办卫辉纱厂，且在该厂创办和发展过程中，他不遗余力地支持帮助。"唐厂

① 《抑斋自述·工商实历小引》，第352页。

则本职也”，是说华新公司唐山纱厂的建立，是以启新洋灰公司在财力与管理方面作为后盾的，王锡彤以启新洋灰公司协理，兼任唐山纱厂的常务董事，职责所在，不容有些许差池。此外，王锡彤还兼任华新纺织股份有限公司的多种职务，为应对繁复的事务，他付出了巨大的努力，“精神智慧为之耗竭”。下面就王锡彤这方面的经历，做一简略考察，以示所言不虚。

1914年第一次世界大战爆发后，欧美帝国主义国家忙于战争，给中国的民族工业特别是棉纺织业的发展提供了一个机会。由于外国棉纱进口锐减，棉纱棉布价格迅速增长，在国内兴办纺织厂利润可观。

1915年再次出任北洋政府财政总长的周学熙，着手督察厂商，整理全国棉业。他授意其弟周学辉（字实之）联合王锡彤（时任开滦煤矿兼启新洋灰公司股东，北京自来水公司董事、协理）、财政次长杨寿枏（字味云）、内务次长言仲远（字敦源）、安徽都督兼中国银行总裁孙多森（字荫庭）、德州机械厂坐办马蒔（字学庭）以及刘凤鏕（字权之）、李士伟（字伯之）、张堃瓆（字郊堃）、王其康、徐德虹、陈一甫（名惟壬）等十二人，发起创办华新纺织股份有限公司。1916年9月22日，经农商部批准颁照，公司正式成立。周学熙为主任董事，杨寿枏为副主任董事。华新纺织公司的创办，是中国北方近代棉纺织工业发展的重要标志。[①]当年10月，周学辉着手办理该公司，开始与美国厂商签署订购纺织机械设备合同，协同签订条件。1916年2月1日，华新纺织公司召开董事会，王锡彤与会。4月28日，再开董事会。

周学熙自叙年谱中有所记述。先是周学熙二次任财政总长时，因国库有余，欲以举办实业，提倡纺织，乃呈请在天津设纺纱厂，名曰“华新纺织公司”。奉大总统袁世凯之命，任其九弟周学辉为督办，拨款筹备。

---

① 河南省华新棉纺织厂编：《华新厂志》，新华出版社，1995年，第9页。

但款项尚未筹足，袁世凯就去世了。当时华新厂房已将近竣工，机器设备安装也接近完工，不日可以开工生产。就在此时，有人想攫取其果实，坐享其成，便诬劾周学辉，以商部名义下命令更换督办。华新同人闻之愤愤，以为办厂已成，不可任人侵略。经商议决定速筹商股，以款齐为辞，呈请取消官派督办。当时正好徐世昌在天津，周学熙便前往拜谒，恳请支持。徐世昌问明情由，同意周学熙所请，华新纺织公司改归商办。然而，当时华北纺织业尚在萌芽时期，招股极其不容易。华新同人等勉力凑成一百八十万元，成立董事部。推举周学熙为董事部正主任，杨味云（名寿枏，字味云）为副主任。杨味云（1868—1948），江苏无锡人，其家族精于纺织业。清末举人，1905年曾随载泽等五大臣出洋考察。回国后在农商部任职，后任度支部丞参兼财政清理处总办。民国后曾任财政部次长、全国棉业督办等职。1919年后于华新纺织集团任职，多有贡献。1935年寓居天津，1948年病逝。

1918年，在天津时，周学熙请求徐扶助，徐慨然答应，力劝当局，以同是北洋中人，不可互相倾轧。两人议定由王锡彤与言仲远前去见段祺瑞面陈一切。王锡彤在日记中有所记述。1918年5月21日，他和言仲远一起拜见内阁总理段祺瑞，就华新纺织公司事进行了诚恳的陈述。当初成立华新公司，也是因为袁世凯提倡实业，于是政府拨公款，派督办，唯恐公司不成。帝制告吹，政局突变，周实之督办之名也被以部令换人。华新同人惶恐不安，连日在京开会，请求部里裁撤督办，推举周学熙主政，同人也各尽其力凑办官股，支撑局面。王锡彤对段说，公司商股已经招足，周学熙也答应担任企业负责人，况且机器到厂，厂房也即将竣工，只欠政府支持。段祺瑞本对华新公司事没有成见，且知道以周学熙之能力，足以支撑门面，听王锡彤说周学熙已经答应担任华新负责人，且机器已经到厂，立即下令商部照办。[①]

5月23日，王锡彤回到天津住宅后，又前去面见周学熙，报告与政府接洽情形，随即到启新洋灰公司办公。30日，在启新洋灰公司商议华新纺织公司催促集股款项之事。31日，宴请政府派来的处理华新厂事宜的陶兰泉、袁静庵，此后是接连的会议和应酬。9日回北京自来水公司，10日回河南汲县老家。16日，王锡彤从河南回到天津，参加华新公司召开的创办人会议。王锡彤连日奔波，可谓马不停蹄，十分辛劳。

6月20日，华新公司开股东会，正式选举周学熙为董事部主任，杨寿枏为副主任，王锡彤为董事。华新纺织公司规模渐定，唯股款难以凑足。王锡彤除转来存在恒丰公司的二十万元外，又承担集资四十万元的责任。周学熙尽其所有拿出二十万元，其弟周学辉拿出二十万元。而此时的王锡彤，倾囊也只能拿出三万元，其余全靠从银行抵押贷款得来，他自己也觉得这实在是一大冒险。当时第一次世界大战正在进行，很少有外国洋棉纱进口到中国，华新纺织公司一投入生产便获利，不久就将他所承担的四十万元陆续填齐。王锡彤说，他当时之所以这么冒险去做，牟利之心不是没有，但更主要的是当时顾及颜面，所以毅然为之，别的也想不了那么多了。后来想起此事，心中忐忑，有点后怕，暗自叮嘱自己以后办事可不能这样冒险了。[②]

1918年6月30日，同人议决成立“棉业资本团”，作为华新纺织公司后盾，定名为“兴华资本团”，华新纺织公司创立人皆为董事，王锡彤被推举为主任，陈一甫（字惟壬）为副主任。7月7日，华新公司开董事会，兴华资本团开董事会。此后一两个月，华新公司与兴华资本团，连续召开数次会议，讨论公司有关事宜。9月初徐世昌任大总统后，想再次任命周学

① 《抑斋自述》，第255页。

② 《抑斋自述》，第256页。

熙为财政总长，周学熙力辞，他只想促成棉纱业的发展。于是，徐世昌任命周学熙为棉业督备处督办，这也使华新公司的根基更加牢靠。此后，在整个国际大背景下，中国棉纱业风起云涌，全国骤添百余万纱锭，纺纱机价格顿时陡涨。市场上原本日本棉纱占了百分之八十，此时国产棉纱替代了其中的一大半。①

9月18日，兴华资本团开会，为辅助华新公司，议设兴记花行，王锡彤任主任，陈一甫任副主任。20日，兴记花行与华新公司签署相关合同。29日，华新公司开董事会，又议开设银行，定名曰大同，10月1日，大同银号正式开张。13日、20日华新公司开董事会。11月3日，华新公司开董事会。当日及26日，兴华资本团开董事会。12月2日，华新公司开董事会，察看新机开机试车。12月28日，兴华资本团开董事会，29日，华新公司开董事会。

以上不厌其烦地罗列开会情况，一是为了勾画当时华新纺织公司集团的策划、运行轨迹；二是为了说明当时的资本家及投资人在企业的管理上也是很勤奋和辛劳的。为节省篇幅，以下频繁的一般性的董事会，不再一一罗列。

1919年1月16日，华新纺织公司召开第二家纱厂成立大会，厂址设于青岛。

2月10日，通惠公司开办通丰面粉公司，于河南新乡开董事会。王锡彤系通惠公司股东。

4月10日，华新公司开股东会，公司开办即有盈余，前景大好。以至于闻见兴起者甚多，和前些年十唤九不应的状况相比，真是不可同日而语。4月26日，兴华资本团召开董事会，提出整顿兴记花行。实际上，当时出现的一些问题不好深究，王锡彤作为主任，主动承担责任，并提出了解决办法。他说，本来兴记花行成立的初衷，是为辅助华新公司而设。如今华新

---

① 《抑斋自述》，第259页。

开办经年，已经大获盈利，与其设立“兴记花行”这样一个骈赘的机构，不如撤销由华新纺织公司自办，自己也可减轻点肩上的担子。杨味云同意此意见，周学熙也不太阻拦——锡彤在这些事上是看周的意向行事的。只有周学辉一人坚持花行不能取消，但大局已定，已无可挽回。

唐山市档案馆珍藏着最初拟定的《华新纺织有限公司章程》。该章程共有27条，分别就公司名称、开设分厂的名称与条件、股本、分红、董事经理的任免、任期、职责、董事会议、公司账目等具体事项做了规定。章程的第二条言明：“本公司总事务所设在天津，工厂设于直隶、山东、河南三省境内之天津、通县、正定、青岛、郑州，渐及山西、陕西一带，次第开办，凡设在某处者即称华新纺织有限公司某处工厂，共以二十万锭为额。”可见，这只是最初的设想，至于究竟在不在河南省设厂，在河南何地设厂，尚无定论。

第二节　实业哺乡邦，兴建卫辉纱厂

1919年6月1日晚9时，王锡彤乘京汉路火车南返。2日到彰德，先拜访了袁克定。次日早到洹林，祭典袁世凯去世三周年，后上京汉火车，与河南省河北道道尹范鼎卿同车回卫辉。范道尹对王锡彤说，打算要在卫辉建立一个纺纱厂，迫切希望并极力怂恿王锡彤参与，王答应尽力从各方面加以帮助。之后回到卫辉自家的老宅。

6月4日一大早，王锡彤在拜谒高曾祖墓的返程途中，沿卫河两岸仔细考察了可以建立纱厂的地方。他观察到，别的地方都不怎么合适，只有旧的演武厅一带的官地，如今已经成为道尹苗圃的那个地方，比较适宜。该地段距离卫河不远，取水方便，且离城关也很近，工匠往来上下班都很方便。那个地块又位于京汉铁路车站和道清铁路车站的中间，将来若再修筑一条小的铁路专用线，搬运货物也很便利。而且，这个地方如今地价不是很贵，如果苗圃的土地不够用，另再添购一些土地也不算困难。当时，王锡彤心中只有一个顾虑，那就是纱厂建成后，怕厂里的大烟囱对位于附近的徐世昌大总统的祖坟会有什么不好的影响。因而若选定在此建厂，还必须征得徐的同意，免得其家人阻挠。

当天午后，范道尹宴请王锡彤，王借机与范谈了建厂占用其苗圃之事。范道尹表示占用苗圃毫无问题，并对王力促在家乡办厂的积极态度大加赞誉。范氏于河南任州、县官好多年了，在其任职的地方名声还都不错，口碑中是个循吏，也就说是个好官。他明白在卫辉兴建一座纺纱厂，当地民众一定大大受益，无疑，也是他这个地方官的政绩，唯恐王锡彤不速成其事。

8月22日，王锡彤从卫辉回到北京后，与周学熙一起乘夜晚的火车从北京回到天津，其间二人或是就卫辉设厂的问题进行过交流。24日，兴华资本团召开董事会，主要讨论唐山、卫辉两纱厂的创办问题。会上周学熙强调，办厂资金到位与否是首要问题，集资股本不超过半数的一定不能兴办。众人还就唐山、卫辉两地的地理区位和工业基础展开讨论，有人提出将纱厂设在河北通县或正定，也有人提出设在河南郑州或山东济南，众说纷纭，莫衷一是。讨论最后，竞争最为激烈的是设在河北正定还是河南卫辉。有人认为，卫辉虽然有京汉、道清两条铁路通过，然而毕竟设置的只是个三等小站，又卫河水路虽然可达天津，但卫河航道狭窄，长年水流量不大，无法行驶大船。王锡彤再三考虑权衡，卫辉是自己的家乡，纱厂即使将来不获大利，也对桑梓切切实实有各种益处，况且当时纱厂正处在勃兴之始，卫辉地处河南，收购棉花又比较容易，棉纱的销售也不难，倘若他不提倡积极认购巨股，成立纱厂恐怕遥遥无期。于是王锡彤慨然自认股本十万元。唐山纱厂为启新洋灰公司主办，王锡彤时任启新公司协理，也不好袖手旁观，又认购唐山纱厂两万元。其实当时王锡彤手中已经无钱，但他当时考虑，如果老天助我，像天津纱厂那样经营顺利，这十二万元日后收回也不会是很困难的事，所以再次冒险为之。在周学熙、徐世光（徐世昌胞弟，字友梅）及其他股东鼎力相助之下，最终促成华新公司在卫辉设立纱厂之议。[①]

唐山、卫辉两厂集股过半之后，周学熙又提议设立一个棉业公司，作为华新公司后盾。实际上，棉业公司是原兴记花行的扩大，专门招棉业股份四十万元，王锡彤又认股一万元，加上对卫辉、唐山两纱厂的投资，一共是十三万元。王锡彤拿出的这些钱，全靠出利息借贷，其主要目的是振兴工业，特别是为振兴家乡的棉纺工业贡献一份自己的力量。

接着华新公司董事会又开会，提议华新公司总的股额为一千万元，拟设立五家工厂，天津厂先建成，当为第一厂。青岛次之，为第二厂，唐山为第三厂，卫辉为第四厂，另一厂设在济南。董事会上，还讨论了财务核算办法，决议各厂独立核算，分计盈亏。四个纱厂各自设董事部以监督本厂，再选举总公司董事，各厂董事之首脑为专务董事、常务董事。总公司的首领为正主任、副主任，官股董事则置于总公司中，监察人也只在总公司设置。

1919年8月25日，兴华棉业公司开成立会，王锡彤与王慕庄为筹办员。此后数日，王锡彤先是到棉业公司调配人员，接着又策划购买纺纱机问题，邀请周叔弢、郭啸秋等参考西洋相关资料，详细考究纱机的各种附件。周叔弢是周学熙的侄子，后历任唐山华新纱厂、天津华新纱厂、卫辉华新纱厂、启新洋灰公司经理、总经理和滦州等企业董事。1949年后曾任第一、二、三届全国人大常委会委员，第六届全国政协副主席，全国工商联副主席。8月29日，棉业公司开会，推举周实之为总理，王锡彤卸任筹办员。

8月31日，兴华资本团开会，讨论唐山、卫辉两个纱厂的专务董事人

---

① 《抑斋自述》，第268页；《华新厂志》，第10页。

选。王锡彤被推举为唐山纱厂专务董事，徐世光被推举为卫辉纱厂专务董事。卫辉纱厂的资本中，以徐世光、王锡彤两家为最多。王锡彤因已任唐山洋灰公司协理，而唐山纱厂又以唐山洋灰公司为投资主体，周学熙又专主青岛纱厂，因而顺理成章，王锡彤被推举为唐山纱厂专务董事。但王锡彤不能于唐山、卫辉两头兼任专务董事，于是推举徐世昌胞弟徐世光为卫辉纱厂专务董事。徐世光深知自己在商界阅历尚浅，经验缺乏，于是特别提出必须有王锡彤出面相助才能同意出任，王锡彤答应了徐世光的要求，兼任卫辉纱厂的筹办员。

1919年9月3日，兴华资本团在天津召开董事会，预推举唐山、卫辉两厂董事。议定后即召开华新总公司股东会，王锡彤被选举为新华总公司董事，并正式被选举为唐山纱厂专务董事，徐世光被推举为卫辉纱厂专务董事，王锡彤的胞弟王锡龄被选举为卫辉厂董事。王锡彤与徐世光负责签订购买纱机合同的准备工作，王锡龄则负责筹备卫辉纱厂建厂的购地事宜。次日，与英国商人凯卫伦签订唐山、卫辉两纱厂的购买纱机的合同，王锡彤代表唐山纱厂、徐世光代表卫辉纱厂签字。两厂均订购英国赫直林敦纱机一万两千锭。唐山纱厂机价为九万四千镑，卫辉纱厂因要购置锅炉、引擎等动力配套设备，花费较高，计十二万四千镑。两厂事务所办公地设在天津英租界福善里16号，聘请陈一甫、李希明为唐山厂筹办员，而卫辉厂的筹办员已经定了由王锡彤兼任，准备适时再另择人专司其事。卫辉纱厂全名为“华新纺织股份有限公司卫辉纱厂”。

9月11日，王锡彤到天津唐山、卫辉两厂事务所办公事，自此，他每日于启新公司与唐山、卫辉两厂事务所之间奔忙。9月28日，兴华棉业公司召开第一次董事会，周实之任总理，王锡彤被选为董事。

王锡彤身兼多职，唐山、卫辉两个纱厂又地处遥远，因而异常繁忙。为勘察卫辉纱厂基址，10月14日晚，他乘晚车从北京回卫辉。次日同徐世光一起，访问汲县县长奎星潭、道尹范鼎卿。16日，一行人来到苗圃视察卫辉厂基址。徐世光说，经过风水先生察看过，华新卫厂的建设，对其祖坟毫无妨碍，且有益处。其实，王锡彤家的祖坟，比徐世昌家的祖坟距离工厂更近一些，他也没有找风水先生看过，之所以要与人商讨徐氏祖坟问题，系出于谨慎周全而已。勘察过后，范道尹、奎县长传令相关地保严加申谕，设厂开始，邻近土地所有者凡愿意出售的，不准借机抬高地价。王锡彤还和徐世光在地面上画出一条界线，作为将来征购土地之标识。

10月18日，王锡彤借经正书舍之址，邀集卫辉府各属旧友，研究创立一个棉业研究会，让筹备处人员先起草一个文稿立案。22日一早，王锡彤来到郑州，察看上海实业家穆藕初开办、正在施工当中的郑州豫丰纱厂，以汲取经验，晚乘火车返北京。25日，到天津启新公司及唐山、卫辉纱厂事务所办事。26日，拜访周学熙，介绍了到卫辉察看厂址情况并拜谒周学熙父亲周馥先生。周馥（1837—1921），字玉山，官至两江总督。周馥听说王锡彤等要在卫辉办纱厂，便说，厂址设在卫辉大石桥以下的南岸为宜。周馥过去曾奉命勘察过河南水道，于卫河两岸知之甚悉，锡彤感叹其非常有见地。想当初，在卫辉的参与选址的人，各执一词，颇有另选择厂

卫辉纱厂旧大门（夏舒洋摄　2018）

址之意。甚至通泰洋行的外国人曾设想将厂址设在河西，理由是便于运输机械设备，他们只知道运输方便，不清楚河西地势低洼，一遇大雨，则成泽国。王锡彤从此事悟出，有的国人迷信洋人，而不知有的洋人往往不了解中国南方与北方的水利、气象差别较大，不免发生误判，到真出现难以解决的问题时，补救则来不及了。他到郑州考察时，看到豫丰纱厂水源不便，光用水一项，每年就要多花去十余万元，大大增加了生产的成本。[①]

11月25日，英国商人凯卫伦来谈纺织机械事。他以欧洲大战未结束，货物运输不畅为由，打算以赔款方式废止原来签订的供货合同。王锡彤据理严词不允，并催促凯卫伦迅速提供机械图纸，以便修建厂房。29日，王锡彤和李希明又一起会见周学熙，议定到上海见泰和洋行负责人，催促纱机部位图纸，以便招聘工程师绘图建厂，并赴上海、无锡参观考察那里的纱厂建设运行情况。接着王锡彤与李希明带着翻译袁庆祥和仆人王福一起南下。

12月1日，王锡彤一行抵达无锡，次日参观广勤纱厂。无锡虽然不算大城市，但制丝、纺纱、面粉加工等民族工业发达，有十余家厂家。2日，访问事先由周学熙联络好的杨翰西、余干卿、戴笙甫等，当即参观无锡广勤纱厂，又由戴笙甫导引，参观振新纱厂。3日，租汽船游览太湖，看了大企业家荣宗敬之别墅。4日午时乘车赴上海，住惠中旅馆。因要为青岛纱厂添置机械设备，周志俊已经先到上海，也住在此旅馆。5日，凯卫伦带着翻译宋秀峰、宋锡侯父子前来，又有周学熙指定的事先联络好的戴笙甫招揽来的一位工程师王邦彦前来，准备绘制机械位置图纸。王锡彤与众人一起租汽车参观上海溥益纱厂。6日，泰和洋行推荐的西洋工程师保惠尔带着翻译来了，由于要价特别高，且王锡彤看那个翻译好像不太诚实，于是婉言拒绝。旋参观上海厚生纱厂。上海制造厂总办经亨颐是李希明的同

① 《抑斋自述》，第273页。

卫辉纱厂旧址（夏舒洋摄 2018）

学，宴请锡彤一行。7日，翻译宋锡侯和洋机师一起来谈纱机事宜。

12月8日，参观上海恒丰纱厂。令王锡彤印象深刻的是，从无锡到上海，一路参观各座纱厂，论工厂之洁净，当数无锡勤益纱厂，但要说厂房设计得法，上海的厂家则要胜出一筹。大体上说，厂房采光效果要想好，以脊楼式为宜。同时他又深感南方水系发达，办厂用水方便，纱厂可以随便引水，且可随时将货物装船运输，这是在北方办厂所无法相比的优势。北方河流较少，且多半年旱涸半年霖潦。水源远则引水不易，水源近了又恐怕河水涨溢殃及生产。至于船运，则更难以如意。和南方相比，北方开办企业，这真是一大困难。

16日，王锡彤预定钢条300吨，备建设纱厂用。当时英镑价格很低，购入便宜。当日，上海纱厂联合会宴请王锡彤一行，并进行多方面的交流。

17日，上海纱业执牛耳者聂其杰（号云台）来晤。聂氏系曾任上海道台、安徽及浙江巡抚的聂缉椝之子，母亲是曾国藩的小女儿曾纪芬。1883年，聂云台随父聂缉椝住上海，1893年回湖南参加童试，中秀才，随即跟外国人学英语、电气、化学工程等。光绪三十四年（1908）改组华新纺织新局为恒丰纺织新局，他出任总经理。1917年，与黄炎培等人在上海发起成立中华职业教育社，任临时干事。民国8年（1919）兴建恒丰二厂及织布厂、筹建大中华纱厂，任董事长兼总经理。民国9年（1920）当选上海总商会会长、全国纱厂联合会副会长。他前来会晤，显示出对王锡彤一行的重视。当日工程师王邦彦来，又预定钢条340吨。

18日离开上海到南京。20日上江轮，在船上的大餐厅间，巧遇去芜湖筹办纱厂的周学辉一行。22日晚6点，到达武汉，大冶厂派人来接。23日，乘小火轮赶赴大冶，周学熙族叔周吉如来接，吉如时任大冶水泥厂管理。关于大冶水泥厂的问题，本书在王锡彤与启新洋灰公司一节中已有介绍，此处不再赘述。

29日，王锡彤返回北京自来水公司。30日回天津，31日到启新洋灰公司及唐山、卫辉纱厂事务所，批阅积压的文件。

1920年2月1日，王锡彤乘火车自北京到彰德，其弟王锡龄在此等候，面谈卫辉纱厂购地事宜。28日，工程师王邦彦至天津见王锡彤，绘制唐山、卫辉两纱厂厂图。

华新公司卫辉纱厂于1920年春破土动工。聘请杨味云为经理兼事务所书记，冯梅岭为工程总管，邓禹声为技师，王锡龄及金杰为工程筹办员，另分别设工程坐办、帮办，在现场设立工程处。厂房建筑由天津义泰木厂承揽，按照上海通艺公司所绘图纸施工。计建有平房式木架结构大厂房一座，长三十一点四丈，宽二十点四丈，由室内地面到房顶高一点六丈，共四百四十间。加上动力引擎间、锅炉房、水塔、烟囱、发电间等，共占地七百零七平方丈。建筑施工期间，上海通艺公司派人到工地监督实施。为便于安装、运输，铺设了连通京汉线卫辉车站的小铁路，于1921年9月11日竣工。1921年年初的时候，因工程浪费大、进度慢，工程总管冯梅岭被撤，马莳、朱学卿接任总管。鉴于扩机添锭的需要，厂房亦由一座增加为东、西两座。①

---

① 《华新厂志》，第12页。

早在1920年3月5日，华新公司卫辉纱厂召开特别股东会议。议决增加股份，增添纺纱机器设备，并将英国机器移到唐山纱厂，将山东模范纱厂之美国机器设备，移到卫辉纱厂。[①]事情的起源是这样的，由1920年周学熙领衔的整理棉业筹备处在济南创办模范纱厂，订购美国文素厂纺纱机一万零二百四十锭。但由于商股难以招募，仅有官股资金四十万元。这些钱，连用于购买机器设备也不够，而征地、建厂需要的款项则更多。周学熙负责的整理棉业筹备处打算将模范纱厂并入华新纺织股份有限公司管理，作为华新公司的第五厂。华新公司经过反复商议，认为模范纱厂资本差得太多，很难独立办厂，而其所订纱机又已经签订合同，无法取消，所以决定将山东模范纱厂并入卫辉纱厂。但模范纱厂订购的机器设备是美国的，而唐山、卫辉纱厂订购的是英国机器，为了使各厂的设备统一，便于管理维修，1921年经周学熙的提议，将卫辉厂所订购的机器，除引擎、锅炉等动力设备外，全部归让唐山纱厂，而卫辉纱厂除接收模范纱厂的一万零二百四十锭纱机外，9月30日又订购美国文素厂纱机一万两千锭（实购一万两千一百六十锭）。这样，唐山纱厂使用英国机器，卫辉纱厂则使用美国机器。[②]王锡彤参与了其中的许多工作。

1921年3月17日，棉业公会开会。据上海纱厂联合会来信，由于英镑价格猛然增加了三四倍，此前预订的机器设备亏损太大，嘱华新方面派人到上海共谋补救的方法。王锡彤意识到此事处理起来难度相当大，但当初唐山、卫辉纱厂订购设备均为预购，只付半数英镑，且合同中规定外方设备迟交必须交付罚款，大体所罚款项可与英镑涨价带来的损失相抵。就这点来说，华新公司与上海诸纱厂有所不同。但当然还是希望势力大、能力强的上海商界或许有特别的补救之方法。于是王锡彤与周学熙、徐世光商

① 《抑斋自述》，第299页。

② 《华新厂志》，第11页。

定，锡彤再次赴上海，参与与沪商的会议，并催运进口的机械设备，加订机器上的附件。

3月18日，王锡彤乘津浦线火车前往上海，翻译袁庆祥随行。锡彤妻子及二儿子泽攽也一起同行，打算顺便游览西湖，男女仆人各一随侍。19日晚抵达上海，启新水泥公司在上海主持分销的张棣荣及卫辉纱厂的工务长邓禹声前来接站。20日，乘分销处征昌号汽车前往拜访荣宗敬、穆藕初、聂其杰，但均未见到。21日，纱厂联合会开会，研究如何应对英镑涨价带来的困难，众人苦于没有什么正当办法，一些法律专家也说，没有绝对的理由可据。

22日，外商凯卫伦带着翻译来见，王锡彤与其谈了速运纱机之事。经卫辉纱厂工务长邓禹声与华昌公司商订的大轴轮盘合同，王锡彤代表卫辉纱厂签字。次日，又在邓禹声与兴昌公司所订购的摇纱机合同上签字。华昌公司邀请王锡彤参观视察吴淞口华丰纱厂，王锡彤与该厂洽谈了派实习生来沪实习的事宜。24日，留翻译在沪，王锡彤一行赴杭州游览。29日午后从杭州回上海，30日，游上海哈同花园。王锡彤日记中写道："哈同本一窭人（浅薄鄙陋的人——引者注），初到中国，沪地价贱甚，哈营业所得，尽购地皮。后日陡贵万倍，故坐致巨富，每各地灾歉，率捐巨款。故勋章累累，均致一等。"对此，王锡彤似颇有感慨。[①]

31日，王锡彤到泰和洋行，会见洋行大班（旧对洋行经理的称呼）姬赉大，催促他速将机器设备运来。姬赉大知道货物已经迟交，罚款不可避免。王锡彤告诉他，如果机器设备能够早点运到，罚款问题总好商量；如果一味拖延，将来就不好说了。姬赉大点头首肯，答应尽快运来。

4月1日，接到天津来电，因要与北京市政公所交涉自来水公司的事宜，催促王锡彤速归。本来王锡彤此行还想到湖北大冶水泥厂去考察，如

---

① 《抑斋自述》，第300～302页。

今只好作罢。4日，在天津向周学熙、徐世光详细介绍了上海会议情况及其他事宜。

北洋时期，时局动荡。4月18日，王锡彤在京接由天津转来的电报，报告卫辉处于战场之中，纱厂同人危急。此次战事，盖由卸任师长抗拒督军引发。1921年4月16日，原河南暂编第一师师长成慎潜返彰德，联合该地第一旅第一团团长孙会友等，率部反对督军赵倜。17日，成慎发出讨赵通电，自称豫北总司令。赵倜军队向成慎部进攻，并请曹锟派兵助剿。驻洛阳之吴佩孚亦带队助战。20日，成、孙兵败出走，战事平息。

6月11日上午，王锡彤从湖北大冶返京途中在卫辉下车，下午察看卫辉纱厂工程。7月10日，召开华新公司卫辉纱厂董事会。唐山纱厂加增二百万元股份，卫辉纱厂增加二百八十万元股份。卫辉纱厂招股不易，除官股外，再募债一百八十万元，以中国实业银行担任借款。其借款不清之前，由中国实业银行全权管理。其管理人两方都推举周学熙，并议唐山、卫辉两厂设一个管理处。王锡彤被推举为借款代表人。[①]

8月7日，王锡彤到北戴河见周学熙，次日李希明、李子贞也前来，共同议定唐山、卫辉两纱厂合并管理，但独立核算。王锡彤日记中写道：“北戴河在东海滨，烟波万里，弥望无际，近处小山，亦磊落可爱。西人多来此避暑者，中人亦接踵到此修理园林作消夏计，并有董事会为兴修马路，清洁街衢，不数年间荒凉之区顿成胜境。”8月30日，华新公司召开四厂董事联席会，议决唐、卫两厂合并管理之事，并议定唐厂添股、卫厂募债、定日召开股东临时会等事项。9月14日，华新公司唐、卫两厂开联席董事会。原来机器未到之前，王锡彤与徐世光均不支薪水，至是议将管理权公推周学熙担任，王锡彤仍拥有法律上的唐山专务董事，卫辉厂专务董事

---

① 《抑斋自述》，第305页。

则由张伯勋代办，由董事会正式函聘。[①]

至此，可以对卫辉纱厂之招股情况做一简单归纳。华新公司卫辉纱厂，从1919年9月1日开始招股，到1922年3月底，共收商股六十八点二六万元，加上官股四十万元，共为一百零八点二六万元，距离额定股款二百八十万元还距离很大。且一万两千锭美国纱机即将到货，工厂建筑尚未告竣，加之原来招股不足等原因，急需备款。为此，呈请兴华资本团赞助，经资本团董事会议定，愿以保证人地位介绍给中国实业银行商议，并以华新卫辉纱厂现在及将来的房屋、机器设备、地皮等全部资产为担保品，由中国实业银行为承募机关，代华新卫辉纱厂发行债票一百八十万元（其中留四十万元由本厂股东认购）。该债票从1922年7月16日开始发行，利息按月息一分二厘计算，每半年付息一次，分五年还清。按年份还款办法为：第一年付息不还本；第二年、第三年除付息外，各还本六分之一；第四年、第五年除付息外，各还本六分之二。[②]

1922年2月24日，泰和洋行大班姬赉大、黎范利等来索要第二批到货的唐山、卫辉纱厂的机器钱款。王锡彤对他们说：你们洋行一方现在运来的均是机器零星附件，大机器不到，这些配件安装在什么地方？这批货我们先收存，等到大机器运到后，我们再行交接，决不拖延货款。如果洋行一方不按合同执行，仅拿一些个小件支吾搪塞，便要来索取正价，世上哪有这样的道理！姬赉大等自知理亏，只好告退。[③]

3月19日，华新公司卫辉纱厂召开临时股东会，通过债票一百八十万元事项，并以股东名义索回四十万元债票归股东承受。

5月6日，华新公司召开天津、青岛、唐山及卫辉四厂股东会。10日，

① 《抑斋自述》，第305～306页。

② 《华新厂志》，第13页。

③ 《抑斋自述》，第311～312页。

卫辉纱厂开董事会。17日，华新公司召开四厂董事联席会，议定在唐、卫两厂管理处之上，再设一个总管理处，统辖四个纱厂，提议推举周学熙为总理，杨味云为协理。除四厂独立核算、各计盈亏外，将事权相对集中总管理处，在办理棉花收购、生产经营及资金筹措等方面谋求统一管理。

1923年3月3日，王锡彤参加兴华资本团董事会。3月21日，周学熙赴卫辉纱厂视察后，在京与王锡彤交流情况。4月30日，华新公司四厂在天津召开董事联席会。10月12日，兴华资本团开董事会。11月6日，大同银号召开股东会，宣布解散。卫辉纱厂专务董事张勋伯已经辞职，推举中国实业银行总理龚仙舟为专务董事。龚仙舟（1871—1943），名心湛，号仙舟，曾赴英国留学，先后在清政府驻美、日、秘、英、法、意、比等国使馆担任随员。1919年6月兼代国务总理，1924年11月任段祺瑞执政府内务部总长，次年11月兼交通部总长。

1924年1月16日，王锡彤和龚仙舟、李伯芝为商讨卫辉纱厂事谒见徐世昌。2月17日，华新公司拟就大同银号旧址扩充为华新银行。3月6日，华新银行开股东会。5月6日，启新洋灰公司召开股东会，周学熙拟辞去总理职务，王锡彤也打算辞去协理职务，均未果。5月7日，王锡彤参加华新公司卫辉纱厂召开的董事会；9日，出席华新公司天津、青岛、唐山、卫辉四厂董事联席会；11日，兴华资本团开董事会；12日，北新公司开津、青、唐、卫四厂股东会。9月22日，参加华新公司卫辉纱厂董事会。

1925年，身兼数职的王锡彤，公务繁忙，别的公司事务不论，光华新纺织公司及所属纱厂，仅在3月至9月间，他参加董事会、联席会近十次。值得注意的是，除开会之外，王锡彤还要审阅批复许多文件，亦颇费神耗力。这方面留下的资料不多，仅举1925年中王锡彤的一件批复手折，即可见一斑：

批华新公司唐厂董事部李坐办手折[①]

偌大事业委托管理，竟无合约条文，由今看来颇似费解。第当日情形，鄙人尚能记忆。盖此厂成立，全由周四先生一手造成，嗣后添股百四十万，更非周四先生不能办到。徒以周四先生坚执一人不能兼两专董之说，始勉强定为管理名目。报告股东，人人以为得周四先生管理，倚若泰山矣。故鄙人不主合约，即周四先生亦不要合约，股东意中更用不着合约也。上年周四先生因病辞职，委托杨味云先生接办，萧规曹随，当然无所更改。自十二年九月经理辞职，久无替人。十一月间，管理又复辞职，于是管理处问董事部，董事部问管理处，彼此均谦让未遑，一切事遂无形搁浅。盖董事部为法律上负责之人，管理处为事实上负责之人。法律、事实既截然分为两事，而本厂数百万之产业竟寻不出一真正负责之人。且尔时正在戎马仓皇之中，适出此无所适从之事，倘股东责问，真无辞以对也。幸得各方斡旋，管理问事，经理有人，董事部添设坐办，始检察及此，鄙人之幸，亦全体股东之幸也。事关重大，应立即请李常董及诸位董事悉心研究，早予解决。鄙人拙见亦附列后方，并希鉴察。

又批个人意见：

一、废除管理处，管理权仍归之董事部，与津、青厂一例，统受总管理处考核。其专董一席，即举有能力、能负责任者任之，此为上策。

二、创立合约，将董事部与管理处权限明白规定。董事部处东家地位，管理处处掌柜地位。管理处有用人之权，董事部有监督之权。如发现经理以下有不合情形，或帐略、表册不以

① 《抑斋自述》，第340～341页。

时报告者，董事部有权函达管理，请予申饬记过，重则开除。其勤慎有功绩者，亦函请奖励，或晋级提升。自外面观之，虽有叠床架屋之嫌，自精神言之，尚收指臂相联之效，此为中策。

若抱定省事主义，面面相关，任何一方均不开罪，酝酿既久，股东惊疑，风潮必起，此下策也。

总之，周四先生所创办各实业，均具有一种精神气概，涵容包括各股东在春风和气中，当然不生疑问。自周四先生屡言辞职，元气泄矣。如启新、滦矿均于股东会上发生挑剔，华新不早自为谋，难免不步其后尘。我辈充任董事，负有责任，不敢不兢兢也。

尤有一言预先声明：如诸公采用上策或中策，专董一席万勿再拟鄙人。鄙人年老多病，避事不遑，安有揽事之理。如以创办之始，鄙人实与参末议，则以寻常董事上备咨询，亦无不可。区区此心，尚祈鉴谅。

从上述批札中，我们不难看出，在企业管理上，王锡彤坚持管理权与监督权分立，责权明确，有功必奖，有过必惩。责任人不能八面灵光，任何人和任何方面都不得罪，那样的结果是企业中风潮必起，股东惊疑。他特别强调，企业应该有一种精神气概，涵容各股东在春风和谐气氛之中。这可以从一个侧面看出王锡彤的管理思想和工作作风。

1925年，六十岁的王锡彤想要辞去一切所任职务，这从上述批札中也可看出其决心。在上一章中，我们提到王锡彤先后四次请辞启新洋灰公司协理职务，他还提出辞去兴华资本团主任、北京自来水公司董事、实业协会副会长、华新公司唐山纱厂专务董事、华新公司卫辉纱厂董事等，但均难以如愿。

王锡彤请辞虽未被批准，但由于身体原因，他参加华新纺织公司会议等活动渐少。1929年5月22日，华新公司召开四厂股东会。卫辉纱厂官股得到了股息现款，而商股反而不能得到。王锡彤认为这大悖政府提倡实业之意，因而据理力争，将一半款项分给普通股票，一半分给特别股票，股东的利益得到一些保障。而唐山纱厂更因为王锡彤为专务董事，直接主事，除该年额定利息八厘外还补足了上一年的四厘定利，股东们自然满意。

唐山博物馆藏有《民国政府工商部关于华新纺织股份有限公司营业执照》，这份民国18年（1929）6月24日由国民政府工商部部长孔祥熙签发颁给华新纺织股份有限公司的执照上，记录了华新公司的详细信息。公司名称：华新纺织股份有限公司；营业：纺纱织布；股份总银数：银壹仟肆拾壹万捌佰元，计津厂贰佰拾壹万捌佰元、唐厂贰佰贰拾万元、青厂贰佰柒拾万元、卫厂贰佰捌拾万元，各计盈亏；每股银数：壹佰元；各股已缴银数：共缴银玖佰贰拾伍万柒仟贰佰元，计津厂贰佰肆拾贰万壹仟玖佰元、唐厂贰佰拾捌万柒仟肆佰元、青厂贰佰柒拾万元、卫厂壹佰玖拾万柒仟玖佰元；本（支）店所在地：总公司事务所设在天津，事务所、管理处均设在天津，工厂设在天津、青岛、唐山、卫辉；董事姓名住址：总公司董事齐耀珊、朱宝仁、周学辉、李士熙、余保棪、周明捷均住天津，官股总公司兼津厂专务董事杨寿枬住天津，官股董事胡仁镜、总公司兼青厂专务董事周明泰住北平，总公司兼唐厂专务董事王锡彤、总公司兼卫厂专务董事龚心湛住天津；监察人姓名住址：商股李宝諴住天津，官股李士儁住天津，商股徐德虹住天津；设立年月日：民国五年八月。

1931年5月25日，华新公司召开股东会，又华新卫辉纱厂、唐山纱厂召开董事会，三会开后，王锡彤觉得自己已经精疲力竭。27日，华新公司召开四厂股东大会，王锡彤以唐山厂专务董事、卫辉厂董事参与两厂的会议。唐山厂除补足上年水灾损失二十万元外，分发股东四厘利息；而卫辉纱厂则因负债过重，经营困难。此次会议通过了周学熙四厂分立的提议。下午2点钟开会，回家已经是7点，病后的王锡彤累困已极。

1931年12月，华新纺织股份有限公司总公司撤销，所属四厂各自成立公司，1932年8月13日，卫辉华新纺织股份有限公司正式成立。在天津召开的第一次董事会上，选举董事及监察人组成新的董事会。专务董事龚心湛，常务董事陈光远（字秀峰）。董事五人中，包括王锡彤之弟王锡龄，王锡彤的长子王泽敷（字敬五），另有监察人二人。制定了卫辉华新纺织股份有限公司章程。1934年6月29日，王锡彤的日记中有如下记载：唐山华新公司召开股东会，报告上年营业情形。日军侵华，唐山沦陷后，工厂停工两个半月，纱价滞落，保兵险费重，致无利可获。惟布机、染机尚有希望，拟再借款四十万元添织布、漂机以资补救，股东一致通过。当天，他看的书是道德丛书之三《家庭美德》。[①]

出于对桑梓的热爱，王锡彤先是力主在家乡卫辉兴办卫辉纱厂，后是在卫辉纱厂创业、发展过程中，尽心尽力，为河南近代工业的发展做出了不懈的努力，受到了家乡人民的尊敬。王锡彤的弟弟王锡龄，曾在建厂初期负责征地等工作，他和王锡彤的大儿子王泽敷曾任卫辉纱厂董事。1936年10月，王锡彤的孙子王懋询向他询问赴意大利米兰大学留学事宜。王锡彤给王懋询书写一笺，内容是：

> 忠信持己，笃敬接人，举念不忘家国，作事不悖彝伦，庶有以外酬知己，内亦有以报其亲。[②]

王锡彤之孙王懋询1947年8月至1948年11月曾以董事代表名义主持卫辉纱厂工作，代理工厂经理。1950年政务院第42次政务会议提请中央人民政府委员会批准任命的河南省人民政府委员名单中，便有王懋询，他时任华新公司董事。

王锡彤祖孙三代，为家乡的卫辉纱厂做出了重要贡献，理应受到家乡

---

① 《抑斋自述》，第446页。

② 《抑斋自述》，第463页。

人的称赞与尊重。

第三节　时局骤变，实业困顿难致用

1931年，日本帝国主义侵占我国东北，1933年后，又侵占冀东地区，汉奸殷汝耕成立伪冀东防共自治政府。1936年，天津华新纺织股份有限公司被日本钟渊纺织株式会社以低价强购兼并，改为日本公大七厂。与此同时，日寇的魔爪也伸向了唐山华新纺织股份有限公司。1935年，伪冀东防共自治政府在日本驻军的支持下来公司要求低价收买唐山华新，被公司董事会婉言拒绝。1936年，日寇又迫使伪冀东防共自治政府在唐山坐收统税，而国民党政府不予承认，在天津另行堵截。华新在天津、唐山双重税收的压力下，经济上陷于困境，遂联合启新洋灰公司向国民党中央政府要求补救，但没有成效，进而又向天津金融界呼吁，亦未能得助。最后，为摆脱困境，公司被迫接受日本吴羽纺织株式会社代表植松真经提出的条件，出让一半资本，日方控制了启新公司的经营管理权。

1936年11月开紧急临时董事会，唐山华新公司决定吸收外资并改变章程，把股份变为甲、乙两种，乙种股外国人可以投资，甲种股仍不准售给外国人。日本吴羽纺织株式会社代表植松真经争得购买华新全部乙种股的权利后，又转让给东洋纺织株式会社，东洋纺织株式会社投资一百零九点三七万元，获得华新全部乙种股票，其资本占华新全部资本的百分之五十。

唐山华新公司连日召开股东会，添招日本新股，王锡彤因病未能出席会议。1936年11月21日，这一天的股东会选举出了新的董事，邀请王锡彤一定到会，晚8点钟王锡彤偕长子王泽敷赴会。日本董事到会者有两人，一个是植松真经，一个是不破定和。经过会议投票，王锡彤仍被推为董事长，李勉之任甲种股常务董事，日本东洋纺织的三桥楠平为乙种股常务董事，会议还议定聘任经理及总稽核、董事会章程暨职员等事。此后，工厂厂长及主要课的负责人除人事课长是中国人外，其余均变为日本人。在当时恶劣的经营环境下，公司已经负债二百余万元，乃迫不得已而为之，非如此不能渡此难关，且与日本人合股，原股东的股本尚有余利可分。只是王锡彤想到，自己老了，何必还挂个董事长的虚名，下决心辞去此职，后便递交了辞职书。

1936年12月16日、17日，新到启新厂任秘书的李雪真、公司负责人之一的陈一甫相继前来见王锡彤，将王锡彤的辞职函退回。王锡彤言明自己因病不能出席董事会，以为推脱。陈一甫说，他愿意代办，王锡彤只好答应。王锡彤感叹道：自己想退出来，竟也这么难啊！

特别应该指出的是，王锡彤在六十岁后，身体渐渐衰弱，疾病缠身。他写道："自知蒲柳弱质难耐岁柏，凡所任事悉予力辞。仍有解而不能全脱者。任之难，辞之亦复不易也。友人中惟严范孙（严修——引者注）、李敏修赞予此意，局中不能悉谅，予病遂大作濒死者屡。竟得知至今，反以其暇补读从前未读之书，天恩高厚，匪夷所思，是不可不识也。"[①]

他又在《病中岁月小引》中写道："六十岁后，几无日不在病中。始犹勉强撐拄，至六十四岁，虽撐拄亦不能矣。杜门谢客，庆吊不通。友好惠顾，度可以不迎送者，于病榻上见之，否则敬谢而已。药饵外，只有看书，用以消磨岁月。偶有所作，蛙鸣蝉噪，不谐音节，罔识义例，随意挥洒而已。"[②]

1937年3月17日，唐山华新纺织公司旧会计处即将终结，相关人员到王锡彤宅邸开董事、监察人会议。杨味云先来，但未等开会即离去。参加

---

① 《药饵余生小引》，《抑斋自述》，第330页。

② 《抑斋自述》，第394页。

会议的有李勉之、余仲和、周叔弢、袁进厂，加上王锡彤及其长子王泽敷共七人。讨论紧要方案还未进行到一半，王锡彤已经坚持不住了，嘱托次子王泽攽代表他参与讨论。王锡彤休息一个钟头后才又与会，此时会议各议题已经议决。1936年9个月的营业，股东照票面可分得四厘利息，王锡彤深感庆幸。[①]

1938年3月，段培贵从卫辉来天津，和王锡彤谈卫辉纱厂事宜。段氏在津滞留近一个月，4月25日回卫辉。而这天距离王锡彤1938年6月9日去世，仅有月余。6月1日，王锡彤手中最后拿着看的书，是贺长龄（字耦庚，曾任云贵总督）委托魏源编成的《皇朝经世文编》。可见在去世前几天，王锡彤关心和探究的仍是“经世”良方。

在华新纺织公司，在唐山纱厂、卫辉纱厂的历史上，乃至在近代中国纺织工业发展的历史上，人们忘不了王锡彤和他的家族所做出的贡献。王锡彤曾说，他在从事工商事业中，于华新纺织公司倾力最多，名副其实。一方面，他是华新公司唐山厂的专务董事，自然倾注心血最多。另一方面，华新公司卫辉纱厂，是他为家乡力争来的一个近代纺织企业，桑梓情深，他从建厂开始，到以后的运营，都付出了极多的辛劳。直到去世前一个多月，他还惦记着社会动乱中的卫辉纱厂。此情此景，令人感佩。

---

① 《抑斋自述》，第465～467页。

第一节　学宗伊洛，王锡彤的理学渊源

纵观王锡彤的一生，1909年以前，他在家乡授徒，对河南教育事业做出了一定的贡献。他还以地方士绅身份参与地方事务，诸如赈济灾荒、整顿汲县车马局，还参与河北道筹防局事等。王锡彤还曾任河南禹州三峰矿务公司经理，参与策划建设洛潼铁路和河南铁矿，参加过河南收回矿权的斗争，系赴京与英国福公司谈判的四位代表之一，是当时在河南颇有影响的士绅。1909年后，王锡彤应袁世凯之邀，充当幕僚，并与周学熙等在京、津、唐、豫等地办实业。在京师自来水公司、唐山启新洋灰公司两个大企业中，周学熙任总理，王锡彤任协理，在周学熙两度出任北洋政府财政总长期间，王锡彤又代理总理之职。此外，王锡彤还是华新纺织集团董事，任华新纺织公司唐山纱厂专务董事、华新纺织公司卫辉纱厂董事、兴华资本团主任董事、棉业公会董事等，地位显赫，业绩斐然。可以说，在河南近代经济史乃至中国近代工业史上，王锡彤占有一定的位置。

王锡彤无疑是近代河南屈指可数的、在京津冀地区有相当大影响的著名实业家。但就是这样一位近代企业家，最初却是一个地地道道的理学家。成为一名企业家之后，王锡彤还不时做着他理学家的梦，始终以自己走上工商业的道路而懊悔，为自己终日运作工商事务而深以为憾，这种内心独白，在他的日记中多有真实的披露。浓重的理学氛围，是造成河南近

代化过程缓慢的重要原因之一，也是王锡彤选择自己人生道路时产生茫然、无奈的根源所在。

1915年，王锡彤五十岁时写了一篇《知非自叙》，回顾自己走过的道路。关于自己的治学之路，他做了如下的概括："余之为学始，最瓣香阳明，后渐景仰夏峰。逮从王少白先生游，先生责余浮动，力以朱子之道教余。汴梁辟明道书院，邀湘潭黄曙轩（名舒昺）主讲，余曾往谒，亦力以程朱说为言。友人李星若、郭亦琴服膺王船山先生之学，余亦好之，乃一力读经，于《春秋》三传尤拳拳焉。惟于《诗》不能信集传，于《易》不能信本义，尝与友人辩争，彻日夜不休，惟四子书尚以朱子为归，然于《论语》之'学'字，不信为明善复初；时'习'字不信为鸟数飞。其余亦间持异义，自信甚笃。嗣沦落商贾，前业尽废，不知此生尚有暇及此呼？"[①]

曾和王锡彤一起工作过、对王知之甚深的童坤厚，在为王锡彤撰写的年谱中写道："（王锡彤）天性笃于孝友，为学初宗阳明、夏峰、船山，终乃以程朱为依归。轩宋而不轻汉，于汉儒笺经独到处，每津津道之。盖一以是非为断，无丝毫门户之见。尤长于史学，上下千古，侃侃而谈，穷源竟委，侪辈莫能逮也。"[②]王锡彤的学生、同乡李馥在其撰写的《王锡彤先生家传》中也说王锡彤"学宗伊洛，旁及阳明"[③]。青年时代的王锡彤与后有中州耆儒之称的李敏修等经常切磋濂洛关闽之学，后成一生莫逆之交。

王锡彤在自叙年谱《抑斋自述》之一《浮生梦影》的《自述》中特别写了以下这段话："生既无益于时，死何必留名于后。顾有所窃窃然虑

① 《抑斋自述》，第229页。

② 童坤厚：《王筱汀先生年谱·跋》，1939年铅印本，第1页。

③ 童坤厚：《王筱汀先生年谱·附录》，第4页。

者，鄙人幼尝读书，薄负乡曲之誉。遭逢乱世，间与当代大人先生游，摇唇鼓舌，颇预时议。老而习贾，幸不颠坠。他日儿孙以私爱其亲之故，或乞铭志于文学士。而文学士各以其意中之经济家、实业家藻绘无盐，刻画嫫母，而鄙人之真形实状，或遂汩没于此绮丽文字中，亦一憾也。老病初愈，因取当日考卷履历扩充附益之，附以年历，以告我子孙，俾以就正于识我者。”[①]王锡彤在这里特别强调，他之所以将自己的日记、旧作整理印行，其目的就是让他的子孙们记住，王锡彤不是个商贾，不是个经济家、实业家，而是一个儒士、一个理学家，这才是真实的王锡彤！在我们今人看来，王锡彤的实业成就，远超过学术上的贡献。王锡彤闻名于中州，更多的也是他在兴办近代工矿企业方面的努力与成就。但王锡彤直至去世时，也不愿意人们把他看成一个实业家，而愿以理学家自居，其用心可谓良苦矣!

要探讨王锡彤与理学的渊源，不得不将话头拉得远一些。宋明以降直至晚清，理学在河南影响极大。清初经世致用之风大起，其后汉学大盛，独河南学者恪守前轨。社会变迁呼唤文化转型，文化变迁又推动着社会转型，社会变革的大潮毕竟不可阻挡。中州文化圈中的文人们，也逐渐发生了变化。王锡彤就是一例，他迫于家计，又看到官场险恶丛生，虽然有些不情愿，但还是走上实业家的道路。这里，为弄清王锡彤的学术渊源，追踪王锡彤一生由理学家到近代实业家的历史轨迹，探索王锡彤一生的心路历程，便在前人研究的基础上，对河南理学学统做一粗略梳理，以有助于理解王锡彤的旧学思想，研判其学术著述，或也能说明在浓重的理学氛围之下，河南地区的近代化进程是多么艰难。

宋代之后形成的理学，主要有四个大的学派，即所谓的“濂洛关闽”。“濂学”指周敦颐学派，“洛学”指程颐、程颢学派，“关学”指张

① 《抑斋自述》，第4页。

载学派，“闽学”指朱熹学派。宋代理学家程颢、程颐是河南人，朱熹继于二程，集理学之大成，故理学又称程朱理学。王锡彤在自己的读书札记中，对理学几大流派的代表人物做出了如下的评价：“濂溪浑括，明道博大，伊川缜密，横渠切实，朱子透露。”[①]

南宋以降，随着经济重心的南移，文化重心也南移，但河南始终是理学中心之一。元代大理学家之一的许衡（1209—1281），字仲平，学者称之鲁斋先生，河南河内(今沁阳)人，祖籍怀州河内李封（今河南省焦作市中站区李封村）。许衡曾“往来河、洛间，从柳城姚枢得伊洛程氏及新安朱氏书，益大有得”，慨然以“道”为己任，他曾向元朝统治者建议用程朱理学来统一人心，深受当局重视。

到了明代，河南又有吕坤，为理学张目，颇具影响。吕坤批评经学诸家，批评释道，批评理学的某些命题，似旨在融通，但骨子里仍是一位理学家。吕坤思想对后世有很大影响。他曾说：“人心者，国家之命脉也。”[②]吕坤所处的时代，王学取代朱学占据了学术主流，主导了河南的理学传统。

河南的理学传统，可谓根深蒂固。明末清初，国内不少思想大家进行反思，将明朝的灭亡归咎于理学，进而抨击程朱理学，但河南学术界的风气仍无大的改变。梁启超曾指出，清代初期，中州学者无一不渊源于理学家孙夏峰[③]。嵇文甫在谈到河南学术流变时也说过：“河南本理学最盛之区。其在清初，有孙、汤、耿、李、窦、冉、二张所谓八先生者，树立坛站，更唱迭和，苏门嵩岳之间，彬彬如也。”[④]所谓的“八先生”，即孙奇

---

① 王锡彤：《抑斋读书记》附编卷一，1939年铅本，第9页。

② 张廷玉等：《明史》卷226《列传第114》，中华书局，1974年，第5938页。

③ 梁启超：《清代学风之地理分布》，《饮冰室合集·文集》第五册，中华书局，1989年，第58页。

④ 嵇文甫：《嵇文甫文集》中册，河南人民出版社，1990年，第393页。

逢、汤斌、耿介、李灼然、窦克勤、冉觐祖、张沐、张伯行。以上述诸人为核心的知识分子群，形成以宋明理学为依归的中州文化圈。

孙奇逢（1585—1675），字启泰，号钟元，直隶容城人，清初迁居河南辉县（今河南省辉县市)苏门山下夏峰村，学者称之为夏峰先生。清初，北方学者奉孙奇逢为泰山北斗，与黄宗羲、李颙并称“三大儒”，是颇有影响的一代儒宗。奇逢在苏门山下隐居二十余年，躬耕自食，授徒讲学，弟子甚多。当时直隶、河南一带的学者，多出自奇逢之门。汲县与辉县毗邻，汲县的学者受孙夏峰的遗风影响更加明显。当代著名教育家、史学家、哲学家，汲县人嵇文甫的老师是李敏修，李敏修的老师是王少白，王少白治学便是承继孙夏峰。

孙奇逢一生以理学家自处，著述颇多，入清后三十一年间就有《四书近指》《理学宗传》等近二十种。其《理学宗传》在理学发展史上有一定的开创意义。该书强调理学宗传必须本“天”，不能本心，本心乃是禅学，这实有贬斥陆王心学之意。但是，孙奇逢曾学宗陆九渊、王阳明，到了晚年也并不完全尊程、朱而退陆、王。他认为后世学者之所以对程、朱与陆、王的异同争诉不已，是缺乏融通之见，失去了两学派的原初之旨，才产生了诸多分歧。“诸儒继起，各以所见为发明。如周之无欲、程之主敬、朱之穷理、陆之本心、王之良知，皆从浩博中体认精微，所谓殊途而同归，百虑而一致。”[①]诚如嵇文甫后来指出的：“夏峰是著名的朱陆调和派……夏峰仍沿袭着宋明理学的旧传统，并未脱出其窠臼，但是至少在注重躬行实践、打破一般理学等先生们偏执、迂拘、狭隘的门户之见这一方面，实际上是做了通向颜李学风的一道桥梁。”[②]孙夏峰这些学术观

---

① 孙夏峰：《重刻〈四书说约〉序》，张显清主编《孙奇逢集》中册，中州古籍出版社，2003年，第616页。

② 嵇文甫：《颜习斋与孙夏峰学派》，《嵇文甫文集》下册，河南人民出版社，1990年，第641页。

点，对他的弟子们有相当的影响。嵇文甫曾写道："我向来有一种臆说，以为陆、王学说中含有实用主义成分，孕育着清初经世致用的学风，而夏峰之学更直接和颜习斋有关系，可以作为从陆、王到颜、李的桥梁。这其间错综微妙异同流变的情形，我已经从许多方面步步证实。"[①]嵇文甫所言夏峰先生的"实用主义"，在后学李敏修及王锡彤身上有着显著表现。

清初，河南的知识分子形成以宋明理学为浓重氛围的中州文化圈。此时河南有相当影响的学者，如夏用九、马平泉、李棠阶、王少白等，皆黯然自修，孤行其志，沿着程朱理学的路子走。

李棠阶，道光二年（1822）进士，先后任工部尚书、礼部尚书、军机大臣、户部尚书。理学大家，曾主讲河朔书院十三年，弟子众多。其为学无所偏主，不龈龈为程、朱、陆、王之辨。他终生俭朴，恪守清正。谥号"文清"，著述多种。王锡彤晚年病中还阅读李棠阶的日记。1930年10月20日，他在日记中写道："看李文清手书日记。文清，名棠阶，字文园，河内人。先少白师之师，清同治中兴名臣。清操介节，倭文端之流。学宗阳明而不悖程朱，流风余韵，河朔至今沾被。兹其手写日记，上年友人李敏修诸人搜得付石印者，自壮至老，无一笔草率，自治之严，生人钦仰。"[②]

鸦片战争前夕，就在已经没落的宋学(即程朱理学)与汉学(即考据学)互争正统的时候，以能容纳一些新思想的今文经学崛起，其后西学东渐加剧。河南学术界对此反应迟钝，在中州大地上占主导地位的仍是程朱理学。对此，我们这里不做评判，只是想说明，直到清末，河南思想界的理学传统仍未动摇。

19、20世纪之交，河南的一批文化名人往来唱和切磋，形成一个覆盖

① 嵇文甫：《孙夏峰学派的后劲——马平泉的学术》，《嵇文甫文集》中册，第349页。马平泉，名时芳，号平泉，河南禹州人，乾隆年间曾任封丘、巩县教谕，著述颇多。

② 《抑斋自述》，第409页。

中州的网络，其中知名者有李敏修、王锡彤、史筱舟、王静波、刘纯仁、魏联奎、张嘉谋等，这些人多以理学为依归，以传衍理学遗绪为己任。李敏修和王锡彤就是其中的重要成员，二人均曾师从理学家王辂，即王少白先生。

王辂（1810—1891），原名莲青，字少白，号毅斋，河南武陟人。论学以主敬为宗，穷理为要，以反躬实践达天知命为归。著有《周易辨异》《诗经补注》《大学古本说》《中州人物考》等。其父王六吉系理学家李棠阶之友，著有《四书记悟》。王少白师从李棠阶，治学承孙夏峰，人称其“学醇品粹，衾影不欺”，弟子门人甚多，其中毛昶熙(1817—1882)官至尚书。王少白“泊然乡里，笃守儒素，讲学以程朱为归，亦不批驳汉儒、瑕疵陆王”，教导学生“躬行实践，莫尚空谈”。[①]其主讲致用经舍时，李敏修即曾前去问学。王锡彤对王少白学问人品非常景仰，以至在民国初年王少白从孙王书樵被捕时，王锡彤特意由天津赶赴北京营救，先电请张镇芳力予保全，又请袁世凯电豫，使王书樵免祸。

1915年，时年五十岁的王锡彤有如下对少白先生的回忆：“武陟王少白先生辂，于书无所不读。邃于宋儒之学，践履笃实，恪守程子主敬存诚之训，而于陆象山、王阳明亦未尝加以抵諆，粹然大儒也。余与敏修及张子鉴西铭、高幼霞方灏尝从问学。时先生年八十矣，于余等日记蝇头小字逐细眉批，勤劬不倦。且以晚年得卫辉诸生，为暮年佳运。于虖，吾师期望殷矣。白首无成如余者，尤多堕落，是可愧也。”[②]由此看来，时人评价王锡彤“为学初宗阳明、夏峰、船山，终乃以程、朱为依归”，“学宗伊洛，旁及阳明”，是真说到点子上了。而这一特征，离不开王锡彤向王少白问学这一渊源。

---

① 《抑斋自述》，第2页。

② 《抑斋自述》，第222页。

王锡彤在《抑斋读书记》中有一篇名为《师言谨记》的文章，记载了他向王少白问学的片段：

王锡彤“偕子鉴、幼霞谒少白夫子于寓次，夫子命坐。因乞赐致用精舍《〈大学〉讲语记略》一部，夫子许诺。复请曰：弟子少溺于词章之学，功利之习，遂使此身受病甚深，自今读书当以何者为急？夫子曰：读《四书》为急。程子有言，读《论语》时将门人所问之言即作我问；夫子告门人之言即作耳闻。又曰：读书只争不多些，若将书中句句当作题看，自当别论。若将一字一句反求诸身，即是修己。又曰：读经亦要紧须择其生者先读”。

数次与王少白接触后，王少白师对李敏修、高幼霞、王锡彤三人有如下的评价：“汝二人（指李敏修和高幼霞）路数皆甚好，亦见功夫，然却不一样。汝（指王锡彤）才锋较多，于子鉴罅漏处不少。以所入论，却是子鉴较为实在。”

王少白对王锡彤说：“汝日记较去年稍长进，去年多愤世嫉俗处。”王锡彤对曰：“门生全是气质用事，所以愆尤甚多。”王少白说：“气质化尽，则圣人矣。惟气质有不能尽化处，所以清任和各成其圣。即程朱大儒，其气象微有不同处，亦是气质之故。惟是损过不及以就中，便是变化气质的道理。《中庸》曰：贤者过之，不肖者不及也。知者过之，愚者不及也。无论天下多少人，只这知贤愚不肖四等括尽。所以古圣贤千言万语，无非教人求中。”王少白批讲了程朱陆王思想的各自特点后说：“惟自述夏峰琴操说得好，道同源，躬行实践，舌上莫空言。”①

与王锡彤同为1866年出生、后来对中州学界产生重大影响的李敏修，“早岁从武陟王少白先生游，笃守洛闽矩矱。既而出入诸经，博观约取，

① 王锡彤著：《抑斋读书记·附编》，卷三，第1、12、14～16页。

特心折于船山之学，故其教人，由船山以上溯洛闽，而归宗于洙泗”[①]。李敏修继承乡正遗绪，成为一位很有影响的理学家。

李敏修（1866—1943），又名时灿，号闇斋，河南汲县人。光绪十八年（1892）进士，授刑部主事。中州“一代耆儒，早岁讲学，笃守程、朱。至晚年则行事类夏峰，持论宗船山”。光绪十五年（1889），他对好友王锡彤说：“名教自有乐地，周（敦颐）、程（程颢、程颐）、张（载）、朱（熹）之书，为孔孟真传，吾辈不可不勉，以之自修，以之淑世，达而在朝，穷而在野，皆有安身立命之地。”[②]

王锡彤在其《知非自叙》中称：“李敏修者，余生平第一益友也。”[③]甚至有时会尊称李敏修为师。嵇文甫曾经指出：李敏修为学“由船山以上溯洛闽，而归宗于洙泗。然志在经世，通达时务，不屑于门户之见。其于远西新来诸说，亦未尝不虚心研求，斟酌去取。迥非顽固一流者比也”。“当清室末造，国人怵于灭亡之无日，各省开明士绅，竞起以新学新政相号召。若南通张季直先生，天津严范孙先生，其冠冕也。于时先生亦起自中原，纠合同志，作桴鼓之应。其相与左提右携，疏附而先后之者，则有同邑王筱汀，辉县史筱舟，新乡王靖波……”李敏修在他的家书中有这样几句话：“余自记生平，早岁未尝无志于学，亦尝夙夜研究，然初累于科举，后迫于生计，其专心于学者日复落落；及欧风东渐，融会殊难，而余已垂老矣。”[④]

在河南这种大的流风余韵的影响之下，王锡彤虽有经世之念，但对理

---

① 嵇文甫：《读〈毋自欺斋文字纪年〉》，《嵇文甫文集》中册，第392页。文中“上溯洛闽”指上溯二程和朱熹，“归宗于洙泗”，系指归宗于孔子。洙、泗原是鲁国水名，孔子是鲁国人，于是有是说。

② 《抑斋自述》，第30页。

③ 《抑斋自述》，第222页。

④ 嵇文甫：《读〈毋自欺斋文字纪年〉》，《嵇文甫文集》中册，第390~392页。

学情有独钟。光绪二十七年(1901)，李敏修、王锡彤等在汲县创办经正书舍，收藏图书最多时达三十余万卷，他们在此切磋学问，披阅文字，指导生徒。王锡彤曾主讲致用精舍、淇西精舍，讲《大学》融合朱子，讲论语沿《朱子集注》而归本二程，间采陆、王。王锡彤四十岁时，李敏修推荐其任河南禹州三峰矿务公司经理。王大为光火，写信责怪敏修说，我十六岁习商逃归读书，岂有二十余年后顿食前言，再腼颜为商者?以至于禹州知州等也十分清楚，要直接聘任王锡彤管理煤矿，王锡彤是决然不肯就任的。于是异想天开，以邀请王锡彤任三峰实业学堂山长为名，只是在聘函中夹带一句“并管理三峰矿务公司事宜”。实际上当时禹州三峰只有煤矿，并无实业学堂，先有山长而补出一实业学堂。诚如王锡彤自己所言，实业学堂而有山长，实业学堂山长为学生讲《论语》、改应科举试文字，可谓驴唇马嘴，不伦不类。理学难行，实业待兴，这是当时的实际情况。

1946年，李敏修逝世三周年时，嵇文甫特为《河南民报》撰写社论《纪念李敏修先生》。其中写道：“我们应该知道，学术的确是国家民族的精神命脉所系，任何时代，任何国家，一到了所谓‘学绝道丧’，所谓‘上无礼，下无学’，一到了大家都‘不悦学’，不尊重学术，不尊重学者，那就是必亡的征兆。”“李老先生讲学数十年……现在河南教育界四十岁以上的人士，大概都直接间接受过他的影响。”“自然，他是个理学家。”“李老先生逝世了!无论怎样伟大的学者，谁也不能不受时代的限制，地域的限制，李老先生当然也不例外。然而只要是一个真正的学者，总都是超然独立于势力纷华之外，而别有一种崇高伟大的境界，以自乐其天怀。视世之蝇营狗苟者如无物，他那种忠心于学术，献身于学术的精神，总是永远光明的。”①

嵇文甫这里谈论的是他的老师李敏修，但将此评价移置到王锡彤身

① 嵇文甫：《纪念李敏修先生》，《嵇文甫文集》中册，第390～391页。

上，也有相契合之处。一是因为王锡彤将李敏修看作平生对自己有益的“第一人”，两人在治学、道德修养、待人接物之原则等方面，相互切磋、相互砥砺，在跻身地方政事、参与地方公益等方面相互支撑，堪称典范。在追求人生理想上，王锡彤一生经历了由士而商，再由商而士的历程，绝大部分精力曾放在实业上，但晚年辞去一切企业任职后，托身老病重之躯，潜心读书、著述，笔耕不辍。诚然，如嵇文甫所言，王锡彤和李敏修所讲的那一套，不一定尽合现代人的口味。然而，他们始终以学术为安身立命所在，热心地追求着，仔细地探索着。不以学成德尊而鄙夷新进，不以衰病颠沛而姑息偷安。这样的人，令人尊敬。

第二节 《抑斋自述》与《抑斋诗文集》

王锡彤著述多种，印行有《抑斋自述》《清鉴前编》《大学演》《抑斋诗文集》《抑斋读书记》等。其中，《抑斋自述》一书篇幅最大，学术价值最高。《抑斋自述》系根据王锡彤日记编排的自叙年谱，按时间顺序分为七个部分，计《浮生梦影》《河朔前尘》《燕豫萍踪》《民国闲人》《工商实历》《药饵余生》《病中岁月》。书中前六个部分，曾经王锡彤自己手订，且有数种其生前已经印行。其他各种，于其去世后很快付梓。

王锡彤一生，正值中国处于大变化、大动荡的时代。《抑斋自述》一书，就这一历史时期作者所见所闻，特别是亲身经历的主要事件，按年月日一一排比记述，为人们研究河南乃至中国近代社会，提供了相当丰富且有准确时空定位的鲜活历史资料。

《抑斋自述》中，对近代河南特别是豫北农业、农村、农民的生产生活状况，有具体的记述。其中对白莲教、捻军、太平军及义和团在河南活动的情况多有披露，有的资料非常重要。如，义和拳在河南省河北道初起时，当地官绅如何对待、对付义和团的记载尤为具体。这在前面关于王锡彤参与筹防局事中已经有说明，可资学者研究义和团运动史作为重要参考。《抑斋自述》中，对清末河南人民抗捐抗税斗争及民国初年爆发的农民起义白朗起义，也有论及。其中谈到王锡彤主管禹州三峰煤矿公司时，白朗曾经是该煤矿的“散工小目”——临时工头头，为研究白朗的出身、经历提供了难得的宝贵资料。

1909年后，王锡彤成为袁世凯的重要幕僚，奔走于京、津、冀、豫之间，对清末民初的政情了解颇多，其自述中有关这方面的记载引人注目。武昌起义后，在革命派及立宪派的推动下，全国许多省份纷纷独立，宣布脱离清王朝。河南并未独立，而是在袁世凯支持策划下，演出了一场所谓“请愿共和不独立”的闹剧。这场闹剧是在什么背景下出台、如何实施的，其作用如何，《抑斋自述》中有详细、具体、可靠的记载，实为不可多得，为史家所重视。

王锡彤结交广泛，清末民初一些政界人物如徐世昌、冯国璋等，《抑斋自述》中间有述及。加之王锡彤之次子王泽攽系公派留日学生、中国同盟会会员，王锡彤与革命党中的一些人也有联系。如袁世凯军队南下镇压武昌起义时，曾拘留中国同盟会书记、著名革命党人曾昭文。曾昭文系河南人，又是王泽攽的留日同学。在王锡彤的建议下，袁世凯令人将曾昭文送到彰德（安阳），袁与其会面后放归南军，以便将来需要时互通南北声息。南北议和时，曾昭文系蔡元培率领的南方代表的成员之一，袁曾通过王锡彤向曾昭文施加影响。又，袁世凯策划帝制复辟时，王锡彤与革命党人胡瑛等站在一起，王亲耳听到是胡瑛第一个喊出“大皇帝万岁”的。这些记载，多为他书所未见，有重要史料价值，且《抑斋自述》中关于中国经济史方面的史料价值也很高。王锡彤老家河南卫辉府当时处于水路、陆路交通要冲，是渤海长芦盐较大的集散地之一。王锡彤之父在盐业谋生有年，曾任盐店执事，王锡彤少年时代也曾为盐肆店员，后在书塾授徒时，学生也有不少盐业子弟，因此，他对盐业多所了解。其自述中对修武盐肆经营中，如何缺斤短两、以次充好、克扣平民百姓，进行了具体深刻的揭露，亦为他书所少见。

1909年后，受袁世凯之委托，王锡彤北上京师与北方大实业家周学熙一起，在京、津、冀、豫等地经营、创办近代工业企业。王锡彤先后担任过京师自来水公司协理、启新洋灰公司协理、华新纺织公司专务董事等大型企业的重要职务。《抑斋自述》一书中，对这些企事业的集股过程、经营管理模式、股东会和董事会开会时间、地点、主要议题及历年营业的盈亏状况，逐年或详或略做了记录，向人们展示了在外国资本和本国各种势力的牵制下，中国北方工业艰难发展的历史轨迹。这部分内容，是研究中国近代经济史重要的参考资料。

《抑斋自述》一书的重要价值，还在于它为我们研究河南近代文化教育及社会变迁，提供了大量的第一手材料。王锡彤曾在漫漫科举路上踯躅，他七次参加乡试，希冀考中举人，但屡战屡败，次次落第。以拔贡身份赴京师参加朝考，仍报罢，仅仅获得一个“注直隶州州判”的功名。后在袁世凯的建议和支持下，为向清政府申办注册企业之计，出数千两白银，捐了个候补郎中。科场上的种种经历和屡屡失意，使他逐渐从内心厌恶这条道路，厌恶作为敲门砖的时文，并用不少篇幅揭露科举制度中的种种弊端和阴暗面。他的诗文也为今人具体了解旧科举取士的流程，提供了更加具体、生动的鲜活例证。王锡彤六十三岁时，也就是在1928年，他在一首诗中还感叹当初为应科举考试白白耗费了自己的大好时光。《夜不寐作》组诗中的一首，即是这种情感的真实流露：“少年有志学文章，都为科名到试场。刺取六经作题目，融通群史作糇粮。几多岁月黄金掷，老大头颅白发长。但使一丝留气息，好将夜烛补韶光。”[①]

王锡彤曾在河南省多处书塾、学堂授徒。1909年前，曾主讲淇西精

① 《抑斋自述》，第380页。

舍，曾任禹州三峰书院山长与禹州实业学堂山长、监督。他曾与有中州大儒之称的挚友李敏修等创办经正书舍，并参与卫辉、开封等地新式学堂的创立，一度任河南省视学。王锡彤家塾曾辟为女学堂，开当地风气之先，曾先后有数十名女童入学，由王锡彤妻子管理。王锡彤之弟王锡龄，曾任汲县高等小学堂堂长等职。1909年后，王锡彤北上京师办实业时，曾任京师豫学堂监学兼教务长。王锡彤长子王泽敷于河北保定师范学堂毕业，长媳陈锦章先赴天津女学肄业，后转入北京女子师范学堂就学。次子王泽攽考中河南省第一批官派留学生，在日本留学多年，并在日本加入孙中山等组织的中国同盟会。王锡彤一生中，经历了中国教育体制由旧式学堂向新式学校的演变，并亲身参与其间。对于这一历史性的发展变化，《抑斋自述》一书用纪实的方式，留下了许多时空定位精准、平实可靠的历史资料。自述中，关于袁世凯自天津直隶总督兼北洋大臣任上，寄白银万两，促成河南省第一批赴日官派留学生成行等记载，也为他书所少见。

王锡彤一生中，与近代中州学界特别是河南省河北三府的知识界，来往极为密切，形成了一个既富理学底蕴又不断与时俱进的文化圈。《抑斋自述》对这一文化圈中学人的家世、师承关系、学术渊源、治学方法及对时局的认识，一一记述，可供研究中州思想文化史的学者参考。

《抑斋自述》有不少关于河南省特别是豫北地区风土人情及其流变的记载，为后人考察研究近代河南社会文化提供了参考。

《抑斋自述》七种先后付梓，获得时人好评，认为该书简洁而有家法。近几十年以来，这部书也逐渐引起学界特别是中国近代史学界同人的重视。需要指出的是，囿于王锡彤的见闻及其立场、世界观，《抑斋自述》中的记述有些地方似有隐讳，讹误也间或有之。对当时一些人物的评价，也仅是一家之言，未必精到、准确；其记载王锡彤本人在一些历史事件中的描述，抑或有夸大自己作用的地方。王锡彤是个集新旧于一身的历史人物，他当年就有“新人恶其旧，旧人恶其新”的感慨。他持进化历史观点，与时俱进，但旧的“夷夏之变”等观念，又限制了他对某些历史变迁的分析和判断。他主张共和，反对专制，对袁世凯复辟帝制持反对态度，但对袁世凯的为人处世的评价，由于接触了解甚深，确有独到之处，但似乎也有情感超乎理性的地方，有些令人难以接受且也不尽符合历史事实的评述。

王锡彤认为自己的一生，是由士而商，再由商而士。根深蒂固的理学传统，使其修身齐家、为人处世，颇有规矩。他精心投入实业建设并颇有业绩。但对于最高理想的追求，理学家才是他第一选择，他更愿意人们把他看成是个理学家，而不是实业家，对此他在《抑斋自述》中反复致意，深怕后人及社会中人对其误解。对于这些，研究者自有判断，自然是仁者见仁，智者见智。

王锡彤另一部主要著作是《抑斋诗文集》，系王锡彤逝世后一年，即1939年印行。其友人赵元礼在为这部著作所作序言中有如下文字：

> 汲县王筱汀先生，相友数十年，品端学粹，人无间言。曩见所撰《浮生梦影》《河朔前尘》《燕豫萍踪》《民国闲人》《工商实历》《药饵余生》《病中岁月》等日记，简洁有家法；而《清鉴》一书，尤兼才学识三长，惜未卒业为憾。然于此第见先生为文学中人也而已。去年先生殁，公子仲刘搜检遗著，拟付剞劂，以永其传出。诗文数册，嘱为校对。敬披读之，其散文情真语挚，无一浮剽语。祭文尤剀切笃挚，血泪交融，令人不忍卒读。昔人谓读《出师表》而不动心者，其人必不忠；读《陈情表》而不动心者，其人必不孝。予谓读先生之祭文而漠然者，其人必无心肝。乃惊叹先生实性情中人，非第为文学中人而已。
>
> 古人谓余事作诗，先生之诗，随意挥洒，每见性情，亦时

有过人者。[1]

由于是友人，又是受王锡彤之子王泽攽之邀请为之序，文字中溢美之词或有之，但应该说还算比较中肯。其中指出王锡彤是“文学中人”“实性情中人”，又云王锡彤的诗“随意挥洒，每见性情”。这些话真是说到点上了，不仅谈的是王锡彤的诗文，也触及王锡彤的为人性情，非与王锡彤有较长时间接触、了解较深所不能为。

《抑斋诗文集》分为文集和诗集两大部分。《抑斋文集》又分论议、序跋、书信、赠序、杂著、碑志、铭赞、祭文等，共计四册六卷。集后署“男泽敷、泽攽校字”。

文集论议部分中，有几篇文章值得一提，一是王锡彤1908年所作的《知识与礼教并进说》。说起这篇议论文的出台，还有一段故事。1906年2月，王锡彤长儿媳病故。次年11月，锡彤为长子王泽敷续娶陈维祺之女陈锦章，锦章又是王锡彤弟子林翰鸿的表妹。该女有志向学，其家为她议婚一富家大户，锦章抗而不从。当时林翰鸿与王泽敷提倡天足、女学等事，于是由林做媒，成全泽敷与锦章二人。1908年8月2日，王锡彤亲自送锦章和她的表妹林之兰赴北京应考北京女子师范学堂，时在保定优级师范学堂的长子王泽敷则从保定上火车前往。8月6日，北京女子师范学堂考场上出的作文题目就是《知识与礼教并进说》。考试罢，王锡彤知悉两女子之应试文章，认为她们两人作文各有短长，但均议论不深，于是，王锡彤自己也写了篇与考题一样的文章，意在做一示范。

王锡彤在文章中阐述教育中“礼教”与“知识”两者之关系时说：“教必以礼，无礼非教。有礼教则知识始生，如春雨后之植物，鬯茂条达，不日凌云也；无礼教则知识将锢，如北高原之沙碛，广漠枯槁，不生寸草矣。不特此也，人必知识大开而后始识礼教之重。盖国家之为国家，

---

① 《抑斋诗文集·序》，1939年印行。

社会之为社会，非教不成，非礼不立。”“不知礼教，实则未有知识而已。”王锡彤在文章末尾写道：“戊申仲秋，送锦章、之兰两女生入京，应女子师范学堂考，堂中以此命题，两生文虽有短长，然发挥均未至此。试后，苦雨连日，闷坐逆旅，拈此示之。”[①]王锡彤不是个思想守旧的文人，送儿媳去京津读新式教育，即是明证。联想到此层面，王锡彤在文中批评不重中国传统礼教之精粹，不讲究礼教，甚至将西方某些糟粕的东西当宝贝以误人，其思想确实有可取的地方。

王锡彤另一篇议论文，是1928年写的《汲县志末议》。文章强调了修地方志应该采取严肃认真的态度与科学的方法。比如，他提出，必须对县域进行精密测量，绘制出详细地图。无切实的丈量，就不可能得到农田的准确亩数；不查清楚户口的变动，就不知道人口之盛衰；不调查清楚当地的农作物、农产品及其他物品的种植及生产情况，就不可能了解当地生产之真相；不进行商业流通情况的调查，就不可能掌握经济界之信息。由此出发，王锡彤特别强调修志的目的是经世致用。他还在文中乘机抨击了地方官吏的不作为和乱作为：“治是县者，不知是县之农田若干，人口若干，物产之盈虚如何，经济之消息如何，货品之出入如何，而但知征赋，其所征者又不以册之所载者为凭，惟日新月异硬派勒捐，不复问小民之能承与否。居是县者亦强者顽抗，弱者吞声，相与剜肉刮骨以应之。上下相委，得过且过，如是之县修志，即摛华扬藻、典赡详赅，何益于事？迂腐老生犹好之而不已，且苦搜腹笥与古来人争一日之短长。其为可笑不亦甚乎？”这篇文章是在与汲县一些士人讨论修汲县县志后写的，在如何撰写县志上，参与者显然有激烈的争论。所以王锡彤在文章末尾写道：“论辩既竟，转觉輾然！”意思是说，论辩结束了，只能平和地一笑了之。[②]

---

① 《抑斋文集》卷一，第2~3页。

② 《抑斋文集》卷一，第8页。

文集中的书信部分，也有相当的价值。如1895年写的《上黄恕轩先生书》一文中，特别强调“立德”的重要：“窃谓立德立功立言，难分三事，原指一理。德者，一根也，功、言两干也。人立德矣，进之立功于当世，退亦立言于万世……吾辈今日似只可言，而为学之始，又不得曰吾将立德也，亦仍尽其为人而已。”[①]又王锡彤1900年拟定的《代马子明致二弟马积生太史家书》，有较高史料价值。该书请京官马吉樟（字积生）代奏：“假岑公以督办河北防务之权，准其专折奏事，庶前所言诸公不致再掣其肘，河朔幸甚，大局幸甚。如一时不能办到，或径由吾弟联同河北同乡京官，具呈堂官，代奏圣聪皇太后皇上，发愤自强，志在中兴，决无不准之理。如此，则兄与同乡诸父老感激多多矣。”该文可补他书有关河北道设置筹防局具体操作、布置及所遇阻力之情况叙述之不足。[②]王锡彤在《复朱夔辰书》中披露：“光宣之交，遨游燕都，见当世所谓文人学士者，非亟亟谋京察希外任，即流连诗酒甚或狎倡伎、昵歌童，下至耽溺樗蒲（指赌博——引者注），不觉慓然，知天下将乱。”揭露了在京师中一批所谓文人学士的堕落。[③]

王锡彤在文集卷五“杂著”中有一篇1913年写的文章，名曰《外人之共和观》。文中写道：“中国曷为有共和政体，吾闻中人士之言曰：吾民苦于若专制久矣，武昌起义天下响应，推倒四千年专制君主，使庄严灿烂之共和政体发见于吾中华民国，实我四万万人，人同此心、心同此理之效果。其言甚美，亦甚大。虽然，吾尚有一疑问，即此次之改建共和，是否果由四万万人心深恶专制政体，不适生存，因以改建共和为目的耶？抑实由时势逼迫，不得不尔！汉族复仇主义，既不能圆满进行，因以共和为收

① 《抑斋文集》卷二，第2页。

② 《抑斋文集》卷二，第4页。

③ 《抑斋文集》卷二，第10页。

场之地；满族亦因困于财枯械竭，战又不能，降又不甘，姑以共和为遮羞之具耶。”

接着，王锡彤对自己的观点加以阐释。他认为，共和观念发生肇始欧美，原于卢梭民约之说。由此，一切天上地下、君尊臣卑种种陈腐旧观念，当然无存在余地。这种思想观念传到东亚时，独中国有一天然之阻碍，即人民识字之数太少是也。通商大埠人民的认识程度，较内地城镇约高几倍；内地城镇较乡村又约高数倍。大约以识字之多寡为文野之比例差，其陋者不知共和，也不识专制，盖全国之中去原人不远者实逾半数。此不惟中国人自知之，即各国人旅居中国稍久者亦无不知之，初无庸为之代讳也。以如此之民而欲造成共和，改建民主，恐海内以如何演绎之、归纳之，亦决不到好处。然其中有一最大潜势力，即复仇主义是也，地无分南北东西，人无分男妇老幼，对“排满”之说，大都能接受，而并非真的支持民主共和。在谈到清王朝“预备立宪”时，王锡彤说“夫立宪而约预备”，其滑稽政策“实足腾笑中外”。而中华民国建立后，“名曰共和，而发生种种怪现象，此则欧美之所无，中国之所独有矣”[①]。可以看出，王锡彤对当时的中国社会进行过认真的思考。

据王泽敷在文末的按语中披露，王锡彤的这篇文章是在民国肇建之初，假借外国人的口气而撰，署名“大愚”，于1913年3月27日在王泽攽主办的《大自由报》上发表，并被民国《续经世文编》编入书中。王泽敷在整理文稿时，见有其父这篇文章的手稿，于是纳入文集。[②]

《抑斋诗文集》中诗集部分的学术价值也很值得关注。如果从文学的角度来评判，也许王锡彤的诗歌创作难以给予很高的评价，但他的诗多属纪事性质，史料价值不容忽视。

---

① 《抑斋文集》卷五，第8页。

② 《抑斋文集》卷五，第14～15页。

第三节　王锡彤诗文中的家国情怀

1928年8月21日，王锡彤的表弟罗仰九自河南来天津，叙说老家发生的一切，仰九系锡彤舅父之子。其时，病中的王锡彤写了一首诗。题曰“罗仰九表弟来谈故乡事，诗以纪之”。全诗如下：

弟自故乡来，为谈故乡事。军队势熏天，土匪生遍地。
军队与土匪，善恶本殊致。膏血吮民生，其害乃无二。
军队最多时，骚扰百方备。逐户供粮秣，按亩加征税。
又值荒歉年，仓廪都空匮。预征到三年，稍迟有咎戾。
闾阎日怨咨，但祝军队去。忽闻有军符，欢如得恩赐。
营屯次第开，庶几苏凋敝。土匪亦闻之，乘机乃恣肆。
劫掠复索财，质人以为饵。数万不为多，千百亦不弃。
乡村更仓皇，白日门都闭。贫者伏沟壑，富者远迁徙。
最苦中下家，每日亦奔避。晚来走城厢，早起返居次。
眼望烽火惊，胆被枪炮碎。更须按钱粮，加征团防费。
比之正供额，又须加一倍。土匪恨不平，乃复攻城市。
团勇数百人，苦苦相抵御。星夜请援兵，偃蹇不时至。
幸有过路军，救灾为仗义。排枪数十发，土匪始稍悸。
孑遗幸保全，未得深渊坠。又须犒军人，竭蹶搜骨髓。
起视田间禾，盈尺未结穗。粮价日增高，斗米两金内。
种种丧乱情，言罢有余泪。我欲问当途，胡不少留意。
平安在何时，吾曹喘难俟。①

读这首诗，一幅在兵灾、匪患交织，政府又不作为的情势下，民不聊生的情景跃然纸上。

---

① 《抑斋诗集》卷二，第10页。

王锡彤的诗中，有的加注，述其所记事情原委。如关于义和团的诗是这样写的："蓦然祸起义和拳，到处村墟骤涨烟。贫苦人家无地避，只教儿不信神仙。"在这四句诗的每一句夹注中，王锡彤披露了许多具体情节。他在四句诗后分别写道："庚子拳祸由天津（沿卫河）蔓延而来，余居临卫河，传染较易。""（义和拳）各处铺坛降神，初称我是关爷，再则周仓、关平，又复则黄天霸、黄三泰或孙猴子、猪八戒。若戏剧中无者，坛中亦无降者。""时殷实家，或于山中购屋作避乱计。余无其力，且以为此种乱象，山中得祸恐更甚于平地。""余家除供祖宗外，无他神像，故妇人小儿皆知其非。"①

王锡彤的家于清末因兴学遭狂祸后所写的纪事诗中，其所加的注释，也是重要的历史资料。有诗及注如下："祸不始兮福不先，此言本在脑中镌。竟因兴学遭狂祸（王锡彤注：当光绪、宣统之交，乡里以学堂为洋学，教法为洋教。吾家弟由本省师范学堂毕业，为本县高等小学堂堂长。儿辈亦各入学校。且吾家不敬杂神，遂纷然以吾家为从洋教，起与吾家为难，且牵及李敏修家亦遭滋闹）。几失王家青故毡（王锡彤注：吾家紧闭门，狂徒未得攻入。又得左右邻佑，百方劝阻，竟有被殴受伤者，乃悻悻而去）。旧俗改从天足始（王锡彤注：光绪末年奉旨禁缠足，先慈以为然，率吾家妇女先实行。敏修之太夫人亦于其家实行。当时卫辉旧家以两老人为斗极，故渐有从者。毁家之祸，亦为种因之一），新机启自女诸生（王锡彤注：就家开女校教里中女生，室人为堂长，亲督教之）。岳家训女真严厉（王锡彤按：毁家后岳祖母本续弦，乃归罪天足，力饬令改），一度弓鞋竟中兴（王锡彤注：于是已弃之鞋复著者，数月然，桎梏既解，欲再就絷者难矣）。"②

① 《抑斋诗集》卷三，第12～13页。

② 《抑斋诗集》卷三，第15～16页。

接下来的一首诗，则记述这场纷扰的后事。原诗云："狂风暴雨不崇朝，见晛当然雪自消。从此虚誉反隆洽，中州竟与数贤豪。"王锡彤在诗的注解中说："余闻电报奔归，府县官皆来谢保护不周。余以素行不孚乡里自引咎，敏修亦归里。卒以赔情服礼了之。""此后新政日兴，无役不与素行，反以是见重。"从这些记述中，可以看出清末民初教育与社会风俗发生的重要变化。一些人从激烈反对新式教育，反对天足维护缠足陋习，到积极或无奈地适应新的变革，反映了社会潮流的重大变化。在王锡彤另一首诗的注中，还记述了其次子王泽攽考取河南省首次官派赴日本留学生时人们的反应，"时乡俗犹相骇怪，百计力阻"，但王锡彤的母亲及妻子则支持泽攽留学日本。而且王锡彤的妻子在宣统以后再大胆办女学，即没有什么阻扰的人了。①

光绪三十二年十二月，卫辉有学堂被砸，事情涉及王锡彤、李敏修，因事发在年底，新年又系丁未年，王锡彤即以当年干支字冠首，联系时事撰写了三副春联。三联如下：其一，"丁兹学术纷歧日，未是鄙人适意时"，是其对时事之感悟；其二，"丁年激励蓬弧志，未雨绸缪桑土情"；其三，"丁宁儿子勤修学，未忘乾坤待转变"，则表达了作者的志向和期待。

除抑斋诗文外，王锡彤另有《抑斋读书记》印行。该书分正编一、二册，附编一册，共计六卷。书中收录了王锡彤的读书心得和人生体悟，从中最可看出其世界观及其学术思想，不少地方极富哲理，耐人寻味。

关于应该怎样读书，王锡彤认为，人应该抓紧时间读书，如果说要等待不忙了再读，那么一辈子也没有读书之日："待有暇而后读书，终身无读书之日；待有余而后济人，终身无济人之时。"王锡彤认为，不能死读书，要善于思考，要有自己的见解："读书万不可为古人吓著。无论其为

① 《抑斋诗集》卷三，第16~17页。

某贤某儒，必要字字在心中秤过，方不辜此一读。不然，随人步趋，剽窃唾余，终身打不开古人范围，直是自弃。”实际上，王锡彤读史、读经的笔记中，多阐发自己与人不同的观点，尽管其所持观点只是一家之言，尚有可商榷之处，但他确实是独立思考而非人云亦云，这是很可贵的。

王锡彤是个孝子，关于事亲，王锡彤说：“人之于天地，一气流通也。时寒则寒，时暖则暖。关则如福，为亚则召祸。人子于父母，一气流通也。故亲忧则忧，亲喜则喜，亲病则病，亲愈则愈。一孝则亲心悦，一不肖则亲心伤。本无分毫隔阂，而人自遏之塞之，是诚何心哉！”“爱亲者能令亲爱我，斯真爱矣。”他深情地说：“博亲心一悦，胜进补药十剂。”值得注意的是，王锡彤也反对不分青红皂白一味顺从尊长，他写道：“今人之为不义者，动曰为尊长所迫。不知父母有过尚宜几谏，岂于尊长反可一味顺从？只当埋怨自己识见不真，力量不足，勿诿责于他人。”

关于自我修养方面，书中王锡彤体会很多。王锡彤认为，人如果到了无私的境界，则其心如天地一样广大。他说：“人到无私心间隔时，浩浩然与天地同其广大也。一为自私自利之念中之即刻混沌矣，开辟混沌不出方寸。”他还指出：“多欲足以累心，多言足以伤气。欲不寡而能心清者鲜矣。”“身穷可也良心不可穷，若并良心而穷之，斯真穷也。”“忧愁拂逆困不倒，声色货利诱不倒，可谓真豪杰！”

怎样对待别人的批评甚至诽谤呢？王锡彤这样认为：“谤之者愈重，则德之进必欲速。盖众人既已圣贤待我，而求全责备于我。凡我之虑所未周者，皆可以补救于后，是众人之爱我也。即使其言不当，而又出于挟私诬谤，是彼自甘于小人之流，于我何污焉？”王锡彤主张谨言慎行，他说：“一步不慎，招辱之道也。一言不慎，取戾之机也。帮能进不如能退，能伸不如能屈。”关于待人，王锡彤还说：“俭，美德也。然只可俭于奉身，不可俭于事亲，只可俭于自待，而不可俭于待人。”对别人应该宽厚些，对自己则应该严格些。“待人者当于有过中求无过，自待者当于无过中求有过。盖一是爱物之仁，一是克己之义也。”“人须是卓然能自树立，受人恩者便有作不得主张处，非仅以标傲骨也。”不能恃才傲物，自以为了不起。“无才者常觉其能，有才者常觉其拙，有道者常觉其不肖，不肖者常觉其有道。”

王锡彤主张人的一生应该勤勉、拼搏，不能姑息、迁就自己，更不能放纵自己。他说：“《大学》一书，本是教人以齐家治国平天下之道，不是空空收拾得一身干净便算了事。”“从血性中干出事业，乃真事业；惟从血性中做出文章，文章乃佳。”“圣人参赞化育，亦不能化豺狼为麟凤，只是制其爪牙纳之阱槛，使不至搏噬人而已。”①

学习要有恒心，不能因循懒散。“总之，学不到日日新，不足言恒日日新者。天行健，君子以自强不息也。恒即是恒此不息尔夫。”②

王锡彤不是个死读书、读死书之辈。他从青年时代起，便注意经世致用，有很深的家国情怀。他密切关注社会，曾对他所处的时代做出如下分析：“大臣庸，小臣狂，处士横，敌国张，此目前之大患也。正学衰，邪教盛，商贾富，农民穷，此日久之隐忧也。旋乾转坤，当于此处着眼。”③虽然他无旋转乾坤之力，但也确实看出了当时社会上的一些弊端。

王锡彤的乡贤好友中，多系理学家。其中有的人，如汜水（今郑州荥阳）魏联奎极鄙视“利”，认为“义利之辩，是人禽之别”，这也是不少理学家持有的观点，在李敏修、王锡彤等创办的经正书舍的同人中，也引起过争论。王锡彤认为：“同人有极言利字不好者。余曰，利字何尝是坏字？《易》曰，利者，义之和也。圣人以美利利天下。《论语》曰：因

---

① 以上诸条引文见《抑斋读书记·附编》卷一，第3~7页。

② 《抑斋读书记·附编》卷二，第4页。

③ 《抑斋读书记·附编》卷一，第8页。

民之所利而利之。《大学》曰：以义为利。圣人何尝讳言利哉。特恐人眼界狭，识量小，见小利而忘大利，见近利而忘远利，甚至以一人之利而贻千万人之不利，则利字乃为世人诟病矣。其实，无论人要办何事，决无专求不利者。一钱之锥不利，不足以补履，况其大者乎？今人务讳利之名而阴攘利之实。闭天地自然之利不为之疏泄宣通，听斯民陷于颠连疾苦而漠然无关，乃曰吾耻言利也夫，非儒者迂谬之罪哉！”①

王锡彤反对那些高谈阔论所谓大“义”，耻于言“利”，而于民众陷于疾苦而漠然无视、无动于衷，还美其名曰“耻于言利”、自命清高的人，直斥这是些迂腐荒谬的儒者。王锡彤对义与利的辨析，显示出其真知灼见，这也是他能够从一个理学家嬗变为一个成绩卓著的实业家的重要思想基础。

王锡彤很重视对子孙后代的教育。他在其长孙王懋谦十八岁时，赐其字为“慎野”，并在撰写的《谦孙冠词》中写道：“长孙懋谦，年十八矣，将于闰五月十六日为之娶妇，先一日冠而字曰慎野。从日者言五行缺土，弥缺憾也。余特有郑重为谦戒者：一言语之野，发言粗鄙，好骂詈人，丧名败德，上辱其亲；一行动之野，不亲正士，甘伍下流，村言鄙行，日积罪尤；一心思之野，不修孝弟，而嗜肥甘，不勤学问，而想高官。尚慎念之哉，傥能免此三野者，则野可易野，仍土德也。”②

为教训长孙懋谦，王锡彤写下了《谕谦孙——败家子有必历之境十》一文：

> 第一境，不学。以诗书为桎梏，视师保若仇仇。
>
> 第二境，骄傲。本无学问而目空一世，本无才智而自诩万能。
>
> 第三境，比匪。正人君子避之若浼，舆台下贱引为至交。

---

① 《抑斋读书记·附编》卷二，第16页。

② 《抑斋文集》卷五，第14～15页。

第四境，游荡。狂嫖滥赌，粪土用财。

第五境，匪诱。谓高官厚爵可唾手得，或美人才女愿屈己相从。

第六境，陷落。重则百万家财付之流水，甚则贴身衣服悉被剥除。

第七境，求乞。寻亲觅友冀得一饱，言词书信望人哀怜。

第八境，怨尤。求人而人不应则詈人为负心，呼天而天不应则谓天为无眼。

第九境，肆恶。强者流为盗贼，弱者习为鼠窃。

第十境，终结。根器深者回头是岸，孽障重者疾病夭亡。[①]

1926年某日，王锡彤另一个孙子王懋询生日，适值学校休息日，王锡彤打算带懋询去观剧。懋询对爷爷说，他要在家温习功课，准备考试。王锡彤听了十分高兴，赋诗一首："洞达古今皆学问，研求理道在专精。询孙不肯耽游戏，顿使重闱喜气生。"[②]重闱，即指父母或祖父母。

1936年10月，王懋询将赴欧洲意大利米兰大学留学，王锡彤为其题写了如下的话："忠信持己，笃敬接人。举念不忘家国，作事不悖彝伦。庶有以外酬知己，内亦有以报其亲。"22日送懋询上火车，懋询临别时向爷爷叩头，锡彤凄然，作诗一首："一颗明珠掌上擎，海天万里事长征。临行咽住伤心泪，强作无情遣有情。"[③]王懋询，1949年前曾任卫辉华新纺织公司负责人，新中国成立后曾任河南省人民政府委员。后居天津，曾参与《顾维钧回忆录》的翻译工作。

王锡彤有着深沉的家国情怀，他在天津法国租界生活时，时常伤感于

---

① 《抑斋文集》卷五，第15~16页。

② 《抑斋诗集》卷一，第26页。（又见于《抑斋自述》，第352页）

③ 《抑斋自述》，第463页。

国土沦丧，这在他的诗文中多有流露。1926年，六十周岁身居天津法租界的王锡彤，在读了杜甫一首诗后，忽生感慨，赋诗一首，哀叹国运不济，社会混乱，也抒发了自己怀念故乡却有家不能回的无比惆怅之情。诗云：

读杜工部诸将诗，有云“韩公本章筑三城，拟绝天骄拔汉旌。岂谓尽烦回纥马，翻然远救朔方兵”，不觉失笑。今之租界，皆从前正人君子所疾首痛心者。世乱以来，乃一一托以为命，感为此诗。

中国政治衰，远人强互市。战斗力不如，割地犹知耻。
权假租赁名，占据江海涘。云矗筑楼台，砥平表都鄙。
弹丸咫尺中，森然树壁垒。法明寇盗稀，地乐阛阓比。
况又精商贩，膻腥益附蚁。当时士大夫，怒目遥疾视。
不作人类俦，动相魔鬼拟。一若泣夷场，骤饮盗泉水。
忽忽数十年，兵戈乃大起。军士忽盗贼，盗贼忽军士。
军盗互翻覆，民命贱如纸。况又不第儒，摇唇变朱紫。
大者标党会，黠者夸宗旨。罔非纵虎狼，到处蟠蛇豕。
诛求遍滋陬，敲吸透骨髓。乘此孑遗人，缩项租界里。
岂不念乡邦，岂不思邻里。岂不顾坟园，岂不恭桑梓。
顾望不敢归，归去恐速死。外国租税重，科目朗可指。
中国鸱枭军，吞噬永无止。堂堂圣贤邦，茫茫生荆杞。
乃以痛恶地，觑作桃园矣。[①]

这一年，王锡彤还写了另一首诗，描述北洋时期北方巨埠天津当时的景象。抄录如下：

天津为北方巨埠，商贾精华所萃，连年兵战，胜者据之不久，又有胜者据之。吾为此歌：

---

① 《抑斋诗集》卷一，第26~27页。

年来世事如转轴，昨日歌笑今日哭。
轰轰烈烈战胜军，转眼视之无一人。
当其盛时势如虎，小民惕息谁敢侮。
突然败衄缩如鼠，叩头乞命作俘虏。
我闻螳螂捕蝉雀在后，童子持竿更捕彀。
今之螂雀何其多，纷纷大盗持矛戈。
一波未平又一波，往过来续奔江河。
洪涛巨浪舞蛟鼍，青天白日现妖魔。
吁，嗟乎！
上天好生不好杀，胡为世界变罗刹！
侧身四望一涕洟，不嗜杀人我所思。①

早在1928年时，王锡彤曾有一诗《说天津租界》，诗文如下：

天津租界大无伦，容纳五朝君若臣。
是有舞台张后幕，许多政客借潜身。
中原锦秀成焦土，近海笙歌辟莽榛。
芥子须弥真箇似，回头恩怨不须论。②

王锡彤为“容纳五朝君若臣”一句注云：指清朝及黎元洪、徐世昌、曹锟、段祺瑞五任总统。他为“是有舞台张后幕”一句注曰：当途发迹，或有不在租界者，其结果收场无不在租界卸妆。

王锡彤不少诗文涉及其在天津租界生活实历和他的所见所闻，这些也为中国近代租界史研究提供了有益的参考。

---

① 《抑斋诗集》卷一，第27页。（又见于《抑斋自述》，第354页）

② 《抑斋诗集》卷二，第4页。

参考文献要目

1.王锡彤著，郑永福、吕美颐点注：《抑斋自述》，郑州：河南大学出版社，2001年。

2.王锡彤：《抑斋文集》，1939年线装铅印本。

3.王锡彤：《抑斋诗集》，1939年线装铅印本。

4.王锡彤：《抑斋读书记》，1939年线装铅印本。

5.童坤厚编：《王筱汀先生年谱》，1939年铅印本。

6.周叔媜：《周止庵（学熙）先生别传》，沈云龙主编《近代中国史料丛刊》第一辑，台北：文海出版社，1966年影印本。

7.周小鹃编：《周学熙传记汇编》，兰州：甘肃文化出版社，1997年。

8.北京市档案馆、北京市自来水公司、中国人民大学档案系文献编纂学教研室编：《北京自来水公司档案史料》，北京：北京燕山出版社，1986年。

9.南开大学经济研究所、南开大学经济系编：《启新洋灰公司史料》，北京：生活·读书·新知三联书店，1963年。

10.河南省华新棉纺织厂编：《华新厂志》，北京：新华出版社，1995年。

11.中国人民政治协商会议天津市委员会文史资料委员会编：《近代天津十大企业家》，天津：天津人民出版社，1999年。

12.毛德富主编：《百年记忆——河南文史资料大系》，郑州：中州古籍出版社，2014年。

13.陈真、姚洛主编：《中国近代工业史资料》第三册，北京：生活·读书·新知三联书店，1961年。

14.骆宝善、刘路生主编：《袁世凯全集》第十八卷，郑州：河南大学出版社，2013年。

15.项城市政协编：《百年家庭——项城袁氏家族资料汇辑》，郑州：河南大学出版社，2012年。

16.魏青铓撰：《汲县今志》，1935年11月刊行。

17.卫辉市地方史志编纂委员会编：《卫辉市志》，北京：生活·读书·新知三联书店，1993年。

18.上海社会科学院历史研究所编：《辛亥革命上海史料选辑》，上海：上海人民出版社，1966年。

19.刘卫东、高尚刚著：《河南书院教育史》，郑州：中州古籍出版社，1991年。

20.李春祥、侯福禄主编：《河南教育史》，郑州：中州古籍出版社，1993年。

21.耿玉儒、耿兴正：《王筱汀与启新洋灰公司》，郑州：中州古籍出版社，1994年。

22.李玲：《近代河南绅士王锡彤研究》，厦门大学硕士学位论文，2008年。

23.叶宗宝：《抑斋自述七种整理与研究》，北京：中国社会科学出版社，2015年。

后　记

笔者关注河南乡贤王锡彤，是从1983年开始的。这一年，笔者之一的郑永福与马小泉先生奉河南大学历史系领导及恩师胡思庸先生之命，赴天津购书。时天津有关部门正腾退市少年宫，将“文化大革命”期间存放在此的一批图书处理。图书有的稍加整理，有的则仍堆积如山，有些已经标价，有些则当场议价出售。翻阅当中，郑永福和马小泉兄看到有线装版王锡彤的《抑斋自述》，计《浮生梦影》《河朔前尘》《燕豫萍踪》三册。知王锡彤为近代河南名人，购回放置河南大学历史系资料室中。1985年，郑永福父亲在京生病入院，便从资料室中将三册书借出，在护理父亲的闲暇时，将三册文字全部抄写一过。后又得友人南开大学李喜所教授、北京师范大学郑师渠教授、河南省社科院骆宝善教授帮助，搜集到《抑斋自述》另外四种，即《工商实历》《民国闲人》《药饵余生》《病中岁月》，凑齐了《抑斋自述》七种，并收入了童坤厚编的《王筱汀先生年谱》。有了这些文献，笔者二人便合作进行点注。自1984年起，我们与弟子诸君合作，相继发表了一些小文章和论文，计有：郑永福《1909年河南人民反对英国福公司的斗争》（《中州今古》1984年第1期），郑永福《试论辛亥革命前河南人民收回矿权的斗争》（《河南大学学报》1984年第4期），郑永福《袁世凯与河南请愿共和不独立丑剧始末》（《中州今古》1987年第2期），吕美颐《李敏修与汲县车马局》（《中州今古》1987年第4期），郑永福《王锡彤和他的〈抑斋自述〉》（《中州今古》1991年第1期），郑永福《嵇文甫先生旧学师承渊源考略》（《史学月刊》1995年第6期），郑永福《近代中州著名实业家王锡彤》（《中州今古》1997年第1

期），郑永福、吕美颐《义和团运动时期河南省河北道筹防局个案研究》（《史学月刊》2001年第2期），郑永福、谷银波《王锡彤与京师自来水公司》（《中州今古》2002年第3期），郑永福、王玉强《从理学家到近代实业家的王锡彤——一个中原士绅的嬗变追踪》（《郑州大学学报》2003年第4期），郑永福、吕美颐《二程与河南理学学统考略》（收入郑永福、吕美颐《晚近历史人物论稿》，大象出版社，2015年），等等。由于学术水平及思想认识及见到的资料所限，加之往往匆匆写就，文章中留有不少缺憾。近年来陆续有学者新作发表，此次撰写书稿，参考了一些先生的著述，在此一并致谢。2018年秋，好友强胜先生盛情邀请撰写乡贤丛书中之一种王锡彤。我二人思考一周有余，答应了。当时考虑的是，我们已经退休了，有时间，可以不那么急功近利，踏实点写了。可是一动笔才知道，时间是有了，但双双年已七十有五，记忆力衰退，思想也较前迟钝了许多，真无可如何也。

经过八个月的不辍努力，书稿总算完成。最想说的是两个字，感谢！感谢强胜主编的提携，感谢小泉兄的始终相助，感谢在查找资料过程中给我们诸多帮助的郑州大学郑丹群博士、张韶华博士，感谢河南省社科院王轲先生及张攀先生，感谢新乡学院聂好春教授和夏舒洋君，感谢大象出版社编校同志的辛勤劳作，感谢关心爱护我们的所有朋友和亲人！

历史学研究的魅力在于常研究常新。其中一个原因是，研究历史都是站在今人的角度去观察历史事件和历史人物。况且，往往是仁者见仁，智者见智，分歧是不可避免的。诚如人们对程朱理学的评价，扬者可使之上天，抑者可使之入地。争论还会进行下去。

公正客观，谈何容易。记得1963年在北京师范大学历史系上学时，何兹全先生谈到对王莽和淝水之战的评价时说：研究史学切忌人云亦云，要动脑子，要有自己的看法。先生特别强调，不能沿袭旧史家的封建正统观念，如骂王莽的重要原因之一是正统史家认为他姓王，而汉代的天下应该是姓刘的，所以骂王莽“篡汉”。淝水之战东晋打胜了皆大欢喜，因为东晋是中国的“正根”。其实这种正统观念是有问题的，评价历史人物和历史事件，应该根据史实，看他是有利于社会发展还是不利于社会发展。何先生还说，知识分子有个特点，同情弱者。一般对类似苻坚那样趾高气扬的人不大喜欢，加之正统观念使然，于是苻坚吃了败仗也就是“活该”了。何先生说，研究历史，不带感情是不可能的，但千万不能用发热的感情色彩取代冷静的科学分析，那样得出的结论肯定不会很科学。以上观点不是何先生原话，只是大意，还不知我领会有误否，但这些看法确实对我后来从事历史学教学与研究，有很大启发。

我们这次撰写王锡彤传记时，不禁又想起了何先生当年的教诲。一方面，对于王锡彤的研究与评价，主要看他的所作所为对社会发展是否有利。另一方面，不能因为他是“乡贤”，就夸大其词，凭情感予以拔高。当然，要做到客观、公正、准确，是很难的。本书尽量以平常心，将王锡彤一生的事迹加以梳理，写出来。至于写清楚没有，写得怎么样，留待方家评判，并真心期待专家学者们写出一本更高水平的学术著作《王锡彤传》。

本书即将付梓，真诚感谢责任编辑连冠先生。特别应该说明的是，我们的原书稿十章，章下未分小节，读起来未免冗长、沉闷，为和“乡贤文化丛书”体例一致，连先生将每章分节，并拟定了每节的标题，为本书增色不少。特在此说明并表示衷心感谢。

郑州大学历史学院

郑州大学河南与近现代中国研究中心

郑永福　吕美颐

于郑州大学盛和苑明园